D1669456

HERBERT FREEDEN
LEBEN ZUR FALSCHEN ZEIT

Letzte Widmung
Der Liebe, die mich segnete,
Dem Haß, dem ich begegnete,
Den Stunden, die beglückten,
Den Wunden, die bedrückten,
Im Nehmen und Geben:
Mein Leben.
(Jerusalem, 1991)

HERBERT FREEDEN

LEBEN ZUR FALSCHEN ZEIT

: TRANSIT

Impressum

© 1991 by :TRANSIT Buchverlag,
Gneisenaustraße 2, Berlin 61
Umschlag und Layout: Gudrun Fröba, Berlin
Druck und Bindung: Kösel GmbH, Kempten
ISBN 3-88747-069-9

Jugend in krankem Land

Britisches Intermezzo

Israel – welches Israel?

Jugend in krankem Land

Mein Herz ist rein

Hineingeboren in Widersprüche. Ort: die Stadt Posen. Zeit: vor dem Ersten Weltkrieg. Hineingeboren in den Konflikt zwischen Deutschen und Polen, zwischen Deutschen und Juden, zwischen Juden und Polen.

»Ich bin klein, mein Herz ist rein, soll niemand drin wohnen, als der liebe Gott allein. Amen«. Das wurde schnell dahingerasselt mit gefalteten Händen. Endlich war es vorbei. Mutter hüllte mich in die Bettdecke. Gute Nacht.

Ganz so gut war sie nicht, die Nacht. Grüne und gelbe Gesichter jagten einander und lange Schatten, die keine Gesichter hatten. Ich schrie auf. Mutter kam und nahm mich in das elterliche Bett. Immer wieder Gespenster. Ich lag und dachte über Schatten nach, die keine Gesichter haben.

Manchmal hörte ich Vater und Mutter flüstern, sie glaubten, ich schliefe schon. Und dann rieben sie ihre Bäuche aneinander. Vater stöhnte. Ich fühlte mich unbehaglich. Die Gespenster verschwanden aus den Träumen, nur um nicht in das Bett der Eltern gebracht zu werden. Soll niemand drin wohnen als der liebe Gott allein. Bitte, keine Bäuche reiben.

Posen war eine katholische Stadt. Es roch nach Weihrauch und Vergänglichkeit, wenn der Tod durch die Straßen schritt und ein Mesner mit hellem Glöckchen den Weg für den Priester freimachte, der zu einem Sterbenden eilte; es roch nach Weihrauch und Vergänglichkeit, wenn zu Fronleichnam die Prozession gegenüber unserer Wohnung am Wronkerplatz hielt, wo ein Altar errichtet war, vor dem die Gläubigen knieten.

Katholiken: das waren die polnischen Bürger Posens, das seit 1793 zu Preußen gehörte; sie galten als »innerer Feind«.

Ein deutscher Beamter, nach Posen versetzt, brachte ein persönliches Opfer, das mit einer »Ostmark-Zulage« gutgemacht wurde. Beamte kamen und gingen. Auch die in Posen stationierte Garnison wurde immer wieder abgelöst. Die einzigen bodenständigen Deutschen waren die Juden, die ansässigen Träger deutscher Sprache, Tradition, Kultur.

Marie war Polin. Marie war keine Frau, sie war unser Dienstmädchen, und hatte keine Beine und keine Brüste. Nicht so Mutter. Wenn Marie ihr half, das Korsett zu schnüren, quollen oben die Brüste hervor und unten die Schenkel. Mutter war eine Frau.

Marie war immer da. Sie wusch mich, zog mich an, schob den Kinderwagen, nahm mich bei der Hand, wenn sie Einkäufe machte. Da war am Sophiaplatz der Obstkeller, wo es Bananen gab. Da war Frau Pattik in der Wilhelmstraße, die Konfekt und Schokoladen verkaufte. Da war die Konditorei Hirschlik mit Windbeuteln voller Schlagsahne.

In Maries Küche führte ich Kriege mit Bleisoldaten, unerbittlich, bis zur Vernichtung des Feindes. Manchmal kam Franja, die Näherin, besserte Hemden, Hosen, Socken aus. Jedes Jahr zu Weihnachten brachte sie einen kleinen Tannenbaum, der in der Küche versteckt wurde, die Vater niemals betrat. Er durfte davon nichts wissen. Stille Nacht, heilige Nacht.

In den Vorderräumen der Wohnung wurden um fast die gleiche Zeit die Kerzen des jüdischen Lichterfestes entzündet, Vater las laut den üblichen Segensspruch und wir sangen »Fels und Hort, o Du mein Heil«.

Nicht weit von unserem Haus war der große Tempel, gekrönt von einer Kuppel und betreut von Oberrabbiner Dr. Freimann. Vater hegte einen stillen Groll gegen diesen aufwendigen Bau, in dem sich die »Haute volée« der Posener Judenheit traf, die Frauen geputzt, die Männer aus »ersten Kreisen«. Es war nicht klar, ob er sich dort einen teuren Stammplatz nicht leisten konnte oder ob er sich in dieser Gesellschaft nicht wohl fühlte.

Vater hatte seinen Platz in einer kleinen Synagoge, der »Brüdergemeinde«. Zu den hohen Feiertagen ging er in würdiger Haltung, Zylinder auf dem Kopf, zur Andacht, ein deutscher Staatsbürger jüdischen Glaubens, einen kleinen Schnurrbart unter der breiten Nase, grauäugig, die Glatze von einem braunen Haarkranz umrahmt, mit weißen Haaren durchschossen.

Nichts verriet, daß sein Geburtsort New York war. Die Familie war in den sechziger Jahren des 19. Jahrhunderts nach Amerika ausgewandert und, nachdem sie ihr Geld in der amerikanischen Wirtschaftskrise der neunziger Jahre verloren hatte, nach Posen zurückgekehrt. Nur wenn er mich auf den Schoß nahm, was selten geschah, erinnerte er sich der Kinderlieder, die er selbst gehört hatte: »Eenie, meenie, minee, mo – catch a nigger by his toe – when he hollers let him go – eenie, meenie, minee, mo«.

Wundervoll, das Fieber. Es stieg über 39, ich fühlte mich warm und wohlig und wünschte, immer Fieber zu haben, wenn Mutter meinen glühenden Körper nicht in eiskalte Umschläge gewickelt hätte. Am nächsten Tag kam Sanitätsrat Dr. Krein im Einspänner vorgefahren und war mit der Behandlung einverstanden. Er kam regelmäßig, um sich gegen ein Monatshonorar nach dem Befinden der Familie zu erkunden, ein kleiner, untersetzter Mann mit wallendem Schnauzbart, der uns Respekt einflößte und immer ein Glas Liqueur zu sich nahm. Beim Militär, pflegte er zu sagen, gäbe es für alle Beschwerden nur zwei Heilmittel – oberhalb des Nabels Aspirin, unterhalb des Nabels Rizinusöl.

Mutter, mit frühen Furchen im Gesicht und von Vater überschattet, war in Bleicherode am Harz geboren und in Hildesheim aufgewachsen, eine dunkelblonde, in sich gekehrte Frau, die still ihren häuslichen Pflichten nachging. Die delikaten Gerichte, die sie zubereitete, hielten sich nur ungefähr an die jüdischen Speisegesetze. Sie buk Blechkuchen, Streuselkuchen, Bienenstich, Napfkuchen und für den Vorabend des Sabbat Striezel, süßes Weißbrot mit langwindigen Verzierungen, von Mohn bestreut, die sich zwischen zwei Silberleuchtern dekorativ auf dem Tisch ausnahmen. Am Freitag Mittag gab es in Angleichung an die katholische Umgebung Fisch, und an Waschtagen ein Eintopfgericht, Linsensuppe mit Wurst.

Marie wurde zum Servieren mit einem Glöckchen gerufen, und erst als das Haus elektrischen Strom erhielt und die Gasstrümpfe durch Glühbirnen ersetzt wurden, stand auf dem Tisch eine Klingel in Gestalt eines kleinen Vogels.

Vater aß kein Schweinefleisch, nicht nur, weil es nach jüdischer Tradition als unrein galt. Das Vorurteil von Generationen steckte so fest in ihm, daß er behauptete, es schmecke ihm nicht. Einmal erstand er einen lebendigen Hasen. Er wurde in einem Kasten auf dem Küchenbalkon untergebracht, ich saß daneben und fütterte ihn mit grünen Blättern. Eines Tages erschien er gebraten und in kleine Stücke zerlegt auf dem Mittagstisch. Ich spürte, wie mir übel wurde. Auch die Weinsauce bewahrte mich nicht davor, hinauszulaufen und mich zu übergeben.

Vater regierte, nicht unbedingt als absoluter Herrscher, aber sein Wille geschah, im Haus und im »Geschäft«, wie er seine »Großhandlung für Eisenwaren, Haus- und Küchengeräte« nannte. Sie lag in der Südstraße nahe dem Güterbahnhof. Großalarm, wenn ein Waggon mit neuer Ware am Bahnhof abgeladen wurde und Spediteur Eisig sie auf Lastwagen in die Südstraße beförderte. »Vater ist nervös«, warb Mutter um Verständnis für seine Unberechenbarkeit. An solchen Tagen sprengte sein Jähzorn alle Hemmungen. Sah er, daß Emaillewaren beim Transport angeschlagen waren, machten sich seine Wutausbrüche in lautem Brüllen Luft. Wer konnte, hielt sich von ihm fern – die Kontoristin Izbitzky, verscheucht und verängstigt; Mutter, ratlos und verlegen; und vor allem der Spediteur, der nach Ausreden für die Transportschäden suchte. Nur Stefan, der Lagerverwalter, ließ sich nicht aus der Ruhe bringen.

Das Kontor lag an der Straßenfront, das Lager auf der Rückseite des Hofes, voller Regale Reihe an Reihe, hoch gepackt mit eisernen Öfen, Zinkeimern, Emailleschüsseln und anderem Haushaltskram, auf Stroh gebettet. Wenn Stefan guter Laune war, durfte ich die Regale hochklettern, ein herrliches Versteck, wenn Vater das Lager inspizierte. In der Nachbarschaft befand sich die Liqueur-Produktion von Kantorowitz, und es könnte sein, daß Stefans Laune von der Großzügigkeit des Pförtners von Kantorowitz abhing, mit dem er sich angefreundet hatte.

An Tagen mit der Parole »Ein Waggon ist angekommen« lief der Hausbesitzer Bromberg, ein schmächtiger, angegrauter Mann mit einer rahmenlosen Brille, unruhig über den Hof, in angemessenem Abstand von Vater, um zu prüfen, ob die zu voll geladenen Lastwagen etwa die Toreinfahrt beschädigt hätten. Nicht lange danach, als der Erste Weltkrieg schon begonnen hatte, trabte Bromberg junior in Offiziersuniform und strammer Haltung auf einem Pferd ein paarmal um den Hof, nicht ohne daß der alte Bromberg sich stolz umsah, ob genügend Zuschauer aus den Fenstern seinen berittenen Sohn bemerkten. Warum Bromberg junior eines Tages seinen Offiziersrang verlor, blieb ein streng gehütetes Geheimnis.

Bruder Erich, fünf Jahre älter als ich, kletterte manchmal mit mir die Regale hinauf. Im Gegensatz zu Vaters Ausbrüchen konnte nichts ihn aus seinem Phlegma reißen, eine Eigenschaft, die er auf Schule und Universität bewahrte und ihn dennoch das Arztdiplom erreichen ließ, wenn auch mit einiger Verspätung.

Anders der älteste Bruder Hans, feinnervig, guter Geigenspieler, Primus seiner Klasse, der allerdings die Gewohnheit hatte, gelegentlich im dunklen, gewundenen Korridor unserer Wohnung sich hinter einem Vorhang zu verstecken und herauszuspringen, wenn wir ahnungslos vorübergingen. Wir rächten uns, indem wir laut durchs Haus riefen: »Hans, mit dem langen Schwanz, kommt die Treppe runtergetanzt«, was ihn und seine Geige verstimmte.

Zu Anfang des Krieges drangen die Russen nach Ostpreußen vor; ein paar russische Flugzeuge warfen Bomben auf Posen. Extrablätter, die von Siegen im fernen Westen

11

kündeten, etwa daß Lüttich gefallen war, ließen uns unberührt. Denn die Russen rückten bedenklich in die Nähe von Posen vor. Am 26. August 1914 stießen sie bei Tannenberg auf die deutsche Front, die sich unter Hindenburg und Ludendorff konsolidiert hatte. In einem fünftägigen Kampf erlitten sie eine Niederlage, von der sie sich bis 1917 nicht erholten.

Das Wenigste, was wir für den Sieg tun konnten, war, Vater um die letzten Goldstücke zu bitten. Wir gaben sie in der Schule gegen ein Zertifikat ab, das uns gestattete, in die auf dem Wilhelmplatz errichtete Statue Hindenburgs einen eisernen Nagel einzuschlagen. »Gold gab ich für Eisen«. Der Eiserne Hindenburg wurde zum Symbol deutschen Kriegsglücks.

Fast täglich erschienen Extrablätter mit fetten Ankündigungen neuer Siege, so daß das Stadttheater eine Operette »Extrablätter« ansetzte. Vater hatte eine Vorliebe für Operetten, deutschen Sieg und deutschen Wein, und unbegrenzte Bewunderung für Enrico Caruso. Er hätte ihn noch mehr bewundert, wenn nicht auch Jadlowker als Sänger gefeiert worden wäre, der gegenüber dem Italiener den Vorteil hatte, Sohn eines Kantors zu sein.

Ich hatte Lampenfieber, als die Eltern mich an der Hand die breite Freitreppe zum Theater hinaufführten und ich zum ersten Mal die Verzauberung der Bühne erlebte. In Berlin hatte Edmund Rumpler die erste deutsche Flugzeugfabrik gebaut, deren Erzeugnisse bewährte Kampf-Maschinen wurde, die »Rumpler-Tauben«. Das Publikum raste vor Begeisterung, als das Lied gesungen wurde »Ich glaube, ich glaube, da oben fliegt'ne Taube, sie kommt aus einem deutschen Nest, wenn sie nur nicht was fallen läßt«.

Da waren allerdings die Tabernatzkys, eine polnische Familie im Nebenhaus, die kein Wort Deutsch sprachen, obwohl sie es gut verstanden. Sie flaggten nicht bei Siegen, wie das üblich war, grüßten nicht und übersahen uns, wenn wir einander auf der Straße begegneten. Nur ihr Sohn Anton, etwa in meinem Alter, rief hier und da etwas auf polnisch herüber, wenn wir beide zufällig zur gleichen Zeit auf unseren Küchenbalkonen standen. Marie behauptete, seine Bemerkungen seien unflätig und zog mich sofort in die Küche zurück.

Hin und wieder kam ein Leierkastenmann in den Hof und spielte »Komm in meine Liebeslaube, in mein Paradies«. Wir wickelten eine Münze in ein Stück Papier und warfen sie hinunter, wobei wir auf den offenen Hut zielten, den der Mann einladend auf das Pflaster gelegt hatte. Einmal, als er »Zu Straßburg auf der Schanz« spielte, versuchte auch Anton Tabernatzky den Hut zu treffen, indem er Speichel in seinem Mund sammelte und hinunterspuckte, aber es gelang ihm nicht. Für Menschen wie die Tabernatzkys gab es ein eigenes polnisches Theater, ohne Freitreppe und Säulen, an dem wir achtlos vorbeigingen.

Wir hatten ein Abonnement für den Cafégarten des Zoo. Im Musikpavillon spielte eine Militärkapelle, und ein schnauzbärtiger Dirigent schwenkte seine Arme zu den Melodien aus dem »Vogelhändler«, dem »Fidelen Bauer« oder dem »Bettelstudent«, wenn er nicht Haltung annahm und schneidige Märsche intonierte. An besonders schönen Tagen fuhren wir mit der Straßenbahn hinaus nach Solacz, an einem See gelegen, und tranken dort auf offener Terrasse Kaffee.

Ich weiß nicht mehr genau, wann die Zwangseinquartierung kam: zweimal wurde ein Soldat bei uns einlogiert. Er schlief auf einem Feldbett in der Kofferkammer, machte am Tage Dienst und hockte abends in der Küche. Einmal hörte ich die Eltern über die zu große Freundlichkeit von Marie zu diesem Soldaten klagen. Als wir 1920 Posen verließen, heiratete sie einen uns Unbekannten. Ich konnte nicht verstehen, wo und wann Marie überhaupt einen Mann kennengelernt hatte, und daß ein Neutrum wie Marie überhaupt eine Ehe einging.

In unserer Küche hing ein Plakat, das zwei Jungens darstellte, mit vollgestopften Mündern an Butterstullen kauend, mit der Unterschrift »Wir lassen uns nicht aushungern«. Daran hielten wir uns. Obwohl strenge Rationierung herrschte, klingelte es des öfteren um fünf Uhr morgens an unserer Tür und eine Marktfrau, Frau Jüttner, warf ein paar Gänse in den Korridor, die sie unter ihrem weiten, breiten Rock versteckt hatte. Da wir nicht so schnell essen konnten wie sie warf, wurden die Gänse gepökelt oder in Gelatine »eingemacht«, die Brüste geräuchert, die Leber in irdenen Töpfen voller Schmalz aufbewahrt und ins »Kinderzimmer« gestellt, wo Erich und ich schliefen. Manchmal konnten wir auf der Straße Hunde nicht verscheuchen, die uns folgten, da der Pökelgeruch sich an uns geheftet hatte. Im Wohnzimmer dagegen duftete es im Winter nach Bratäpfeln, die in einer Einbuchtung des hohen grünen Kachelofens schmorten.

Das Friedrich-Wilhelms-Gymnasium hatte eine Vorschule von drei Klassen, und so begann mein Schulweg dorthin bereits mit sechs Jahren. Es war ein aufregender Schulweg, denn er führte an der Feuerwehrwache vorbei. Wenn ich Glück hatte, ertönte Alarm, als ich gerade vorüberging. Dann öffneten sich die Tore, ohne daß Hände sichtbar wurden, die sie geöffnet hatten, die Pferde stellten sich wie von selbst zu beiden Seiten der Deichsel, auf der hohen Stange rutschten vom oberen Stock die Feuerwehrleute herunter, setzten sich die Helme auf, schirrten die Pferde an, und während noch ein paar der Männer auf den Wagen mit der großen Leiter oder den mit der Dampfpumpe sprangen, rasten die Pferde los, und ein lautes Geklingel machte den Weg frei. Ich spürte die Gewalt des Dramas.

Arno stand verständnislos dabei. Wir hatten denselben Schulweg, saßen in der gleichen Klasse,und ich konnte damals nicht ahnen, daß er einmal nicht gerade zu meinem Vorteil in mein Leben eingreifen sollte. Er war der Sohn einer lustigen Witwe, die lachte, ohne daß man wußte worüber, und die es darauf angelegt hatte, zwischen Arno und mir eine Freundschaft zu zimmern.

Wenn er auch vor der Feuerwache völlig versagte, so nahm ich ihn hin und wieder zur Brücke vor dem Hauptbahnhof mit, unter der die Züge hindurchrollten, nicht weit von der Droschkenhaltestelle. Arno sah auf die Kutscher mit ihren Zylinderhüten und auf die Pferde, die im Stehen schliefen oder aßen, und es war mir klar, daß er sie darum beneidete, im Stehen schlafen zu können. Ich schaute gebannt auf die D-Züge; ein Hauch und Rauch der großen Welt kam von ihnen, die durch die Lande rasten, und blickte verächtlich auf die Personen-Züge, die auf jeder Station hielten, vier Klassen hatten, wobei die 4. Klasse nur ein paar hölzerne Bänke bot, sonst nur Stehplätze, auch für Ziegen und Hühner.

Auf der Strecke Posen - Berlin hielten die Schnellzüge in Bentschen, Schwiebus, Reppen, Frankfurt a.d. Oder und Fürstenwalde. Statt über Bentschen konnte man auch über Kreutz fahren. Diesen Weg wählten die Christen, behauptete Arno, die Juden zögen Bentschen vor – Benschen (ohne t) war die populäre Bezeichnung des Tischgebets.

Vater wurde zum Landsturm eingezogen, zunächst aber aus medizinischen Gründen zurückgestellt. Dann freundete er sich mit dem Feldwebel an, der für die Einberufungen zuständig war. Eine Zeitlang diente er in einer Schreibstube der Posener Garnison, aber es dauerte nicht lange, bis er im Geschäft erschien und sein Zivilleben wieder aufnahm. Hie und da blieb er bis in die späte Nacht verschwunden, wenn er dem Feldwebel einen Trunk spendierte. Als im eisigen Winter 1917/18 die Menschen froren, weil es weder Brennstoff noch Öfen gab, zog Stefan mit einem Handwagen durch die Straßen, voll von eisernen Heizöfen, bewundert und beneidet, denn Vaters Großhandlung war die einzige Bezugsquelle der Stadt, die das kostbare Gut liefern konnte.

Vaters Bruder Charlie war ein Jahr als Sanitäter in Posen stationiert. Da für eine akademische Laufbahn Geld gefehlt hatte, mußte er sich im Zivilleben mit einer Agentur für Seidenwaren begnügen. Seine Scherze waren bitter, seine Witze schneidend, und durch dickes Brillenglas fixierte er sein jeweiliges Gegenüber schonungslos. Er sah den Untergang des Abendlandes voraus, lange bevor Spengler ihn zu einem Modewort gemacht hatte. Er fand kein gutes Wort für die Welt, nachdem sie ihm den Rücken gekehrt hatte; der einzige Dichter, den er verehrte, war Pannwitz, und der saß im Irrenhaus. Wenn es hart auf hart kam, zitierte er: »In einem Omnibus saß ein Mechanikus, der hatte Lackstiefel an. Neben diesem Mann, saß ein anderer Mann, dessen Stiefel stanken so nach Tran. Da sagte der eine Mann zu dem anderen Mann: ›Ihre Stiefel stinken so nach Tran‹. Da sagt der andere Mann: ›Das geht Sie garnichts an: ein jeder stinkt so, wie er stinken kann‹.« Das faßte Charlies Weltanschauung zusammen.

Vater war Mitglied des »Centralvereins deutscher Staatsbürger jüdischen Glauben«, erhielt jeden Monat die Zeitschrift »Im Deutschen Reich«, die später in die wöchentlich erscheinende »CV-Zeitung« umgewandelt wurde. Seine politischen Richtlinien bezog er vom »Berliner Tageblatt«, vor allem von Theodor Wolff, dessen treuer Leser er war, und niemand im Hause konnte ihn in dieser Treue erschüttern. Die ersten Vorzeichen eines Konflikts tauchten auf, als Hans in der Unterprima dem »Jüdischen Wanderbund Blau-Weiß« beitrat. Es war ein Wanderbund nicht nur mit Klampfen und Mandolinen, sondern mit einer Ideologie. Das Leben sollte nicht mehr mit dem Maßstab der Zweckmäßigkeit und des Vorteils, sondern mit dem des Schönen und Guten gemessen werden. Der »Blau-Weiß« war eine Mischung aus deutschem Wandervogel und jüdischer Neuromantik. Bei Lagerfeuern wurde volksgetanzt und gesungen – aus dem deutschen »Zupfgeigenhansl« und dem jüdischen Melodienschatz. »Natur macht natürlich, und ein natürlicher Jude entscheidet sich früher oder später zum nationalen Judentum«, hieß es.

Eines Tages forderte Hans mich auf, ebenfalls dem »Blau-Weiß« beizutreten. Erich lehnte von vornherein ab, weil er dann Sonntags in aller Frühe hätte aufstehen müssen, und überhaupt, Wandern war nicht seine Sache. Ich empfand die Aufforderung von Hans recht schmeichelhaft, wollte es ihm gleichtun und ein Blau-Weißer werden. Mutter, wie immer, fürchtete sich vor Vater, war aber außerstande, den Argumenten von Hans und meinem Drängen zu widerstehen, und so schleuste sie mich heimlich zu Sonntagsausflügen aus dem Haus, »Fahrten« genannt, oder zu »Heimnachmittagen«

im Heim in der Berliner Straße, mit frei erfundenen Ausreden, wenn Vater etwas bemerkte.

Auf »Fahrt gehen« war toll. Singen machte Spaß. Wandern war ein Protest gegen das »Bürgerliche«, was immer das bedeuten mochte. Und das »Bundeslied« machte wie frischer Wind allen Bedenken den Kehraus: »Wohlan, laßt das Sinnen und Sorgen, fegt die Angst aus der Seele hinaus. Schon grüßt uns der Freiheit Morgen, die Freude pocht jubelnd ans Haus. Der Frühling wird neues Leben bringen und Leiden und Knechtschaft niederringen, schon blüht und grünt ein neuer Lebensmai, Hedad, Hedad, auf, unsere Bahn ist frei«.

Während man dabei noch den Duft deutscher Wälder roch, mit einer hebräischen Prise (Hedad heißt Hurrah), weckte ein anderes Lied andere Assoziationen: »Dort wo die Zeder schlank die Wolke küßt, dort wo die schnelle Jordanwelle fließt, dort wo die Asche meiner Väter ruht, das Land getränkt mit Makkabäerblut – dieses schöne Land am blauen Meeresstrand, es ist mein altes Heimatland«. Ich hatte keine Ahnung vom Land der Zedern, stellte mir etwas Exotisches vor und, verglichen mit dem rauhen Klima Posens, ewigen Frühling und plätschernde warme Gewässer. Warum die Asche meiner Väter dort lag, schien mir nicht ganz klar. Wie war sie dorthin gekommen, aus dem Posenschen oder aus New York?

Mit 17 Jahren machte Hans wie andere seines Jahrgangs das Notabitur, um Soldat zu werden, und damit entschwand für mich der Blau-Weiß, das Land der Zedern und die von Makkabäerblut getränkte Erde. Zuerst wurde Hans in ein Ausbildungslager nicht weit von Posen geschickt, kehrte aber bald in die Stadt zurück, um die Garnison zu verstärken, und wurde in einer Kaserne untergebracht. Jeden Mittag schleppte Mutter, von mir begleitet, in einem aus Vaters Geschäft stammenden emaillierten Essensträger Suppe, Fleisch und Kompott heran. Wir mußten vor dem Tor stehen bleiben, um den Posten zu bitten, Hans rufen zu lassen. Am 7. November – es war das Jahr 1918 – ließ uns der Posten, der wie so viele deutsche Soldaten in Posen Pole war, zum ersten Mal

17

in den Vorhof. Wir blieben verdutzt stehen. Dann sagte er: »Krieg aus – Deutschland kaputt«.

Krieg aus – Deutschland kaputt. Vater hatte an den deutschen Sieg geglaubt. Auch ich. Auch unser Klassenlehrer Fechner. Auch Oberrabbiner Dr. Freimann. Nicht Anton Tabernatzky. Er hatte auf den Leierkastenmann gespuckt, als der »Zu Straßburg auf der Schanz« spielte. Die Tabernatzkys, und Tausende wie sie, hielten es mit der Entente. Niemals hatten sie geflaggt. Niemals hatten sie gegrüßt. Zwischen ihrem und unserem Küchenbalkon im 3. Stockwerk lag tief unten der Hinterhof.

Die Proklamation Wilhelm des II. und Kaiser Franz Josefs vom 5. November 1916, die ein Königreich Polen unter dem Protektorat Deutschlands und Österreichs versprach, wurde von den Posener Juden nicht ernst genommen. Erst im Oktober 1918, unter der Kanzlerschaft des Prinzen Max von Baden, begann die Zuversicht Vaters in die deutsche Zukunft von Posen zu wanken. Würde das Reich in den Wirrnissen des Rückzugs entschlossen sein, die »Ostmark« mit allen politischen und diplomatischen Mitteln zu verteidigen? Nach den Reden der polnischen Fraktionsführer im deutschen Reichstag, Wl. Seyda und Fürst Radziwill, herrschte bei uns eine Stimmung der nervösen Spannung, als ob am Güterbahnhof ein Waggon mit Eisenwaren, Haus- und Küchengeräten angekommen wäre.

Es kam aber kein Waggon. Es kam die Nachricht von der Abdankung des Kaisers. Die Andeutungen des »Berliner Tageblatt« waren unmißverständlich gewesen. Theodor Wolff hatte das Ereignis vorhergesehen. Wie sehr auch Vater bei Bagatellen die Nerven verlor, bei schicksalshaften Wendungen blieb er äußerlich ruhig, das bewies er zwanzig Jahre später in der »Kristallnacht«. Der Kaiser war das Symbol der Reichseinheit, das Symbol war gefallen und damit die Hoffnung, daß Posen Teil des Reiches bleiben würde.

Am folgenden Morgen, Sonntag, den 10. November, klopfte Arno an die Tür. Ob ich spazieren gehen wolle? Draußen gäbe es einen Heidenklamauk. Die Eltern sahen einander zweifelnd an. Spazieren? Heute? Waren die Straßen sicher? »Meine Mutter hat nichts dagegen gehabt«, trumpfte Arno auf. Wenn die lustige Witwe nichts dagegen hatte, ihren einzigen Sohn auf die Straße zu schicken – die Eltern gaben nach.

Autos mit roten Fahnen sausten durch die Stadt. Auf dem Pflaster lagen abgerissene militärische Achselstücke. Eine Gruppe von Soldaten bewegte sich drohend auf einen Offizier zu. Phantastisch, eine Revolution! Was würde nun geschehen? Der Offizier schrie die Soldaten an, sie wichen zurück, und er ging weiter seiner Wege. Auf dem Kernwerk der alten Feste hatte Stadtkommandant General von Hahn einen Soldatenrat bilden müssen. Am Montag wurde der deutsche Oberbürgermeister Wilms zum Rücktritt gezwungen. Eine zweifache Revolution war ausgebrochen – sanft gegen die Monarchie, hart gegen die deutsche Herrschaft.

POLITISCHES PIANO

Vater war allergisch gegen Namen geworden. Einer durfte in unserem Hause nicht genannt werden: Korfanty. Er war an allem schuld. Vater hatte im »Berliner Tageblatt« dessen Treiben verfolgt – zuerst war er Mitglied des deutschen Reichstags, dann Führer der polnischen Bewegung in Oberschlesien, und nun sah er die Zeit gekommen, seine Wühlarbeit nach Posen zu verlegen. Korfanty, dieser Antisemit, der glaubte, für seinen Antisemitismus in Posen einen besonderen Grund zu haben: die antipolnische Haltung der Posener Judenheit während aller Jahre der deutschen »Besetzung«, was allein schon daraus hervorging, daß es keine polnisch sprechenden Juden in Stadt und Provinz gab.

Justizrat Placzek, der jüdische Stadtverordneten-Vorsteher, auf dessen Wort Vater viel gab, machte die Sache nicht besser, als er erklärte, die jüdischen Bürger wären bereit, nach wie vor mit den deutschen Parteien zusammenzuarbeiten.

Max Kollenscher suchte im Namen der Zionisten nach einem Kompromiß und forderte für die jüdische Bevölkerung ein nationales Minderheitenrecht. Aber auch er, und dadurch verzieh ihm Vater vieles, erklärte als Grundsatz der jüdischen Politik: im Lande bleiben, nicht die Heimat verlassen, keine jüdischen Positionen aufgeben – Parolen, die sich auf erweiterter Ebene in den dreißiger Jahren gespenstisch wiederholten.

Auf Korfantys Initiative wurde eine oberste polnische Behörde »Naczelna Rada Ludova« gegründet, die schließlich zur zentralen Staatsgewalt wurde. Zunächst begnügte man sich mit der »Wahrung polnischer Interessen« und beließ es bei der Zweisprachigkeit im öffentlichen Leben – bis zum 26. Dezember 1918.

An jenem Tag kam der Pianist und Politiker Paderewski in britischer Begleitung auf dem Weg von Danzig nach Warschau über Posen. Als Freund von Präsident Wilson vertrat er in Paris bei der Entente die polnischen Interessen. Sein Aufenthalt in Posen gestaltete sich zu einem Triumph. Die Stadt war übersät mit polnischen Fahnen und den Farben der Entente-Mächte, und endlich flatterte auch vom Balkon der Tabernatzkys eine Flagge – die rot-weiße.

Die polnische Bevölkerung strömte in Feststimmung auf die Straßen. Mit einem Schlag hatten sich polnische Soldaten, in deutscher Ausrüstung von der Front zurückgekehrt, zu einer Formation zusammengeschlossen, wobei sie lediglich ihre Uniformen mit neuen Kokarden und ihre Mützen mit dem polnischen Adler schmückten. An ihre Spitze stellte sich der frühere russische General v. Dawbor-Musnicki.

Paderewski fuhr vierspännig vom Bahnhof ins Bazar-Hotel am Wilhelmplatz, auf dem einst der Eiserne Hindenburg gestanden hatte. Eine dichtgedrängte Menge – Vereine, Innungen, Organisationen – bildete mit Fahnen und Fackeln das Spalier. In der Stadt waren noch einige deutsche Soldaten stationiert. Am 27. Dezember holten sie im »Sturmangriff« Fahnen und andere Hoheitssymbole der Polen und der Entente herunter und rissen sie zu Fetzen. Es kam zu Tumulten,

Schüsse fielen und deutsche und polnische Soldaten gingen mit Gewehrkolben aufeinander los. An verschiedenen Stellen der Stadt knatterten Maschinengewehre, fielen Handgranaten, gab es Tote und Verwundete. Die deutschen Truppen – was immer von ihnen übrig geblieben war – standen unter dem Kommando des Generals von Bock und Pollak.

Am Abend wütete ein Straßenkampf in der Gegend des Schlosses und endete mit einer deutschen Niederlage. In derselben Nacht wurden Polizeipräsidium, Generalkommando, Schloß und Bahnhof von polnischen Truppen besetzt, am folgenden Tag das Rathaus, Zeughaus, Telegrafenamt und die Post. Damit war Posen polnisch geworden, noch vor der Friedenskonferenz, obwohl es staatsrechtlich noch zu Deutschland gehörte. Praktisch jedoch bildete die neue Demarkationslinie zwischen Posen und dem Reich die Grenze: Ein- und Ausfuhr waren verboten, Reisen mit schwer zu erfüllenden Paß-Vorschriften verknüpft, die Währung wurde geändert, deutsche Bücher und Zeitungen, natürlich auch das »Berliner Tageblatt«, kamen nicht mehr ins Land – selbst die Grenze nach Kongreß-Polen war streng überwacht.

Auch nahe unserem Haus am Wronkerplatz knallten ein paar Schüsse. Am Samstag während des Gottesdienstes war auf den großen Tempel geschossen worden. Wir hörten, daß in viele jüdische Wohnungen bewaffnete Männer eingedrungen waren und, angeblich in amtlichem Auftrag, Haussuchungen vornahmen. Man warf den Juden vor, sie hätten aus ihren Häusern auf Polen geschossen.

Eines Tages läutete es schrill an unserer Tür. Mehrmals. Drei Männer standen im Korridor, Gewehre in der Hand. »Wo sind die Waffen?«, fragten sie Marie. Trotz ihrer empörten Erklärung, noch dazu auf polnisch, sowas gäbe es hier nicht, rissen sie die Schränke auf, wühlten in Kleidern und Wäsche, suchten unter den Betten, öffneten Koffer, und zogen schlechtgelaunt mit leeren Händen ab.

Am 31. Dezember war es soweit. Der letzte Rest der deutschen Garnison mußte abziehen. Sang- und klanglos verließ das Grenadier-Regiment Nr. 6, die »Sechser« ge-

nannt, die Stadt. »Wir kommen wieder«, riefen sie den wenigen Passanten zu, unfreiwilligen Zeugen ihres Abmarsches.
Sie kamen wieder. Allerdings lange nachdem wir aus Posen
ausgewandert waren, in den Tagen des Herbstes 1939 im
Zuge der blutigen Invasion, die Tod und Zerstörung über
das Land brachte.

Plötzlich war unser Klassenlehrer Fechner verschwunden
und auf dem Katheder saß ein polnischer Geistlicher, der
von Tadeusz Kosciusku erzählte, dem polnischen National-
helden, der 1794 den ersten großen Aufstand gegen die Teilung Polens befehligte. Nicht gerade freundlich, aber korrekt,
suchte er uns die Anfangsgrundlagen der polnischen Sprache
beizubringen. Grammatik schien es bei ihm, zu unserer Erleichterung, nicht zu geben. Er begnügte sich mit Sätzen, die
wir einzeln und im Chor nachsprechen mußten: »Mieszkam
w Poznaniu« – Ich wohne in Posen; »W Ogrodzie sa kwiaty«
– Im Garten sind Blumen; »Zolnierz ma miec« – Der Soldat
hat ein Schwert. Auswendig lernen mußten wir den Spruch:
»Gniew i zemsta nas poniza, dobroc nas do Boga zbiza« –
Zorn und Rache erniedrigen uns, Güte erhebt uns zu Gott.
Was offenbar die allgemeine Situation umreißen sollte.

Im Januar 1919 begannen die Internierungen. Führende
Persönlichkeiten im Handel, der Justiz, der Verwaltung, wurden in Schutzhaft genommen, darunter einige jüdische Männer. Korfanty erklärte, Juden, die in der Vergangenheit als
Fürsprecher der deutschen Unterdrückungspolitik aufgetre-
ten seien, solle das gleiche Schicksal wie die Deutschen treffen. Zionisten, die dem jüdischen Volksbund angehörten
und für den Status der Juden als nationale Minderheit einge-
treten seien, dürften weiterhin unbehindert leben – was sich
als leeres Versprechen erwies. Juden, ob national deutsch
oder national jüdisch, wurden in erster Linie interniert, um
ihnen ihre wirtschaftlichen Positionen zu entreißen, und
auch jenen, die verschont blieben, drohte das Ende ihrer
wirtschaftlichen Existenz. Der Großhandel wurde von der
Erteilung von Konzessionen abhängig, die lediglich »Privile-
gierten« gewährt wurden, und der Kleinhandel schrumpfte,

je mehr sich das Genossenschaftswesen ausbreitete. Auf diese Weise wollte man die Juden, die etwa 15 Prozent der Bevölkerung ausmachten, hinausdrängen.

Das große Lager an der ehemals deutsch-russischen Grenze zwischen Ostrowo und Kalisch, einst ein russisches Kriegsgefangenenlager, wurde für die Aufnahme der Internierten bereitgestellt. Die Festnahmen fanden in den frühen Morgenstunden statt. Um ihnen zu entkommen, verließen viele Männer im Morgengrauen ihre Häuser und gingen außerhalb der Stadt spazieren. Die Kommandos begnügten sich mit der Feststellung, daß der Gesuchte nicht anzutreffen war, ohne später wiederzukommen. Kein Wunder, daß Solacz und andere Ausflugsorte an kalten Wintermorgen, als es noch dunkel war, eine seltsame Belebung erfuhren. Auch Vater schloß sich den kleinen Gruppen an, die in dicke Mäntel gehüllt mit aufgeschlagenen Kragen im Schnee auf und ab stampften. Da waren der Herr Geheimrat und der Herr Justizrat, der Herr Sanitätsrat und der Herr Finanzrat, der Herr Kommerzialrat und der Herr Amtsgerichtsrat. Es war eine Ehre, sich diesen Grüppchen anschließen zu dürfen, die sich die Zeit mit politisierenden Gesprächen vertrieben, und Vater stand nicht ungern im Morgengrauen auf, um abseits der Stadt daran teilzunehmen.

Ein Wink von Clemenceau an Paderewski, jüdischen Bürgern angesichts der historischen Entwicklung der Judenfrage besonderen Schutz zu gewähren, hatte keinen Einfluß mehr auf die Geschicke der Posener Juden. Selbst wer sich entschlossen hatte, zu bleiben, wurde schwankend. Das Gefühl der Rechtssicherheit ließ sich nicht wiederherstellen. Erst mit dem Staatsvertrag zwischen den Alliierten und Polen im Juli 1919 hörten die Internierungen auf.

Der Zerfall der polnischen Währung im Gegensatz zum damals verhältnismäßig stabilen Stand der deutschen Mark und die zunehmende wirtschaftliche Absonderung von Deutschland ließen ganze Handelszweige verschwinden. Die deutsche Beamtenschaft mußte das Land verlassen. Juden aus Kongreß-Polen wurde der Zuzug versperrt. Die Bevölkerung duldete nicht, daß Wohnungen und Geschäftslokale an Juden vermietet wurden. Ein strenger numerus clausus verschloß praktisch den Zugang auch zu den freien Berufen. Der anti-jüdische Tenor der polnischen Presse war marktschreierisch aggressiv.

Die Stimmung wurde dadurch nicht besser, daß im März 1920 der »Kapp-Putsch« die rechtsmässige deutsche Regierung für einige Zeit aus Berlin entfernte und Erich aus der Tanzstunde den neuesten Schlager nach Hause brachte: »Eins, zwei, drei, Straße frei, Noske schmeißt mit Handgranaten, Licht aus, Messer raus, runter vom Balkon«. Man konnte zwar Quickstep danach tanzen, aber hier ging es darum, daß ein Mann verächtlich gemacht wurde, der Reichswehrminister, von dem Vater erwartete, er würde Ruhe und Ordnung wiederherstellen. Mutter fragte, ob in der Tanzstunde nicht auch andere Schlager gespielt werden, Quickstep oder Tango. Ruhe und Ordnung waren auch jenseits der Demarkationslinie nicht zu erwarten.

Wer auswandern wollte, hatte dem polnischen Liquidationsamt eine Erklärung abzugeben, daß er für die deutsche Reichsangehörigkeit optierte. Ohne eine solche Erklärung hatte er kein Recht auf freien Abzug.

Vater unterzeichnete. Und so blieben wir Deutsche.

AB NACH KASSEL

Der Schulweg führte nun nicht mehr an der Feuerwache vorbei, wo die Glocke des Alarms die Pferde vor die Deichsel trieb, sondern am Polizeipräsidium, wo Prostituierte sich zur medizinischen Kontrolle einfanden.

Das Wilhelmsgymnasium lag in einer Querstraße der Wilhelmshöher Allee, die schnurgerade auf das Schloß zuläuft, in dem einst Jérôme, Napoleons Neffe, residierte, auf den Höhen des Habichtswaldes.

In der Klasse wußten sie nichts von Paderewski, Korfanty, geschweige denn von Anton Tabernatzky, und da der Kasseler Stundenplan nicht mit dem von Posen übereinstimmte, zappelte Studienassessor Rüdiger ungeduldig auf dem Katheder, und bevor mir die Übersetzung von »Aurora musis amica« einfiel, sprudelte er heraus: »Die Morgenstunde ist den Musen freundlich gesinnt.«

Freundlich gesinnt war die Front der Mitschüler nicht, auf die ich stieß, eher undurchsichtig – Stimmen, Namen, Gesichter, wobei es schwer war festzustellen, welche Namen zu welchen Gesichtern und welche Stimmen zu welchen Namen gehörten. Die Parallelklasse war protestantisch, unsere gemischt aus Protestanten, Katholiken und vier Juden – Rubinstein, Gotthelf, Oppenheim und Ernst.

Nur Ernst sprach gleich zu mir. Er war ein kleiner, untersetzter Bursche, immer in schlechter Haltung, nie ganz sauber und Primus der Klasse. Er fragte, ob ich aus Posen geflohen oder ordnungsgemäß ausgewandert sei und ließ sich des Breiten über die territorialen Probleme aus, die der Friedensvertrag lösen mußte – im Osten Posen, Memel, Ostpreußen und Oberschlesien, und im Westen Elsaß-Lothringen und Eupen-Malmedy. Ernst war der schlechteste Turner, schaffte niemals den Aufschwung am Reck, schoß den Fußball – wenn er ihn traf – ins verkehrte Tor und wäre dem Spott der Klasse preisgegeben gewesen, hätte er nicht immer mit seinen Kenntnissen überrascht. Wenn alle bereits aufgegeben hatten, eine Frage zu entschlüsseln, eine mathematische Formel zu finden, einen lateinischen Ablativ an die richtige Stelle zu setzen, brach er das Schweigen und bewahrte die anderen vor weiteren Inquisitionen. Ein Geschenk des Himmels, dieser Ernst.

Der Ruf der Vier in »Leibesübungen« wurde von Oppenheim gerettet, der in der Turnhalle kletternd und springend kleine Meisterstücke verübte, und sonst nur mit sich selbst und chemischen Versuchen beschäftigt war; man gewöhnte sich daran, daß hier und da eines seiner Reagenzgläser explodierte.

25

Katholiken und Juden fanden schneller zueinander als zur Mehrheit der Protestanten, die die Schule beherrschte. Aus ihrer Abneigung gegen Juden machten sie kein Hehl. Es geschah nur zu oft in der »Großen Pause«, daß sie im Gewimmel auf dem Schulhof einen schmächtigen, blassen Jungen, Rosenfeld, ich weiß nicht, aus welcher Klasse, auf einen Barren zogen und ihn unter lautem Triumphgeheul verprügelten – immer denselben Rosenfeld. Der diensthabende Lehrer tat meistens so, als ob er nichts bemerkte. Nur hier und da schritt einer der »Großen«, ein Oberprimaner, ein und verjagte die Meute.

Vor unserem Haus am Kaiserplatz stand ein Musikpavillon, ohne daß dort musiziert wurde. Im Nebenhaus wohnte Hilde, mit der ich im Hof Ball spielte. Gegenüber in der Querallee gab es Erika, die mir zulächelte, und in der Kaiserstraße Inge, ein junges Ding, die freundlich nickte, wenn wir uns begegneten – es war eine gesegnete Gegend.

Unsere Wohnung hatte keine »gute Stube« wie in Posen, die niemals außer den Feiertagen und nur zu besonderen Gelegenheiten betreten wurde; am Kaiserplatz hatten wir einen »Salon«, mit ähnlichen Beschränkungen und Privilegien. Umso erstaunter war ich, eines Tages nach der Schule Stimmen im Salon zu hören, noch dazu erregte Stimmen. Mir wurde bedeutet, in mein Zimmer zu gehen, und durch die halboffene Tür konnte ich unter einem modisch großen, breitrandigen Hut eine mir unbekannte Dame auf dem Umbausofa sitzen sehen – wir unterschieden strengstens zwischen Frau und Dame.

Erst später erfuhr ich, um was es ging. Die Dame war aus Künzelsau mit einem Brief von meinem Bruder Hans gekommen, nicht etwa, weil die Post keine Briefe mehr beförderte, sondern um ausgleichend, beruhigend und überredend auf die Eltern einzuwirken. Hans teilte in dem Brief mit, daß er das Medizinstudium in Heidelberg abgebrochen habe, um in Künzelsau Landwirtschaft zu lernen. Weiteres, so fügte er hinzu, würde ihnen die Dame aus Künzelsau berichten. Und sie berichtete: Hans, damals 21, habe geheira-

26

tet, um mit seiner jungen Frau ein neues Leben in Palästina zu beginnen.

Auch wer kein deutscher Staatsbürger jüdischen Glaubens war und nicht mit Eisenwaren, Haus- und Küchengeräten handelte, mußte von einer solchen Nachricht erschüttert werden. Während Mutter schwieg, bestand Vater darauf, Hans solle erst sein Medizinstudium beenden, dann stehe es ihm frei, als qualifizierter Arzt in die Welt zu gehen, selbst nach Palästina. Außerdem hielt er die Existenz eines jungen Studenten, der gerade sein Studium abgebrochen hatte, um Bauer zu werden, nicht gerade für die solide Grundlage einer Ehe.

Solange die Dame aus Künzelsau – eine Schwester der Person, die Hans geheiratet hatte – sich im Salon unter ihrem modisch großen, breitrandigen Hut aufhielt, bewegte sich das Gespräch in einer gedämpften Stimmlage, wozu ohne Zweifel Kaffee und Streuselkuchen beitrugen, den Mutter angeboten hatte. Erst als die Dame gegangen war, konnte Vater seiner Enttäuschung, seiner Wut, auch seinem Schmerz verbalen Ausdruck geben. Er schrie, tobte, brüllte, ungezügelt und ohnmächtig. Das ganze Haus hallte wider von seinem Brüllen. Mutter war an allem schuld, so stellte sich ihm die Katastrophe dar.

Er warf ihr vor, sie habe Hans in seinen abwegigen Phantasien ermutigt, seine Blau-Weiß-Verirrung geduldet und verschwiegen, überhaupt habe sie ihn falsch erzogen, und nun räche sich ihr Unvermögen, junge Menschen in die richtige Bahn zu lenken. Mutter schwieg und Vater schrie, manchmal zusammenhanglos, aber was immer er schrie, kein Mensch konnte damals ahnen, daß es die Stimme der Vernunft war, die sich heiser schrie, und daß seine Argumente, wenn auch nicht in logischer Folge vorgetragen, fundiert und voraussehend waren.

Einige Jahre später kehrte Hans nach Deutschland zurück, von Malaria geschwächt, unterernährt und ausgezehrt, zusammen mit Frau und zwei Kindern. Unter schwersten Bedingungen mußte er sich und seine Familie in einem von Arbeitslosigkeit zerrütteten Berlin durchschlagen, und nur seiner zähen Energie war zuzuschreiben, daß er sein Medizinstudium wieder aufnahm und endlich zum Abschluß führte.

Das Geschäft in der Südstraße von Posen war ein Großunternehmen verglichen mit dem Laden in der Kasseler Sedanstraße, einem Lokal von zwei Räumen, von denen der erste ein Büro darstellen sollte und der zweite als Lager diente. Die Frage, bereits in Posen erörtert, hieß: soll Vater sich zur Ruhe setzen und von den Ersparnissen leben, oder, um nicht unbeschäftigt zu bleiben, einen Betrieb im Kleinen aufziehen?

Dies also war der Betrieb im Kleinen, und eine Fehlentscheidung: er erforderte den personellen Einsatz von Vater weit mehr als das Geschäft in Posen.

Dort hatten drei »Reisende« mit Auftragsbüchern die Lande durchgekämmt, hier mußte er selber Detaillisten im Umkreis von Kassel aufsuchen und ihnen die Waren anbieten. Manchmal gab es keine Bahnverbindung von einem Ort zum anderen, manchmal keinen Anschluß, der ihn schnell weitergebracht hätte, und so vergeudete er seine Zeit mit Warten, falschen Adressen und leeren Auftragsbüchern.

Im Kontor waltete Elly, eine junge Person Ende der Zwanziger, laut, temperamentvoll und fleischig, mit einer Stimme, die zu dünn für ihre vollen Formen war. Vater verkaufte auf Kredit, wie in dieser Branche üblich, und mit fortschreitender Inflation wurde jeder abgeschlossene Handel zu einem Verlust. Als der Verfall der Reichsmark rasant wurde und innerhalb von Stunden Kurse und Preise einen Veitstanz aufführten, stellte er sich auf Barverkäufe um – zu spät. Statt eines Güterwaggons, vollgepackt mit Eisenwaren, Haus- und Küchengeräten, kam am Ende eine einzige Kiste. So weit war Vaters Vermögen geschrumpft, und was an Kriegsanleihen und anderen Ersparnissen vorhanden gewesen war, wurde zu Abfallpapier. In seiner Welt der Werte hatte die »Entwertung« keinen Platz. Trotzdem schleppte sich der Betrieb noch ein paar Jahre hin.

Eines jedoch ließen sich die Eltern nicht nehmen: mir eine glanzvolle »Barmitzva« zu bereiten. Natürlich hatten sie keine Ahnung, wie sehr ich mich davor fürchtete. Mit 13 Jahren wird ein jüdischer Junge konfirmiert, eine volles Mitglied der jüdischen Gemeinschaft, und das in einer öffentlichen Zeremonie, Barmitzva. Zwei Monate wurde ich vorbereitet, um den an jenem Tag fälligen Abschnitt der Thora in der Synagoge zu rezitieren, mit der ihm unterliegenden Melodie.

Wie bei solchen Anlässen üblich, kamen aus allen Teilen des Landes Onkels und Tanten, Cousins und Cousinen, und Großmutter. Großmutter, immer in schwarzer Kleidung, ein Kapott-Häubchen auf dem Kopf, in steifer, aufrechter Haltung sitzend, präsidierte als Haupt der Familie. Am Vormittag begann das Schau- und Hörspiel. Die Große Synagoge in Kassel hatte eine Orgel, einen Chor und eine Rabbiner Dr. Walther. Mit dem Gebetschal um die Schultern betrat ich das Podium, den Almemor, an der Seite des Vorbeters, der mich unterrichtet hatte, und sang und sagte mein Stück daher. Dann hielt der Rabbiner an mich gerichtet eine Ansprache über meine religiösen und moralischen Pflichten als jüdischer Mann. Ich mußte vor ihm stehen, glücklicherweise mit dem Rücken zum Publikum. Schließlich drückten mir alle die Hand, auch Leute, die ich nicht kannte.

Am Abend gab es zuhause ein Festmahl, von einem Restaurateur nach Anweisung geliefert – Kraftbrühe mit Einlage, junge Taube mit gemischtem Gemüse, Hecht und Schlei in Mandelsauce, Gänsebraten, Eis, Dessert, Mokka. Leider konnte ich einige dieser Speisen nicht kosten, da ich vor der jungen Taube mit gemischtem Gemüse eine Rede halten mußte, vom Vorbeter ausgearbeitet, die mir jeglichen Appetit nahm.

»Geliebte Eltern, teure Großmutter, liebe Verwandte …« Ich hatte mich nicht nur für die Feier zu bedanken, sondern auch für die Erziehung, die mir zuteil wurde, und für die Liebe, mit der meine Familie mir entgegenkam. Um den Genuß der jungen Taube war ich gekommen. Als Entschädigung erhielt ich eine 40bändige Gesamtausgabe der Werke

August Strindbergs, in hellgelbes Leinen gebunden und bei Georg Müller in München erschienen. Wie meine gesamte Bibliothek ist sie 1939 im Hamburger Freihafen von der Gestapo beschlagnahmt worden.

Die Bücher waren ein Geschenk von Charlie und Onkel Joachim, Vaters jüngstem Bruder. Joachim war Korrespondent des »Berliner Tageblatt« in München, später in Rom. Er hatte die Werke Frank Wedekinds herausgegeben und nach dessen Tod ein »Wedekindbuch« mit illustren Mitarbeitern veröffentlicht. Sein Theaterstück »Clarissas halbes Herz« wurde bei Osterheld in München verlegt, aber niemals aufgeführt. Über Joachims Beteiligung bei Wedekinds Beerdigung gibt es eine Reihe von Anekdoten, die nicht gerade schmeichelhaft sind.

Joachim war Wedekinds Freund und Adlatus, böse Zungen behaupteten, sein Kommis, der sich an den Dichter »herangemacht« habe. Eine sarkastische Note stammt aus der Feder von Erich Mühsam. Heinrich Mann wollte die Grabrede halten, aber angeblich wurde er von Joachim abgedrängt, um als erster das Wort zu nehmen, was die Anwesenden peinlich berührte, mehr noch: sie empfanden es als Skandal.

Ende der zwanziger Jahre kam Joachim auf einen Sprung nach Kassel und stieg mit seiner jungen Frau Carola im Luxushotel Schirmer ab. Sie war ein ätherisches Wesen, eine Figur wie aus feinstem Porzellan, das dunkle Haar im Nacken geknotet. Joachim war ein faszinierender Causeur, in seinem Haus in der Käferstraße am Englischen Garten versammelten sich Lion Feuchtwanger, Heinrich Mann, Leonhard Adelt, Männer und Frauen des Theaters, er übertrumpfte alle mit seinem Witz und Wortgeplänkel, er führte das Wort – und darin schien sich seine literarische Begabung zu erschöpfen: er brauchte den lebendigen Zuhörer, nicht den anonymen Leser, um sich ganz zu geben.

In Kassel erzählte er uns von den Mühen, die es ihn kostete, seinen Freund Heinrich Mann mit dessen Bruder Thomas zu versöhnen, und er deutete an, wie undankbar diese

Aufgabe war, die man ihm offenbar verübelte, wobei angeblich Heinrichs Frau eine peinliche Rolle spielte. 1933, mit dem Verbot des »Berliner Tageblatt«, wurde Joachim Mitarbeiter des »Osservatore Romano« und trat zum Katholizismus über. Als ich nach dem Zweiten Weltkrieg seine Witwe in Rom besuchte, war aus der zarten Porzellanfigur eine behäbige Matrone geworden, die einen jungen italienischen Freund hatte.

Sommerferien in Stendal, wo das öffentliche Verkehrsmittel ein Tramwagen auf Schienen war, von einem Pferde gezogen, die letzte »Pferdebahn« Deutschlands. Stendal bei Magdeburg in der Altmark, an der Hauptstraße das Haus von Onkel Sami, einem Bruder Vaters. Zu ebener Erde waren die vier Schaufenster seines Ladens für Herrenbekleidung, hinter dem Haus lag der Wirtschaftshof, an den sich ein Garten mit Laube, Blumen und viel Grün anschloß. Während der Sommerferien verreiste Sami mit seiner Frau Ida und ließ Großmutter und Cousine Gerda zurück.

Gerda, ein Jahr älter als ich, war nicht hübsch. Die Nase, zu dicht am Mund, erinnerte an einen Schnabel, aber ihr schlanker Körper gab mir viel zu denken, und sie war zu Späßen aufgelegt, heilfroh, daß ich gekommen war und sie der Großmutter entführen konnte. Großmutter hatte ein böses Gesicht, mit schneidend harten Zügen, über die niemals ein Lächeln huschte. Sie saß häkelnd am Fenster, sah in sich hinein oder hinaus auf die Straße, eine Spinne, auf ihr nächstes Opfer lauernd.

Gerda war immer zum Lachen bereit, besonders hinter dem Rücken von Großmutter, und um ihr ein Schnippchen zu schlagen, nahm sie bei den Mahlzeiten meine Hand und ließ sie unter ihren Rock gleiten.

Wir saßen umschlungen im Garten, machten Radtouren durch die weiten Ebenen der Altmark, wir tanzten in ihrem Zimmer nach einem Grammophon, aber als ich dabei vor einem Spiegel ihr Kleid lüftete, schlug sie beleidigt auf meine Hand: »Du willst meinen Popo sehen.«

31

Am nächsten Morgen schwammen wir wieder einmal in der Badeanstalt und ich wartete vor ihrer Umkleidekabine, plötzlich rief sie: »Komm schnell herein«. Ich schaute mich ängstlich nach dem Bademeister um und schlüpfte in das Halbdunkel der Zelle. Sie stand da, nackend, und kicherte vor Verlegenheit. Die Spitzen ihrer Brüste leuchteten rosa, ihre langen, geraden Beine mündeten in einen eleganten Schwung der Hüften, nur ihr Schamhaar, ein gekräuselter dunkler Fleck auf einem weißen Leib, störte. Aus Angst vor dem Bademeister drängte sie mich bald hinaus.

Hin und wieder gingen wir in den Laden für Herrenbekleidung, wo ein Herr Metz den Onkel vertrat, ein spitzbübischer junger Mann, der alte Witze mit neuen Pointen erzählte, und uns immer lachen machte. Auf meine Frage, ob er eine Braut habe, antwortete er bedeutungsvoll: »Jeder Topf findet seinen Deckel«. Als Gerda eines Abends vorschlug, zur Kirmes zu gehen, war ich entschlossen: Heute muß es geschehen. Nach einer Weile entfernten wir uns von den Schießbuden und dem Karussell, den Würstchenverkäufern und der Bierhalle in ein nahes Wäldchen.

Wir sprachen nicht. In einer Lichtung legte sich Gerda auf den bemoosten Boden, und ohne ein Wort streifte sie ihren Rock hoch und ihren Schlüpfer ab: sie lag flach auf dem Rücken, ich lag flach auf ihr, das war alles, was wir tun konnten. Es war klar, etwas stimmte nicht mit der menschlichen Anatomie, die Mann und Frau nicht gestattete, zueinander zu kommen. Gerda kicherte wieder einmal, was ich für blöde hielt, ich stand auf und dachte wütend: Es ist nicht wahr, daß jeder Topf seinen Deckel findet.

Kassel war der Sitz des »Jungdeutschen Ordens« (Jungdo), eines 1920 von A. Maraun gegründeten nationalen Bundes, der den Neuaufbau Deutschlands auf völkischer Grundlage zum Ziele hatte. Daß er sich 1930 vorübergehend mit der dahinsiechenden »Demokratischen Partei« zur »Deutschen Staatspartei« vereinigte, bedeutete weniger einen Links-Rutsch des Ordens als eine Rechtswendung der Demokraten. Im März 1933 stimmte die Staatspartei für das

»Ermächtigungsgesetz«, das die Staatsgewalt dem Nationalsozialismus überantwortete. Kurz darauf wurde der »Jungdeutsche Orden« aufgelöst.

Der Sozialdemokrat Philipp Scheidemann, der 1918 von einem Fenster des Berliner Reichstags die Republik ausgerufen hatte und ihr erster Ministerpräsident wurde, amtierte seit 1920 als Oberbürgermeister von Kassel, seiner Geburtsstadt, und erst 1925 mußte er nach einem Wahlsieg des bürgerlichen Blocks von seinem Posten zurücktreten. Noch ein anderer führender SPD-Mann war aus den Reihen der Kasseler Partei hervorgegangen – Alfred Grzezinski, später Polizeipräsident von Berlin.

IM FOXTROTT FÜR DIE REPUBLIK

Die Bevölkerung, großenteils Arbeiter der Henschel-Werke und Beamte, wechselte zwischen konservativen und sozialistischen Mehrheiten, bis allmählich die Rechte die Oberhand gewann. Im Juni 1924 feierte Kassel einen »Nationalen Tag«, von der nationalen Tageszeitung »Kasseler Post« bereits im April angekündigt, mit Generälen, Admirälen und anderen Offizieren der alten Wehrmacht als Ehrengästen und einer Festvorstellung von Kleists »Hermannsschlacht« im Staatstheater.

Unter allen vaterländischen Verbänden ragte der Jungdo mit seinem »Reichsordenstag« hervor. Seine Mitglieder waren uniformiert, beherrschten das Straßenbild, und wiederholt kam es zu Zusammenstößen mit linksgerichteten Gruppen. Im Reich wütete die »Feme«, die Justiz nahm Front gegen die Demokratie und Ernst Toller schrieb: »Moralisch sind wir längst im Bürgerkrieg«.

Etwas mußte geschehen, um die Republik zu retten. Wir saßen in meinem Zimmer mit dem Fenster auf den Hof, wo ich mit Hilde einst Ball gespielt hatte. Ernst war bereit, mitzumachen. Rubinstein und Gotthelf zögerten, aber wir konnten sie überreden. Oppenheim war nicht erschienen, obwohl wir gerade seine Meisterschaft im Sport hätten brauchen können. »Vier Untersekundaner des Wilhelms-Gymnasiums retten die Republik« – wir sahen in Gedanken die Überschrift im »Kasseler Tageblatt«, dann verließ uns der Mut. »Das Fähnlein der sieben Aufrechten« war schon ein Heldenstück, aber ein Fähnlein von vier Schülern mußte im Winde verwehen.

Ohne die Tanzstunde war es nicht zu schaffen. Damals hatten sich einige jüdischen Familien zusammengetan, um ihre Söhne und Töchter gesellschaftsfähig zu machen. Das Tanzinstitut hatte Parkettboden, ein Grammophon und einen Lehrer, der ein vollendeter Gentleman war, und zu Gentlemen wollte er die Jungens und zu Ladies die Mädchen machen. Bevor man an Tanz denken konnte, mußte man lernen, sich zu verbeugen oder zu knicksen. Und wer annahm, jemals im Leben sich richtig verbeugt oder richtig geknickst zu haben, wurde eines Besseren belehrt.

Wir lernten nicht nur Foxtrott, Onestep, Tango und Charleston, sondern auch ein paar Jungens und Mädchen kennen. Die Mädchen kamen aus der Nachbarschaft, alle aus »ehrbar« jüdischen Familien. »Ich tanz' Charleston, Du tanzt Charleston, er tanzt Charleston, wir tanzen alle Charleston, und was tun Sie? Papa tanzt ihn, Mama tanzt ihn, Tante tanzt ihn, selbst in der Küche tanzt ihn schon die Marie«.

Vielleicht tanzten ihn alle, aber nicht in unserem Unterricht. Ernst stolperte über die Beine von Hilde Katzenstein, der daraufhin ein Fuß mit einem kalten Umschlag umwickelt wurde; Eva, die Tochter des Vorbeters, der mich zur Barmitzva vorbereitet hatte, verlor das Gleichgewicht und fiel auf den Parkettboden. Das war der Augenblick, an die Republik zu denken. Da waren Peter Blumenfeld: er trug seit langem eine Phantasie-Uniform, um dem Jungdo nicht nachzustehen; Hilde Katzenstein, stämmig, brüsk, ein wilder Wandervogel, sie dachte zwar nie daran, einen Jungen zu küssen, aber mitzumarschieren war sie bereit – wenn sie nicht, wie jetzt, hinkte; und Felix Buch, der in der Tanzstunde suchte, was er nicht finden konnte, nämlich ein Mädchen, das über den ehrbaren Kuß der ehrbaren Familie hinauszugehen willens war. Auch er sah nicht nur diese Ambition, sondern auch die Republik in Gefahr, und so kam es zur Gründung des »Republikanischen Jugendbundes Schwarz-Rot-Gold«. Sechs Jungens und ein Mädchen. Da es politisch nicht ratsam schien, den Erhalt der republikanischen Staatsform sieben jüdischen Jugendlichen zu überlassen, entwarfen wir den Text für einen Aufruf, den wir gegen Bezahlung aus unserem Taschengeld in zwei Zeitungen veröffentlichen wollten, dem demokratischen »Kasseler Tageblatt« und der SPD-Zeitung »Kasseler Volksblatt«.

In diesem Aufruf hieß es: »Wollt Ihr, daß bewaffnete Horden mit brutaler Gewalt Recht und Freiheit mit Füßen treten?« Wir waren auf diesen Satz sehr stolz, denn wer wollte zusehen, wie Recht und Freiheit mit Füßen getreten werden, und dazu noch mit brutaler Gewalt von bewaffneten Horden. Wir hatten uns verrechnet. Das Tageblatt lehnte die Annonce als zu aggressiv ab, und so erschien sie nur im Volksblatt.

Es meldeten sich fünf junge Leute, diesmal Nichtjuden, einer war bereits 22, Versicherungsbeamter, er hieß Mendel, und wir ernannten ihn zum Vorsitzenden. Das war ohne Vereinslokal nicht möglich. Wir mieteten in der Hohenzollernstraße ein möbliertes Zimmer für einen Nachmittag die Woche, um dort unsere Zusammenkünfte abzuhalten und weitere Meldungen entgegenzunehmen. Es meldete sich aber niemand.

Hilde Katzenstein schied bald aus, sie hatte weder für die »Vereinsmeierei« noch für politische Auseinandersetzungen, die Herr Mendel einführte, Verständnis. Um es dem Jungdo gleichzutun, beschlossen wir, uns zu bewaffnen, obwohl das illegal war. So verloren wir ein weiteres Mitglied, Rubinstein, der auf Einhaltung der Rechtslage bestand und schon in der Schule als Muttersöhnchen auffiel.

Jeder von uns trug nunmehr abends einen Schlagring unter dem Handschuh und einen Gummiknüppel unter dem Mantel. Es kam niemals zu einer Kraftprobe, und so wurde uns erspart, von der Schule relegiert zu werden. Zwei der »Neuen« waren zur »Sozialistischen Arbeiterjugend« abgesprungen, Gotthelf hatte sich in Eva, die Tochter des Kantors verliebt, Felix Buch suchte noch immer nach einem Mädchen aus weniger »ehrbarer« Familie, wir verboten Blumenfeld, eine Phantasie-Uniform zu tragen, und da wir im Sommer nicht mit Handschuhen und in Mänteln ausgehen konnten, wußten wir nicht, wohin mit unseren Waffen.

Das Problem löste sich rasch: nachdem nur noch Herr Mendel, Ernst und ich einmal die Woche im Vereinslokal zusammensaßen, glaubten wir, die Zimmermiete sparen zu können, und da inzwischen in Berlin das »Reichsbanner Schwarz-Rot-Gold« gegründet worden war, beschlossen wir, den »Republikanischen Jugendbund« aufzulösen.

Wenn auch unser Aufruf gegen die bewaffneten Horden, die mit brutaler Gewalt Recht und Freiheit mit Füßen treten, nicht den erwarteten Erfolg hatte, er brachte mich mit dem Redakteur des »Kasseler Volksblatt« in Verbindung, der solche Sprache liebte und er gab meiner Bitte nach, die Film-Sparte zu übernehmen. Ich durfte ohne Bezahlung ins Kino gehen, ohne Bezahlung schreiben und zerlegte, was ich sah, bis zur letztmöglichen Theorie, was weder dem Geschmack der Leser noch den Interessen der Kinobesitzer entsprach.

Da kaum jemand von meinen Rezensionen Notiz nahm, richteten sie keinen Schaden an.

Damals wurde im Hotel »Kasseler Hof« Kabarett gespielt und die Eltern nahmen mich zur Eröffnungsvorstellung mit. Der Conferencier gefiel sich in Zweideutigkeiten und kündigte eine Tänzerin an: »Heute tritt sie bei uns auf, morgen in Hannover, mit einem Fuß ist sie bereits dort, mit dem anderen noch in Kassel – ich wünschte, ich wäre in Göttingen« – das bekanntlich zwischen den beiden Städten liegt.

Ein Humorist machte uns lachen, ein Zauberer schnitt eine Frau in zwei Teile, noch ein paar Tänze, noch ein bißchen Musik. Dann kam ein junges, zierliches Geschöpf und sang: »Meine Beine, Deine Beine, unterm Tisch, unterm Tisch, haben sich gefunden und berührt; meine Beine, Deine Beine unterm Tisch, unterm Tisch, während die Familie grad' soupiert ...« Sie sang wie ein unbeholfenes Mädchen, das eigentlich nichts mit ihren Beinen anzufangen weiß, und nach dem Auftritt setzte sie sich an unseren Tisch, um das übrige Programm zu sehen. Vater versuchte es mit einer Konversation, sie war nicht gesprächig und nach einer Weile ging sie.

Sie wirkte am Tisch noch reizender als auf der Bühne, ich hörte, sie wohne im Hotel, ich nahm mir vor, ihr Blumen zu schicken, unangemeldet an ihr Zimmer zu klopfen, ich träumte von ihr und da ich weder Blumen schickte noch an ihr Zimmer klopfte, schlenderte ich am nächsten Tag um den »Kasseler Hof«. Da sah ich sie mit einem Mann, dem Innenarchitekten, der das Kabarett ausgestattet hatte und schon am Abend so tat, als ob alles ihm gehöre, ein feister Fatzke, im Mund eine Zigarre, der besitzerisch ihren Arm nahm. Ihn erschießen? Statt dessen schrieb ich: »Ganz bestimmt sind Juninächte eine treffliche Erfindung. Abseits brennen die Laternen, abseits brenn' auch ich den süßen Schmelz des Sommers in mir ab. Und nichts bleibt übrig, als des Nachts mit Fledermäusen über einen Mondstrahl streiten«.

Wahllos nahm ich aus dem Bücherschrank, was mir unter die Finger kam, Bürgers »Lenore« und Grabbes »Theodor von Gothland«, Storms »Immensee« und Kellermanns »Yester und Li«, Bronnens »Katalaunische Schlacht« und Brechts »Hauspostille«, Dostojewskis »Schuld und Sühne« und Wildes »Dorian Gray«, und die »Achatenen Kugeln« von Kasimir Edschmidt: »Die Pupille sinkt. Die Pupille sinkt. Die Pupille sinkt...« Wenn mir ganz elend zumute war, nahm ich Zuflucht bei Arnold Bronnen: »Friß Sonne und Mond und denk nur an Dich selbst: die letzte Chance ist das Bewußtsein«:

Im Haus von Ernst lasen wir unter Anleitung seines Vaters »Faust II«, »Cyrano de Bergerac« und schließlich die Apokalypse. Der Vater war ein feinsinniger Mensch, der zusehen mußte, wie seine Frau mit einem Cellisten davonging; sie hatte ihn beim Musizieren auf dem Klavier begleitet; nun begleitete er sie bis ans Ende der Welt. Weder Gespräche noch Bücher konnten die Leere füllen, die sie hinterließ. Ernst sprach niemals darüber, so wenig wie sein Vater, der tagsüber seine Wollwäscherei leitete, abends die »Frankfurter Zeitung« las und immer Pfeife rauchte.

Ich hing im »Berliner Tageblatt« an den Worten Alfred Kerrs und des Feuilletonchefs Fred Hildenbrandt, dessen eigentümlich melodische Sprache seines Romans »Der Sand rinnt falsch ins Stundenglas« in mir nachtönte. Später entpuppte er sich als langjähriger Nazi.

Kerrs brillianter Sprachzirkus, der seine Sparte im »Berliner Tageblatt« zu einer Kampfarena machte, hatte es mir angetan. In den vierziger Jahren lernte ich ihn in London kennen. Er war Präsident des PEN im Exil und nahm mich in den Club auf. »Ich wechselte wieder meine Nationalität, was ich seit 2000 Jahren erfolgreich getan habe«, sagte er, als er britischer Bürger wurde.

Die Zeiten waren vorbei, da im Richterstuhl der Kritik ein Wort von ihm Ruhm oder Verdammnis bringen konnte; vorbei, daß Schauspieler zitterten, wenn sie ihn im Parkett wußten, auch wenn er ihre künstlerische Entwicklung weitertrieb. Kämpferisch hatte er Gerhart Hauptmann durchgesetzt – Brecht hatte er mißdeutet und verkannt. Ibsen und G.B. Shaw machte er auf deutschen Bühnen heimisch, und Shaw sorgte dafür, daß er im Februar 1933 in England Zuflucht finden konnte.

Ich sah Kerr noch einmal kurz vor seinem Tode. Einige aus Deutschland stammende Juden hatten sich in London zusammengefunden, um den Plan eines Gedächtnis-Waldes für die zerstörten jüdischen Gemeinden zu erörtern. Rabbiner Dr. Leo Baeck war gerade aus dem Konzentrationslager Theresienstadt entlassen worden. Als hervorragender Repräsentant des deutschen Judentums ergriff er das Wort. Nach dieser Rede winkte Kerr mich zu sich und flüsterte: »Sagen Sie Dr. Baeck, daß ich ein guter Jude bin«.

Im Januar 1948 veranstaltete der englische PEN-Club für den damals 80jährigen Kerr eine Geburtstagsfeier. Kerr sprach über sein Leben und was ihm in der Literatur am teuersten gewesen war – Hiob, der französische Bänkelsang und Ibsen. Die »große Stille« bei Ibsen stellte er den »Chören«, dem »Glockenklang des ewig Weiblichen« des Faust gegenüber. Diese Mischung des Gegensätzlichen habe sein Leben bestimmt, »Schönheit der Tiefe gemischt mit dem Klang der Gasse«.

Das Leitmotiv seiner Rede war »Denn die Grenze ist nahe«. Wenn man achtzig ist, wird man friedlicher, man denkt, daß auch die Gegner arme Luder sind, zum Sterben bestimmt … wenn man auch manchmal wünschte, daß das schneller geschehe. »Aber man wünscht es nicht mehr mit derselben Innigkeit«, fügte er lächelnd hinzu.

Kerr sprach von drei Erlebnissen – einer Begegnung mit Rostand im Zimmer von Sarah Bernhard; einem Gespräch mit Zola; und einer Szene am Totenbett Ibsens. »Und wenn«, sagte er. »Was ist davon geblieben? Kaum etwas. Denn die Grenze ist nahe. Mit achtzig weiß man, daß es wichtiger war, Unwichtigen zu begegnen, mit achtzig trägt alles den Stempel ›Und wenn‹«.

Rückblickend auf sein Leben fand er, »das ganze war eine höchst fragwürdige Geschichte – schwindelhaft, töricht und ein bißchen amüsant«. Ein paar Monate später starb er in Hamburg beim ersten Wiedersehen mit Deutschland, zu dem er sich nur zögernd entschlossen hatte.

Im großen Saal der Kasseler Stadthalle fanden Musikfestspiele statt. Ernst stand bereits um 6 Uhr morgens vor der Kasse, ich löste ihn um 8 Uhr ab, und wir ergatterten zwei Karten. Ein Werk von Ernst Krenek wurde uraufgeführt. Der letzte Satz war infolge von Buh-Rufen nur mit Mühe zu hören, wir sahen, wie der Komponist Siegfried Ochs einen Herrn im Publikum ohrfeigte, ein revolutionärer Anblick, wir schrien »Bravo«, klatschten wild und waren so aufgewühlt, daß wir die Straßen auf und ab gingen, bis wir endlich nach Hause fanden.

»Ihr beiden, die ihr mir so oft, / In Not und Trübsal beigestanden, / Sagt, was ihr wohl in deutschen Landen / Von unserer Unternehmung hofft?«

Mit dem »Vorspiel auf dem Theater« wurden in Kassel Kammerspiele eröffnet, eine kleine Bühne für zeitgenössische Stücke. Großartige Chance! Klaus Manns »Anja und Esther« wurde gespielt. Ich machte ausfindig, daß es einen Dramaturgen namens Dr. Ritter gab und schickte ihm mein Manuskript »Alarm auf Saxophonen«. Tagtäglich erwartete ich seinen Anruf, sofort im Theaterbüro den Vertrag zu unterzeichnen, damit das Stück noch in der laufenden Saison inszeniert werden könne. Ich erinnerte ihn brieflich, ich ging ins Theaterbüro, aber er war nicht anwesend, ich fing ihn vor dem Theater ab und er versprach, der Sache nachzugehen; offenbar ging er nicht schnell genug: bald wurde der Posten des Dramaturgen aus finanziellen Gründen gestrichen und Dr. Ritter verschwand unauffindbar.

Im Staatstheater war Ernst Legal Intendant, der nach dem 2. Weltkrieg die Berliner Staatsoper übernahm. Ich war dort so häufiger Gast, daß ich die Schauspieler imitieren konnte, ihre Stimmen, ihre Nuancen, ihre Manieriertheiten. »Schweig, befehl ich. – Ich bin gewohnt, daß das Meer aufhorcht, wenn ich rede«, donnerte ich in der Pause zwischen Latein und Deutsch heraus, und die Klasse wußte, daß nur Heldenvater Erhardt so sprach; Gelächter, wenn ich mit dem Schmalz des »Jugendlichen Liebhabers« mein Bravour-Stückchen zum besten gab »Der Liebe leichte Schwingen trugen mich; kein steinern Bollwerk kann der Liebe wehren«.

Ich kam nicht dazu, beim Charakterspieler Wehlau Schauspielunterricht zu nehmen, denn ich mußte mich mit Elly beschäftigen, Elly, dem fleischigen Mädchen, mit der dünnen, oft so schrillen Stimme, die im Geschäft in der Sedanstraße Sekretärin, Lageristin und Manager war. Vater behauptete, sie sei mutterseelenallein in Kassel, ihre alten Eltern lebten in Melsungen und man müsse sich um sie kümmern.

Auf solche humanitären Argumente ließ sich nichts erwidern, und so verstrich kaum ein Abend, da Vater sie nicht nach Geschäftsschluß mitbrachte. Ich mochte sie nicht. Sie war plump, neugierig, aufdringlich und ihre Stimme zerrte an meinen Nerven. Wann immer die Eltern abends ihre Wurststullen aßen, sie aß mit; wann immer sie Karten spielten, sie spielte mit; wann immer sie ins Theater gingen, sie saß neben ihnen; wann immer sie sich kurzentschlossen ins Kino aufmachten, sie machte sich ebenfalls kurzentschlossen auf. Mit schweren Schritten trabte sie im Hause herum; ihre Gegenwart war weder zu übersehen noch zu überhören.

Hans war in Palästina, Erich studierte in Freiburg, ich war als einziger der Söhne ihrer erdrückenden Anwesenheit ausgesetzt, wenn die Stille der Abende durch ihre Stimme zerschnitten wurde, die bis in mein Zimmer drang. Ich schrieb gerade die Geschichte eines jungen Mannes, der auf dem Friedhof heimlich eine Leiche ausgräbt, um sie zu befragen, wie es sich nach dem Tode mit der Seele verhält, aber ich konnte die Antwort nicht abwarten, da ich von Elly gebeten wurde, »66« mitzuspielen. Zwischen dem Leben nach dem Tode und »66« entschied ich mich für das Kartenspiel.

Die Karten wurden gemischt, ausgeteilt, das Spiel begann. Nach einer Weile sah ich, daß zwei Spiele gespielt wurden, eines auf und das andere unterm Tisch. Vaters und Ellys Beine spielten miteinander. Es war so offensichtlich, daß auch Mutter es bemerken mußte, aber nichts in ihrer Haltung ließ darauf schließen. Meine Beine, Deine Beine unterm Tisch, unterm Tisch. Dieses Chanson war von der Bühne gestiegen und in unser Haus gedrungen.

Wäre ich doch bei der Unsterblichkeit der Seele geblieben! Die Szene war mir peinlich, weil sie in Gegenwart Mutters geschah. Soll Vater tun, was er will – mit Elly den Tag verbringen, mit Elly allein sein, Elly abends nach Hause schleppen. Das war seine Sache, sollen die beiden miteinander machen, was sie wollen. Aber Mutter? Sie war das Ziel von Vaters Ausbrüchen, wenn in Posen ein Güterwaggon kam; sie hatte die Schuld zu tragen, daß Hans sein Studium

41

abbrach und nach Palästina ging. Sie schwieg, während Vater brüllte. Sie wehrte sich nicht, die Schuld zu tragen, die Vater ihr auferlegte. Sie war das Ziel seiner Anfälle und Ausfälle. Sie ließ sich demütigen, wenn er schrie und tobte, sie ließ sich demütigen, wenn er Intimitäten mit Elly zu erkennen gab.

Ich gab vor, noch arbeiten zu müssen und zog mich in mein Zimmer zurück. Diese Elly. Ich hatte niemals in ihr eine Frau gesehen, deren Beine unterm Tisch techtelmechteln. Wie waren ihre Beine? Ich hatte ihnen keine Beachtung geschenkt. Ich begann sie zu studieren – die Beine, die Schenkel, Hüften, Brüste, weibliche Körperlichkeit, die jeden Raum füllte und meine Phantasie erhitzte.

Wie zufällig streifte ich sie, wenn ich an ihr vorbeiging. Wie zufällig drängte ich mich an sie, wenn wir im Theater die Treppe hinaufgingen. Ich ersann Gelegenheiten, wo eine Berührung harmlos erscheinen müßte. Ich hatte keine Schreibmaschine. War sie bereit, wenn Vater auf Reisen war, für mich zu tippen? Wunderbar. Ich versuchte, über ihre dünne, schrille Stimme hinwegzuhören und schrieb schnell und schneller, nur um Gelegenheit zu finden, nach Geschäftsschluß in die Sedanstraße zu gehen.

Sie tippte, ich stand dicht neben ihr, angeblich um zu prüfen, ob sie meine Handschrift entziffern konnte, so dicht, daß ich mich an sie lehnte. Sie kam meinen Berührungen entgegen, auch meinen Händen, die sie berührten. »Sonntag Vormittag ist meine Wirtin in der Kirche«, sagte sie. »Wenn du willst, kannst du zu mir kommen.« Sie wohnte in einem möblierten Zimmer in der Königstraße. In der Eingangshalle des Hauses, die gleichzeitig zu einem Kino führte, waren die Bilder eines Films ausgestellt, »Geheimnisse einer Seele« mit Werner Krauss.

Um nicht aufzufallen, tat ich so, als wollte ich lediglich die Bilder studieren. Dann rannte ich die Treppe hinauf und klingelte. Sie öffnete im Morgenrock, schloß die Tür schnell hinter sich. »Zieh dich aus«, sagte sie. Eben hatte ich Angst gehabt, von Passanten erkannt zu werden, jetzt hatte ich

Angst vor dem Unbekannten, das auf mich zukam. Ich legte mich zu ihr ins Bett. Wir waren beide nackt. »Komm zu mir, aber du darfst dich nicht bewegen, ich möchte nicht schwanger werden.«

Sie öffnete die Beine und ich schlüpfte tief in ihren Schoß. »Nicht rühren«, mahnte sie und hielt mich fest. So lag ich auf ihr, in ihr, bewegungslos, ihren eisernen Griff an meinen Hüften. Dann entwand sie sich. »Jetzt darfst du mich küssen«, wobei sie meinen Kopf auf ihren Schoß drückte. Ich war verwirrt, setzte meinen Mund mit geschlossenen Lippen zu einem Kuß an und schreckte zurück.

»Lassen wir das«, sagte sie enttäuscht und setzte sich auf. Erst jetzt konnte ich sie betrachten. Ihr Gesicht war glühend rot, auf der linken Brust hatte sie ein Muttermal, auf ihrem Leib formten sich Schweißperlen. Die Sonne stand im Zimmer und öffnete alle Poren. Die gewaltige Nacktheit war erdrückend. Sie schaute auf die Uhr. »Du mußt dich anziehen.« Ich warf mich in meine Kleidungsstücke, ging schnell aus dem Zimmer, aus dem Haus, an den »Geheimnissen einer Seele« vorüber.

Mit 18 Jahren beim Abitur war der Zenith der »Allgemeinbildung« erklommen. Später verlor sich das breite Panorama des Wissens in ein Wirrsal der Spezialisierungen. Für die Abschlußprüfung in Deutsch wählte ich einen Vergleich zwischen den »Troerinnen« des Euripides und den »Troerinnen« von Franz Werfel – Judaeo-Christliches gegenüber Hellenentum, freier Wille gegenüber Schicksal, Charakterisierung gegenüber Typisierung, Ethos gegenüber Hedonismus, mit dem Fazit, das Werfel in die Worte der Hekuba kleidet: »Und doch ist gut sein mehr als glücklich sein«.

Schade, daß ich bis auf Ernst keinen meiner Mitschüler je wiedersah. In anderen Jahrgängen feierte man »Klassentage«, an denen man nach zehn, zwanzig oder mehr Jahren zusammenkam, Erinnerungen austauschte, Anekdoten auffrischte, alte Witze erzählte und neue erfand. Die meisten von uns neunzehn hatten neun Jahre zusammen gelernt und gelacht, gedacht und geduldet. »Muß man wissen«, pflegte Klassenlehrer Dr. Wirbelhauer zu sagen, mit einem langgezogenen n, wenn einer von uns die Antwort schuldig blieb. Einmal verabredeten wir, gleichzeitig auf seine Krawatte zu starren. Er zupfte am Schlips, wurde nervös und brach schließlich den Unterricht zehn Minuten vor dem Pausezeichen ab.

Lenz, der Französisch lehrte, konnte die verbrauchte Luft im Klassenzimmer nicht ertragen und schlug vor, auch im Winter ein Fenster zu öffnen. Es war kalt und jemand fragte, ob er seinen Mantel anziehen dürfe. Lenz nickte, und nach einer Weile saß die ganze Klasse in Mäntel gehüllt mit Schals um den Hals. Darauf klagte ein anderer über kalte Füße und bat, ein paar Schritte auf und ab gehen zu dürfen. Lenz nickte, und nach einer Weile wanderte die ganze Klasse in Mänteln mit aufgeschlagenen Kragen und Schals im Zimmer umher. Es traf sich gut, daß wir um jene Zeit »La tour de la France« lasen, aber weit kamen wir nicht, denn ein überraschender Besuch des Schuldirektors machte unserer »tour« ein jähes Ende.

Um uns auf die Unbilden des Lebens vorzubereiten, wurde uns kurz vor Schulabschluß zum ersten Mal ein Stück Sex-Erziehung zuteil, in einem Film »Falsche Scham«, der die Gefahren des Geschlechtsverkehrs auf teuflische Weise ausmalte – in Großaufnahme alle Arten von venerischen Krankheiten, mit Eiter und Geschwulsten, Primär- und Sekundär-Affekten, Ausschlag und kriechenden Bakterien. »Was ist das Leben ohne Liebesglanz«, heißt es in »Wallensteins Tod«. »Schiller hat den Film nicht gesehen«, meinte Ernst resigniert.

Als ich kurz nach dem Krieg auf dem Weg von Frankfurt nach Hamburg in Kassel Station machte, waren die achtzehn, die gleichzeitig mit mir das Abitur bestanden hatten, spurlos verschwunden. Ich fand keinen der mir vertrauten Namen im Telefonbuch und alle meine Erkundungen waren ergebnislos. Ich weiß, daß einer Priester werden wollte und ein anderer Frauenarzt. Im Kriege gefallen? Von Bomben getötet? In der Welt verstreut? Der Kaiserplatz war ein leeres Feld, die Sedanstraße verwüstet, der »Kasseler Hof« dem

Erdboden gleichgemacht. Nichts war vom Schulgebäude geblieben, bis auf eine brüchige Fassade, hinter der ein Trümmerhaufen lag.

»Herkules«, eine der »besseren« Kneipen, war der Schauplatz unserer Abitur-Feier. Im Hinterzimmer gab es eine Bühne mit richtigem Vorhang, und unsere Ambitionen schreckten nicht vor der Aufführung von Szenen aus »Dantons Tod« zurück. Wir hatten die Eltern eingeladen, auch einige Lehrer waren erschienen, wenn auch nur zögernd, da sie die hektographierte »Bierzeitung« gelesen hatten, in der wir uns über sie lustig machten. Der Abend im »Herkules« verlief plangemäß – wir rezitierten, parodierten, deklamierten, intonierten, schließlich kam »Dantons Tod«, und ich hatte zu sagen: »Wer mir in den Arm fällt, wenn ich das Schwert ziehe, ist mein Feind. Seine Absicht tut nichts zur Sache.«

Das waren so ungefähr meine letzten Worte als Pennäler.

Zur etwa gleichen Zeit stand Ernst Gläser, Autor des Bestsellers »Jahrgang 1902«, wegen Gotteslästerung vor einem Kasseler Gericht, und Roland Freisler, später Präsident des berüchtigten Volksgerichtshofes, wurde zu einem führenden Anwalt der Stadt, die 1933 Hitler zum Ehrenbürger machte.

KEIN AAS HAT SICH ERSCHRECKT

Nur nicht schwindlig werden. Der Sturz war unvermeidlich – aus dem Rahmen der Schule, Familie, Freunde, Nachbarn in die Anonymität des akademischen Massenbetriebes. Vorbei die Zeit, da ich mich vor versammelter Klasse über das expressionistische Drama auslassen konnte, mit seinen Spaltungen des Ich und seinen Stationen der Läuterung.

Zuerst ein Zwischenspiel, ein »ambulantes« Semester in Göttingen, wohin ich von Kassel ein paar Male die Woche fuhr, um die Zimmermiete zu sparen. Deutlicher wurde es in München. Die Hörsäle waren gedrängt voll, ich saß unter

Hunderten von Studenten und Studentinnen, ohne daß jemand bemerkte, daß ich einer von diesen Hunderten war. Drei meiner Skizzen waren in der Münchener Wochenschrift »Jugend« erschienen, auf die das Wort »Jugendstil« zurückgeht, aber wer nicht gerade beim Friseur oder Zahnarzt warten mußte, wo sie auslag, wußte nichts davon. »Kein Aas hat sich erschreckt«, hieß der Refrain eines populären Chansons.

Glücklicherweise gab es den Professor Artur Kutscher. Ich hatte mich für Jura inskribiert, was nicht ausschloß, daß ich sein theaterwissenschaftliches Seminar besuchte. Als ich mich in seine Liste für deutsche Stilkunde und literarische Kritik eintrug, gab er mit keinem Wimpernschlag zu erkennen, daß sowohl er wie mein Onkel Joachim Wedekind – Spezialisten waren, beide in München. Offenbar war gerade dies der Grund, mich zu ignorieren.

Kutscher hatte sich wie immer mit einem Kreis von »Vorzugsschülern« umgeben, in den einzudringen schwer war. Das bestätigte mir 1965 Hugo Hartung, als er mich in Jerusalem aufsuchte, noch im Nachglanz seines Bestsellers »Wir Wunderkinder«. »Allerdings stimmt die Angabe in Kutschers Lebenserinnerungen nicht, ich hätte auf einer seiner theaterwissenschaftlichen Exkursionen das Mädchen Piroschka kennengelernt, über das ich hernach den Roman und den Film geschrieben habe«, stellte er fest.

Während meiner zwei Semester war es Helmut Käutner, nach dem Weltkrieg einer der führenden Filmregisseure Deutschlands, mit dem Kutscher eng zusammenarbeitete. Auf seine Initiative zog Käutner mit einer kleinen Gruppe ein Kabarett auf, nach dem Vorbild der »Elf Scharfrichter« des Überbrettls, »Die vier Nachrichter« genannt. Was als Studentenulk geplant war, entpuppte sich als höchst professionelle Kleinkunst, und nicht nur ihr erstes Programm »Hier irrt Goethe« ging über viele Bühnen.

Fasching in München war ein enervierendes Glückspiel. Fand man eine Partnerin zu früh, wurde sie einem im Laufe des Abends ausgespannt; wartete man bis zum letzten Augenblick, blieb man auf dem Trockenen sitzen. In den Räumen des »Deutschen Theaters« kreuzten Papiergirlanden, schwebten Rauchschwaden, kringelten Ringe aus Staub. Ein Mensch, mit einem Turban auf dem Kopf, packte meinen Arm. »Kunst ist Mist«, sagte er. »Mist ist das Endergebnis unserer körperlichen Funktionen, nicht wahr? Im Geistigen geschieht ein Gleiches: man liest, hört, sieht, denkt, dann verdaut man und wenn man begabt ist, kommt dabei Kunst heraus. Mist in Form von Dünger, auch Kunstdünger, ist produktiv.«

Die Hitze der tanzenden Körper mischte sich mit Tabakqualm und dem Geruch verschüttenden Bieres. Auf gut Glück hängte ich mich einem Mädchen in den Arm.

»Stinken tun sie beide«, rief der Turban uns nach. Meine Partnerin schien wenig betroffen.

»Der Mann ist verrückt«, sagte ich entschuldigend.

»Wer?«

Da trat eine große Gestalt auf sie zu, die verzückt aufschrie: »Madeleine, ma chère, wieder in München? Was macht Tutti?«

»Wunderbar«, lächelte ma chère.

»Die Frau ist nichts für Sie, was wissen Sie von dieser Frau«, und damit wollte die große Gestalt nicht nur bildlich mir an den Kragen.

Zugegeben, ich wußte nichts von dieser Frau, aber war das ein Grund, mich zu zermalmen? Ich riß sie in einen Strudel von venezianischen Kokotten und spanischen Granden. »Wer war denn der?«, fragte ich atemlos.

»Wer?«

»Der gewaltige Kerl!«

»Oh der – ein Maler.«

Also hatte der Turban doch recht: Kunst ist Mist.

Madeleine war eine Französin aus Lyon. Es war nicht leicht, sich zu verständigen, noch schwerer, sie zu überreden, auf meine Bude zu kommen. Sie wollte nach Hause. Großzügig rief ich nach einem Taxi. Wandere, Taler, wandere.

Das Taxi hielt vor ihrem Haus. Heute Nacht oder nie, sang Jahre danach Richard Tauber. Stufe für Stufe eroberte ich die Treppe, sie wehrte ab, ich drängte nach. Wieder einmal schaltete der Drei-Minuten-Brenner die Flurbeleuchtung ab. Ich wollte anknipsen, aber statt auf den Knopf des Treppenlichtes drückte ich auf die Glocke einer Wohnung. Es war drei Uhr morgens. Grell zerriß das Klingeln die Stille. Madeleine entschlüpfte nach oben und war verschwunden. Ich lief hinunter, bevor die aufgescheuchten Bewohner nach den Ruhestörern sehen konnten.

Neben mir im Kutscher-Seminar saß Fries, ein lang aufgeschossener Bursche, der an allem etwas auszusetzen hatte. »Gehen Sie ins Residenz-Theater und hören Sie sich die Papiersprache in Gerhart Hauptmanns ›Vor Sonnenuntergang‹ an. Sie können sofort feststellen, daß der Autor in die Maschine diktiert hat.« Auch Fries war es nicht gelungen, in den engen Kutscher-Kreis zu gelangen. Wir bummelten die Straße entlang. Auf dem Odeonsplatz lag schmutziger Schnee. »Ich weiß nicht«, sagte Fries, »man kommt in dieser Stadt so schwer weiter«, und es war nicht klar, ob er den Schnee oder die Universität meinte.

Im »Simpl« roch es nach Küche. Die dicke Kathi ging von Tisch zu Tisch und an uns vorüber, um ihre Stammgäste zu begrüßen. Auf einer Bühne im Hinterzimmer zappelte ein kleiner, dürrer Mensch. Er polkte ein wenig an der Nase, trank zwischendurch ein Gläschen. Immer stand, wenn er sprach, ein Gläschen auf dem Klavier. Der Mann, der da oben auf dem Podium hin und her ging, war der Dichter Ringelnatz. Gerade sprach er ein paar Verse, wie wenn man den Tendenzbericht der Effektenbörse hinsagt: »…Nun wird es still und wunderbar. Kein Laut auf der Straßen Mitte. Nur drüben am andren Trottoir gehn meine eigenen Schritte.«

Fries schien vollends dem Trübsinn zu verfallen. »Heinrich Mann hat vor kurzem vom ›Ruf der Tiefe‹ gesprochen, den wir Deutschen so oft hören. Ich bin Katholik und Sie sind Jude, und Jude ist eine Bezeichnung für alles, was hier schief geht. Nur in Deutschland hat die Wirtschaftskrise zu einer Gemütskrise geführt. Auch in anderen Ländern war die Währung bedroht, aber nur bei uns ist sie restlos verfallen.

Der Deutsche selber hat sie verfallen lassen, aus der Lust am Untergang, aus der Sucht nach Tod und Teufel. Und jetzt scheint er wieder einmal den ›Ruf der Tiefe‹ zu hören, der ihn unwiderstehlich hinabzieht.«

Dreimal schritt Gustav Waldau über die Bühne des Nationaltheaters in Strindbergs »Traumspiel«, einen welken Blumenstrauß in der Hand, mit seiner gebrochenen Stimme rufend »Victoria, Victoria«, und die Trauer des Unerreichbaren teilte sich uns mit. »Die letzten Tage der Menschheit« von Karl Kraus in den Kammerspielen trugen nicht dazu bei, das Erreichbare näher zu bringen. Dann kamen die Ostertage. Raus aus München! Ein »klassischer« Trip nach Weimar und auf die Wartburg schien die geeignete Kur.

Am Bahnhof in Eisenach fragten wir einen schnauzbärtigen Schutzmann nach einer Unterkunft. Er zeigte in die Richtung der Nikolaikirche, Haus Germania, dort seien die Herren gut aufgehoben.

Wir stellten im Hotel unsere Rucksäcke ab, zahlten voraus und machten uns auf den Weg zur Wartburg. »Es war hier, daß Martin Luther nach dem Teufel mit einem Tintenfaß warf«, erklärte der Touristenführer und deutete auf einen bläulichen Flecken an der Wand, der offensichtlich immer wieder erneuert wurde. Wir hörten von Ludwig dem Springer, der die Burg bauen ließ, vom Landgrafen Hermann und seinem Sängerkrieg, von der Heiligen Elisabeth und vom Wartburgfest der Burschenschaften. Am frühen Abend kehrten wir ins Hotel zurück. In unserem Zimmer fanden wir einen Zettel durch die Tür gesteckt. »Ich sehe, daß Sie aus Amerika sind. Ich komme gern zu Ihnen hinüber, um über unsere gemeinsame Heimat zu plaudern. Die Dame aus Zimmer Neun.«

»Amerika? Dame aus Zimmer Neun? Ich verstehe immer Bahnhof«, knurrte Fries. Dann erinnerten wir uns, bei unserer Ankunft in der Hotelhalle einer jungen Frau begegnet zu sein. Was tun? Wir schrieben auf die Rückseite des Zettels: »Wir sind zwar nicht aus Amerika, aber plaudern trotzdem gern.«

Nach ein paar Minuten klopfte es und jene Frau kam. Sie sprach ein akzentfreies Deutsch und erwähnte Amerika mit keiner Silbe. Woher einen Gesprächsstoff nehmen? Ich erzählte von der Heiligen Elisabeth, Fries von Luthers Tintenfass, aber sowohl die Heilige wie der Teufel schienen keine passenden Themen. Die Frau begann unvermittelt von der Ehe zu reden, auf die Dauer sei es doch furchtbar, nur an einen Mann gebunden zu sein, noch dazu wenn er arbeitslos sei und sie in gedrückten Verhältnissen leben müßten.

In gedrückten Verhältnissen! Von dieser Seite pfiff der Wind. Eine Nutte und ein Trick. Ich wechselte einen Blick mit Fries. Wir hatten außer unseren Rückfahrtkarten nach München etwa 20 Mark. Sie wollte 15. Man einigte sich auf zehn. Fries ließ mir den Vortritt. Die Frau knipste das Licht aus und kam in mein Bett. Nach ein paar Minuten erhob sie sich, knipste das Licht an und ging hinüber zu Fries. Wieder wurde es dunkel. Dann war auch das vorbei. Die Frau ordnete ihre Kleider. »Morgen früh besuche ich euch wieder, ja?«

Über das Vorgefallene sprachen wir kein Wort. Sollten wir umkehren und unsere »klassische« Fahrt in diesem Hotel beenden? »Und wenn der ganze Schnee verbrennt, die Asche bleibt uns doch«. Früh am Morgen, um dem angekündigten Besuch zu entgehen, schlichen wir ohne Frühstück aus dem Hotel. In Weimar war keine Jugendherberge zu finden, nicht einmal eine Bahnhofsmission, die uns hätte beraten können. Wir dachten an geistliche Hilfe, Fries konnte einen Priester um Geld bitten, ich einen Rabbiner. Wer war großzügiger? Der Klerus oder das Rabbinat? Wir einigten uns auf die Polizei. Der Beamte lachte nur. Geld verlieh die Polizei nicht, auch nicht gegen Hinterlegung eines Passes. Aber er kannte einen Gastwirt, der uns ein Zimmer gegen Hinterlegung eines Pfandes vermieten würde. Der Gastwirt erwies sich als Schutzheiliger bargeldloser Studenten und gab uns sogar ein Mittagessen auf Pump. Wir begnügten uns mit einem einzigen Tag in Weimar, rannten von Goethe zu Schiller, warfen einen Blick auf das Nationaltheater, verzichteten auf die Memorabilien von Wieland, Herder und Liszt. Im Nietzsche-

Archiv wurden wir mit den Folgen der Syphilis konfrontiert. Panische Angst überfiel uns. Hatten auch wir uns angesteckt? In München schnell in die Poliklinik. Freigesprochen! Wir atmeten auf.

»Man soll immer auf die Ratschläge der Polizei hören«, meinte Fries, und wir dachten an den schnauzbärtigen Schutzmann am Bahnhof von Eisenach.

Die Medizin teilt die Welt in Gesunde und Kranke, die Reichsbahn in Raucher und Nichtraucher. Nach Dr. Fritz Strich gab es nur eine wahre Zweiteilung: das Apollinische und das Dionysische. Jeder ging ins Kolleg dieses Literarhistorikers, gleichgültig ob er Germanistik, Jura oder Zoologie belegt hatte. Er war der feinste Kopf der Fakultät, aber Ordentlicher Professor wurde er erst in Bern, nachdem er 1933 als Jude die Münchener Universität verlassen mußte.

Fries hatte eine Einladung ins Haus einer Schriftstellerin, deren Namen ich vergessen habe und die in einer Dachauer Schwaige lebte. Ob ich mitkommen wollte? Eines Nachmittags machten wir uns auf. Die Dame war von einer altfränkischen Gastfreundschaft und hatte eine Schar geistiger Menschen um sich gesammelt. Sie stellte mich einem älteren Herrn vor, er schien mir damals ein älterer Herr zu sein, obwohl er erst 55 war – Georg Hirschfeld. Ich kannte seine Dramen, die einst als die größte Hoffnung nach Gerhart Hauptmann galten – »Die Mütter«, »Agnes Jordan«, aber seine Romane hatten diese Hoffnungen nicht erfüllt.

Ich begann über seinen einstigen Triumph in Berlin, getragen von Käthe Dorsch, zu sprechen. Um jene Zeit war es bereits still um ihn geworden, und er wehrte ab, resigniert. Inzwischen war der Expressionismus über die deutschen Bühnen gerast und hatte der »Neuen Sachlichkeit« Platz gemacht, und der Pazifismus der ersten Nachkriegsjahre war, nicht nur auf dem Theater, einer Ära der moralischen Verantwortungslosigkeit gewichen.

»Warum sind eigentlich so viele Juden Pazifisten?«, fragte Fries. »Warum sind so viele Pazifisten Juden?«, gab Hirschfeld die Frage zurück. »Max Brod erklärt die ›Harmonisierungstendenz‹ der Juden aus ihrem Monotheismus, aus dem Willen zur Einheit, aus dem jüdischen Totalitätsglauben, der keine Zweiheit zuläßt, auch keine Entzweiung.« Aber nichts ginge ohne Ideologie. Da die Juden als schutzlose Minderheit zweitausend Jahre der Gewalt der Mehrheit ausgeliefert waren, meinte Hirschfeld, hätten sie aus der Not eine Tugend und aus ihrer Schwäche eine Weltanschauung gemacht.

Später am Abend kamen noch Gäste, unter ihnen Gina Falckenberg, die Tochter von Otto, dem genialen Leiter der Kammerspiele. Sie war eine dunkle, herrlich gewachsene Schönheit, hatte damals auf der Bühne ihres Vaters ohne rechten Erfolg debütiert, aber schon im nächsten Jahr führte eine steile Karriere in Berlin sie jäh aufwärts, um nicht lange danach ebenso jäh abzubrechen.

Es war eine verrückte Stimmung, der Abend spielte den großen Trumpf aus, man konnte leise, belanglose Worte hin und her werfen wie einen Fangball. Nur etwas galt: da sein.

»Ich werde eine Ode An Gina dichten«, flüsterte Fries. »Solange man sie nicht mit der Verherrlichung von Halsschmerzen verwechselt«, gab ich zu bedenken.

Die Stimmung zerflatterte, als ein Teil der Gäste aufbrechen mußte. Langsam tastete die Gruppe den dunklen Weg zurück. Georg Hirschfeld. Er war geblieben. Und starb in einem Münchner Krankenhaus, kurz bevor die Nazis ihn nach Theresienstadt deportieren wollten. Wir waren am Bahnhof angekommen. Niemand konnte ahnen, daß hier einmal Züge, vollgepfercht mit menschlicher Fracht, Nacht für Nacht neue Opfer für das Konzentrationslager anrollen würden.

Dachau. Damals ein unbefleckter Name, und wir waren jung, verliebt und leicht beschwipst.

In Berlin, an einem Kiosk in der Knesebeckstraße, klopfte mir jemand auf die Schulter, ein junger Mann mit tadelloser Bügelfalte und maßgeschneidertem Sakko. Keine Ahnung, warum er mir auf die Schulter klopfte. »Du weißt nicht, wer ich bin? Arno!«

Arno. Ich hatte ihn seit Posen nicht gesehen. Unerfindlich, daß er mich erkannte. »Ganz einfach. Einmal ein Gesicht gesehen, das genügt für die nächsten hundert Jahre. Ich bin Fotograf.«

Schade, daß er nicht im Stehen geschlafen hatte wie die Droschkengäule am Posener Bahnhof, die er einst bewundert. Das hätte mir viel erspart. So kam es, daß er mich zum Rankeplatz mitzog, wo er in einer Pension wohnte. Seine Mutter, die »Lustige Witwe«, war gestorben, aber es ging lustig her am Rankeplatz. Außer ihm gäbe es noch den Pianisten einer Nachtbar, der seinen eigenen Schlager so oft spielte, daß auch andere auf denselben Gedanken kamen – »Ich hab' ein Rendezvous mit dem Schatz, mit dem Fratz, mit der Erika« –, und er dicke Tantiemen kassierte; dann das Mannequin Eva, ganz hübsch, aber schrecklich öde, die so billiges Parfüm gebrauchte, daß sie danach nicht duftete, sondern roch; und schließlich eine geschiedene Frau, Fee Lindberg, übrigens Jüdin.

In Arnos Zimmer standen ein paar Bücher – Pitigrilli, Jack London und Reihen von nur auf Subskription erhältlichen sexualwissenschaftlichen Werken. Die brauchte er als Hintergrund für seine Arbeit, Aktstudien, nichts Pornographisches, alles über den Ladentisch, auch wenn es keinen Ladentisch gab. Wir gingen ins »Berliner Zimmer«, offenbar den »Gesellschaftsraum«, der voll grüner Plüschmöbel war, und er rief nach der Wirtin Annchen Götz, von den Mietern Tante Annchen genannt, um mich als alten Jugendfreund einzuführen, »ein Relikt aus der ersten Schulzeit, ein kostbares Fossil, sowas findet man nicht alle Tage.« Er schien wirklich erfreut.

Da ging die Tür auf und eine Stimme fragte: »Annchen, kannst du mir hinten den Reißverschluß zumachen?« Die Frau war eine kleine, zierliche Person, etwa Anfang der Dreißiger, mit scharfen Zügen um den Mund und bestürzend traurigen Augen. Sie blickte mich eine Weile an. »Warum sehen Sie so blaß aus, irgendwas ist doch mit Ihnen los.« Zuviel im Fasching gebummelt. »Wohl zu viele Mädchen gehabt?« Damit sei es nicht weither gewesen. Ob ich eine Freundin habe? Ich sei noch nicht lange in Berlin und müsse mich erst unter den Töchtern der Stadt umsehen. »Wenn man Sie so anschaut, könnte man meinen, Sie sind verkehrt.« Was für ein Verhör! Schon im Weggehen rief sie: »Vielleicht onanieren Sie zuviel«, und rauschte hinaus.

Arno klärte mich auf. Fee Lindberg habe gerade eine Entziehungskur hinter sich, das mache sie ungeduldig. Solange die Börsengeschäfte reussierten, war ihr Mann von einer verschwenderischen Großzügigkeit, überhäufte sie mit Pelzen und Perlen, nahm sie zur Saison nach Nizza und zum Wintersport nach Davos; sie hatten ein großes Haus am Kurfürstendamm geführt, bis vom Bankhaus »Lindberg und Lewinger« nichts als dicke Luft übrigblieb.

Als ich durch das Berliner Zimmer zum Ausgang wollte, saß in einem der grünen Plüschsessel Fee. Sie schien auf mich gewartet zu haben. Arno habe mir sicherlich scheußliche Sachen über sie erzählt, »Morphium, Scheidung, nicht wahr? Ich weiß nicht, warum, aber ich möchte, daß Sie es von mir hören.« Arno sei sowieso eine zweifelhafte Erscheinung. Niemals zöge er vom Rankeplatz weg und dessen Nebenstraßen. Dort kenne er die Bars, die Nutten, die Amüsierdamen, die Schupos. Er fotografiere alle Mädchen, mit denen er schliefe, und das sei eine erhebliche Zahl.

Dann begann sie von sich selber zu sprechen. Da war z.B. die Nachttisch-Affäre. Lindberg hatte sie gebeten, ihn wieder aufzunehmen, er könne nicht ohne sie leben. Sie gab nach. Am Morgen fuhr er zur Börse. Als sie nach dem Frühstück ihren Schmuck anlegen wollte, war er vom Nachttisch verschwunden. Lindberg hatte tatsächlich bewiesen, daß er ohne sie nicht leben könne, denn der Erlös des Schmuckes machte ihn vorübergehend wieder solvent, und unter Ehegatten gebe es juristisch keinen Diebstahl. »Der Herr hat gegeben, der Herr hat genommen, in diesem Fall Herr Lindberg.«

Nein, das Morphium habe nichts damit zu tun. Als Folge einer Fehlgeburt lag sie lange zwischen Leben und Tod an einer Bauchfellentzündung und wurde mit Morphiumspritzen schmerzfrei gehalten. »Das war schon vor Jahren.« Nach dem Zusammenbruch des Bankhauses »Lindberg und Lewinger« mußten sie Hals über Kopf die Wohnung am Kurfürstendamm räumen, eine Zwangsversteigerung vernichtete den Rest des Eigentums. Wie ein aufgescheuchter Krähenschwarm sei der Freundeskreis auseinandergestoben. Im letzten Moment habe Lindberg versucht, an ihr Privatvermögen zu gelangen und sie in eine Nervenheilanstalt sperren lassen. Erst vor kurzem sei sie zurückgekehrt – hierher. Und deutete auf den grünen Plüsch. Tante Annchen kam ins Zimmer und bevor ich mich verabschiedete, steckte Fee mir heimlich einen Zettel in die Hand.

Erst auf der Straße las ich: »La vie est vaine – Un peu de peine – Un peu d'amour – Et puis: Bon Jour. La vie est brève – Un peu de rêve – Un peu d'espoir – Et puis: Bon Soir.«

Es war höchste Zeit, sich um das Studium zu kümmern. In einem Haus in der Güntzelstraße versuchte Rechtsanwalt Dr. Pollack gutzumachen, was die Universität versäumte: den Lehrstoff für Examina aller Art einzupauken, und eleganterweise nannte er sich nicht Einpauker, sondern Repetitor. Er belehrte mich sofort, daß man in der Jurisprudenz alles perspektivisch sehen müsse und daß es darauf ankäme, die großen Linien zu erkennen. Worauf er sein Monatshonorar mit 60 Mark festsetzte, aus meiner Perspektive ein wahres Vermögen.

Die Nachrichten aus Kassel wurden immer bedrückender, das Geschäft in der Sedanstraße stand vor der Schließung, mein Monatswechsel war auf 100 Mark geschrumpft, gerade genug, um meine Bude und den Repetitor zu zahlen. Leonhard Adelt, Roman-Autor und Joachims Nachfolger als Korrespondent des »Berliner Tageblatt« in München, hatte mir eine Empfehlung an Rittweger gegeben, einen Berliner Journalisten, der mir zu einem Nebenverdienst verhelfen könnte.

Rittweger saß im Romanischen Café. Er war Bayer und lebte in Berlin; Journalist und haßte es, zu schreiben; im Weltkrieg Offizier und hielt den Offiziersrang für einen Berufsunfall; eingeschriebenes Mitglied der SPD und machte die Partei für seine schlechte Ehe und die Grippe-Epidemie verantwortlich; und immer voller Pläne, denen er nie nachging. Er hatte sein Hauptquartier im Romanischen Café aufgeschlagen, ohne ein Hehl daraus zu machen, daß er die Literaten rings um die Gedächtniskirche verachtete.

Mit freundlichem Lächeln winkte er einem vorübergehenden jungen Mann, der aussah wie ein Kommis aus dem Konfektionsviertel. »Ist er auch«, meinte Rittweger, »Kommis mit Ellenbogen. Der ist treppauf treppab gekeucht, hat die Redakteure in ihren Privatwohnungen umschwänzelt und ihre Frauen angegirrt, der saß ihnen so lange auf dem Nacken, bis sie schrien ›Was bringen Sie denn? Geben Sie das verdammte Zeug schon her‹, nur um das Mensch loszuwerden. Heute kommt kein Kabarett ohne seinen Konfektionsjargon aus.«

Als Rittweger hörte, was ich wollte, setzte er eine Geschäftsmiene auf. Die Zahl der SPD-Blätter sei im letzten Jahr von 203 auf 135 gefallen und die der Abonnenten um ein Drittel zurückgegangen. »Sie wollen sich an ein sinkendes Boot klammern? Da müssen Sie Ihren eigenen Rettungsgürtel mitbringen.« Plötzlich erinnerte er sich, daß er in der Wilhelmstraße erwartet wurde und stand auf. Ob ich Stanowsky kenne, Direktor Stanowsky von der UFA? Rittweger konnte nicht begreifen, daß es jemanden gab, der Stanowsky nicht kannte. Ohne auf den Kellner zu warten, warf er 50 Pfennig auf den Tisch und wollte davon.

»Was ist mit Stanowsky?«, rief ich ihm nach.

»Sagen Sie, ich habe Sie geschickt und lasse ihn aus Chemnitz grüßen.«

Das Filmgelände der UFA in Neubabelsberg war das Hollywood von Berlin. »Ich möchte Ihnen gern helfen«, sagte Stanowsky freundlich. »Sie wissen, ich kümmere mich lediglich um den Theaterpark, zum Direktor des Gloriapalasts kann ich Sie ja nicht machen, und daß Sie Kinopage werden wollen, nehme ich nicht an.« Dann fiel ihm ein, mit Pressechef Kröner zu sprechen.

»Kröner? Stanowsky. Wie gehts?« Er deutete an, daß Kröner jetzt Gelegenheit habe, sich zu revanchieren und lachte ins Telefon. Sie redeten noch eine Weile. Und zu mir: »Habe ich nicht wie ein Vater für Sie gesprochen? Ich bin sicher, Sie können Plaudereien für unseren Pressedienst schreiben, Interviews mit unseren Stars, oder was Ihnen sonst noch einfällt.«

Ich antichambrierte eine Stunde. Kröner schien sich meiner nicht zu erinnern. Nach einer Weile teilte mir seine Sekretärin mit, er wäre zu einer dringenden Konferenz gerufen worden.

Eines Morgens rief mich Tante Annchen an. Frau Lindberg habe Dummheiten gemacht, liege im Krankenhaus, das Schlimmste sei schon vorbei, der Magen in letzter Minute ausgepumpt worden, und damit das Veronal oder was es sonst war. Fee wollte mich sehen. Mich? War das keine Verwechslung? In Posen geboren, in Kassel zur Schule gegangen, kamen plötzlich die Lichter des Kurfürstendamms auf mich zu, die große Welt in Gestalt einer femme de trente ans, die zur Saison nach Nizza fuhr und zum Wintersport nach Davos, von Pelzen und Perlen behangen, auch wenn sie inzwischen verpfändet waren. Ich verzichtete auf das Mittagessen in der Mensa und kaufte für das Geld ein paar Blumen. Am Olivaer Platz war die Privatklinik. Eine Schwester kam mir entgegen. »Bleiben Sie nicht lange, Frau Lindberg ist noch recht schwach.« Ich trat ins Krankenzimmer. Ihr Gesicht war wächsern wie eine Kerze – nur die Flamme ihrer Augen brannte.

»Haben sie dir gesagt, was war?« Plötzlich duzte sie mich. »Du, es ist alles so schwer«, und klammerte sich fest an mich.

»Un peu d'espoir – Et puis: Bon soir«, fiel mir ein.

»Siehst du, wie klein und schwach ich bin, du bist groß und stark, ich werde dich Riese nennen, nein, das klingt scheußlich, Riesi; das ist besser.« Nach einigen Tagen wurde sie entlassen. Sie hatte inzwischen eine möblierte Zweizimmer-Wohnung in der Uhlandstraße gemietet. Ich solle sie besuchen. Die Wohnung war voller Menschen, als ich kam. Lindberg war wieder aufgetaucht, saß dort mit graumelierten Schläfen und nachsichtiger Miene, ohne den Gehpelz abzulegen. Tante Annchen war da, das Mannequin Eva, der Bar-Pianist und Arno. »Was habe ich dir gesagt, sie ist schwer hysterisch«, flüsterte er mir zu. Das Mannequin Eva war bald verschwunden, der Pianist mußte in die Bar, um seinen Schlager zu spielen, Arno hatte eine Verabredung, um sein Foto-Archiv zu erweitern, Tante Annchen war müde, nur Lindberg blieb. Endlich stand er auf, auch ich wollte gehen. »Hier hast du die Hausschlüssel«, sagte Fee noch in seiner Gegenwart, »schließe gut ab und morgen darfst du mir Frühstück machen.«

Vor der Haustür verabschiedete ich mich von dem graumelierten Herrn im Gehpelz, ging den Kurfürstendamm entlang, an der Gedächtniskirche sprachen mich Frauen an, aus der Greifi-Bar in der Joachimsthaler Straße kam Musik. Ich habe die Schlüssel, ich gehe zurück, ich redete mir gut zu, erst zögernd, dann zuversichtlicher, schließlich entschieden: ich kehre um! Und rannte, rannte die Straßen zurück, tastete das fremde Treppenhaus hinauf, schloß leise die Wohnung auf, schlich auf Zehenspitzen, vielleicht schläft sie schon, vorsichtig klinkte ich die Zimmertür auf.

»Bist du es?«, hörte ich ihre Stimme. Sie klang weder überrascht noch erschrocken. Es blieb dunkel im Zimmer.

»Ich werde nicht stören, ich schlafe hier auf dem Sofa.«

»Ja«, sagte sie, »es war zuviel heute.« »Ja«, bestätigte ich, schon auf dem Sofa.

»Komm, sag' mir noch Gute Nacht, bevor du dich hinlegst.«

Ich ging zu ihr ans Bett.

»Du darfst hier schlafen«, und rückte an die Wand, um mir Platz zu machen.

Drei Tage und drei Nächte blieben wir im Bett. Am ersten Tag verständigte ich Frau Krychek, meine Wirtin in der Kantstraße, daß ich verreist wäre; am zweiten Tag entschuldigte ich mich bei Dr. Pollack. So ward aus Abend und Morgen der dritte Tag. Unsere Vorräte in der Speisekammer, unsere Finanzmittel – und wir – waren erschöpft. Nur einer konnte helfen: Rittweger. Tatsächlich, ein Freund bei Ullstein fiel ihm ein, ich könnte mich dort melden.

Jeder auf seine Weise sollte eine Chronik der versäumten Gelegenheiten aufzeichnen, der verpatzten Chancen, wenn die Weichen falsch gestellt werden. Es gibt ein Buch von Wilhelm Schmidtbonn, ich glaube, es heißt »Die Geschichten von den ungeküßten Mündern«, oder so ähnlich. Darin erzählt er von Begegnungen mit Frauen, die alle im Leerlauf endeten, weil er im entscheidenden Augenblick unterließ, etwas zu sagen oder zu tun. Ich sagte im entscheidenden Augenblick zuviel, und es ging nicht um eine Frau.

Voller Erwartung betrat ich das mächtige Ullsteinhaus in der Kochstraße, wurde in den 3. Stock gewiesen, eine Sekretärin meldete mich an. Hinter einem gewaltigen Schreibtisch saß ein distinguierter Herr. Ich legte ihm einige meiner bereits gedruckten Arbeiten vor, er blätterte, las flüchtig hier und da, blätterte noch einmal und schien nicht abgeneigt, es mit mir als Junior in einer der Redaktionen zu versuchen. In Frage käme die »BZ am Mittag« Wunderbar! »Die BZ«, rief ich, »die ist witzig und spritzig. Ich hatte schon gefürchtet, Sie würden mich in die spießige ›Morgenpost‹ abschieben.« Darauf sagte er: »Ich bin der Verlagsdirektor der ›Morgenpost‹«.

Ich lief ins Romanische. An Rittwegers Tisch saß ein gebückter Mann, den man für einen pensionierten Postbeamten halten konnte. Er war pensioniert, aber nicht von der Post, sondern von der Berliner Stadtverwaltung, in der er einmal eine prominente Rolle gespielt hatte. Als er gegangen war, lächelte Rittweger vieldeutig. Das erste Mal, daß er ihn hier getroffen habe, der rühre sich seit Jahren nicht aus seinem Wohnbezirk Steglitz heraus, nicht seit dem Sklarek-Skandal. »Leo, Max und Willy. Wie heißt es so schön? ›Aus dem Osten eingewanderte Textil-Kaufleute‹. Ich habe nichts gegen ein bißchen Schiebung, und bei den evangelischen Größen der Deutschnationalen im Raiffeisen-Skandal hat es genug gestunken. Aber mußten die Sklareks ausgerechnet in die SPD eintreten? Sie hätten ihre dunklen Geschäfte mit dem Berliner Magistrat auch ohne das Parteibuch machen können.«

Ich erzählte ihm von dem Debakel bei Ullstein. Keine Sorge. Er selber habe keine Zeit, sich jeden Quatsch im Theater oder Kino anzusehen, und wenn ich Lust hätte, könnte ich Pressekarten haben und für seinen »Aktuellen Pressedienst« berichten, der etwa ein Dutzend SPD-Blätter in der »Provinz« beliefere. So gingen wir in die Theater und zu Filmpremieren, zu den ersten Tonfilmen mit Willy Fritsch und Mady Christians, mit Maurice Chevalier und Jeanette MacDonald, zum ersten Neger-Ensemble »Hallelujah« und zu »Broadway Melody«, die Berlin eroberte. Und auf den Bühnen Bruckners »Krankheit der Jugend« und »Die Verbrecher«, Zuckmayers »Katharina Knie«, Shaw's »Der Kaiser von Amerika«, Wolf's »Cyankali«, Cocteau's »Les enfants terribles«, Weill's »Mahagonny«, Herzog-Rehfisch's »Affaire Dreyfuss«, Lehar's »Land des Lächelns« – andere habe ich vergessen. Wir tanzten in der »Ballerina« in der Hardenbergstraße, waren entzückt von Rudolf Nelsons Kabarett im Eden Hotel und von der Eröffnung der »Katakombe« mit Werner Finck.

Dazwischen lagen lärmend bunte Tage, verborgene Winkel am Wasser, eine Hütte bei Zernsdorf, ein Forsthaus am Teuplitzsee.

Wir nahmen kaum Kenntnis von Stresemanns Tod, von der Verleihung des Nobelpreises an Thomas Mann, von den blutigen Zusammenstößen zwischen Demonstranten und Polizei am 1. Mai. Wir hatten reichlich mit uns selber zu tun, denn Fees Periode war überfällig, und als sie zum Arzt ging, stellte sich heraus, es war geschehen. Ein paar Wochen sprachen wir nicht darüber. Aber eines Abends fragte ich, ob sie schon eine Adresse habe. Sie war in ein Buch vertieft und antwortete nicht. Ich war nicht sicher, ob sie verstanden hatte. »Du mußt doch jemanden ausfindig machen wegen dieser Sache«, sagte ich. Sie las weiter. Endlich: ob ich mir meine Frage recht überlegt hätte.

»Wir beide haben kaum Geld, um uns selber durchzuschlagen, ich liege noch meinem Alten auf der Tasche, und die Tasche ist leer.« Sie habe gehofft, keinen kleinen Jungen vor sich zu haben. Wieso kleiner Junge? Was will sie eigentlich, sie ist meine erste Frau, vielleicht hätte ich eine andere genau so lieb, es ist immer Zufall, wem man wann begegnet, ich bin erst 20 Jahre. »Wie denkst du dir das?« fragte ich.

»Sehr schön denke ich mir das, ich wußte bisher nicht, wofür ich lebe.«

»Ich bin noch lange nicht mit dem Studium fertig.« »Dann werde ich mir Arbeit suchen.« »Millionen sind arbeitslos.« »Wir könnten das Kind weggeben.« »Ist es nicht schwerer, ein Kind wegzugeben, als sich von einem Ungeborenen zu trennen?«

Sie sah mich an. In ihren Augen war die Angst eines gehetzten Tieres. »Immer ist mir alles genommen worden, meine Ehe, meine Wohnung, mein Geld, meine Gesundheit, meine Freunde. Damals war ich stärker als heute, jünger und stärker. Du bist schlimmer als alle.«

Ich brauchte Geld. Dringend. Zumindest 100 Mark. Ernst war in Tübingen, Fries in München, Rittweger konnte ich nicht anpumpen. Blieb nur Arno. Er war in schlechtester Laune, als ich ihn aufsuchte. Die Polizei war dagewesen, wegen Verbreitung unzüchtiger Bilder, aber hatte nichts gefunden. Jemand mußte ihn angezeigt haben. Aber wer? Etwa der Bar-Pianist mit seinem idiotischen Schlager oder das Mannequin Eva mit seinem billigen Parfüm oder Poppi, eine dunkelhäutige Tänzerin, mit der er einen Monat zusammengelebt hatte? Es stimmte, daß er nachts auch andere Frauen nach Hause brachte und daß sie aufstehen mußte, um ihnen

61

Kaffee zu kochen; es sei richtig, daß er ihre Tanzschuhe in den Ofen geworfen hätte, als sie sich zu einem Engagement vorstellen wollte. Aber war das ein Grund wegzulaufen? Mit einem Impresario nach Italien? »Weißt du, was mich wirklich aus dem Häuschen gebracht hat? Sie schrieb, mein unmoralisches Treiben ekele sie an. ›Unmoralisch‹ schrieb sie, während sie mit einem wildfremden Mann nach Italien unterwegs war.« Er lieh mir trotzdem 100 Mark. »Natürlich läßt du auskratzen.«

UNTER MORDVERDACHT

Schwer hing der Himmel über der Stadt, das Morgenlicht stand grau im Zimmer. Was sind das für Leute, fragte ich.

Sie wußte es nicht. Eine Frau hatte sie untersucht, aber der Eingriff würde heute von einem Mann gemacht werden. Sie hatte einen fingierten Namen angegeben, Frau Schmidt vom Steinweg, sollte die Engelmacherei einmal ausgehoben werden.

»Ich komme mit«, sagte ich entschlossen.

»Man weiß nie, wie sowas ausgeht. Endet es schlimm, dann kann mir nichts mehr passieren, und geht es gut, so finde ich allein nach Hause.«

»Es wird schon gut werden.«, sprach ich ihr zu.

»Alles wird sowieso nicht mehr gut. Du wolltest nichts von dem wissen, was drinnen in mir ist. Jetzt möchte ich allein sein, wenn es mir genommen wird.« Sie stand in Hut und Mantel. Ich sah, wie sie zögerte. Dann ging sie, ohne sich umzuwenden.

9 Uhr morgens. In etwa drei Stunden konnte sie zurück sein. Sie hatte mir nicht die Telefonnummer der Engelmacherei gegeben, geschweige denn die Adresse. Von 9 bis 12. Drei Stunden. Nicht daran denken. Her mit dem Kommentar des Bürgerlichen Gesetzbuches: »Willensmängel im engeren und eigentlichen Sinn sind nur Mängel in der Erklärung

des rechtsgeschäftlichen Willens selbst. Sie setzen einen Zwiespalt zwischen Willen und Erklärung voraus ...«

Wahrscheinlich war sie gerade angekommen und wartete. Ob da Zeitschriften auslagen wie beim Arzt? Wenn wir nur nicht unlängst »Cyankali« gesehen hätten, Friedrich Wolfs Stück gegen den Paragraphen 218. Achttausend Frauen starben hierzulande Jahr für Jahr an Aborten, die nicht fachgemäß ausgeführt werden, in den Hinterzimmern von Kurpfuschern, Heilgehilfen, Hebammen, weisen Frauen. Da gab es Infektionen und Verblutungen und der Teufel weiß was. Unsinn. Man sollte nicht alles schwarz sehen. Ich hatte von Frauen gehört, die sich danach eine Stunde aufs Sofa legten und dann gleich zur Arbeit gingen, wie nach einer Zahnbehandlung. Als ich auf die Uhr sah, standen die Zeiger schon auf 1/2 11. Na also. In anderthalb Stunden war es vorüber.

Ich ging ans Fenster und blickte auf die Straße. Warum fahren alle Taxis vorüber? Halb eins. Halb zwei. Um zwei hielt ein Taxi vor dem Haus. Eine Frau stieg aus dem Wagen. Ich rannte die Treppe hinunter. Fee stand schon im Hausflur, gegen die Wand gelehnt. Ein Geräusch war im Hausflur, ein Mensch wimmerte. Sie stand da, eine Haarsträhne in der Stirn und wimmerte. Ich half ihr ins Bett. Sie verlangte nach einem Spiegel. »Schön hast du mich zugerichtet, nichts hast du mir gelassen, nicht mein Aussehen, nicht mein Kind, sie mußten mir die Hände binden, so hatten sie sich vor den Leib gekrampft, um es zu schützen.«

Am Abend fragte sie unvermittelt, ob ich sie noch liebte, jetzt, da sie so verunstaltet sei. Ich solle es beweisen. Ich sah sie verständnislos an. Da brach sie los: »Du, ich muß spüren, daß ich noch lebe, komm zu mir, ganz fest, lieb mich!« Ich starrte sie an. »Du ekelst dich vor mir«, schrie sie, »deinetwegen ließ ich mich verstümmeln, und jetzt ekelst du dich.« Sie riß mich ans Bett, daß ich über sie fiel. »Nimm doch Vernunft an, ich komme zu dir, wenn du nicht mehr wund bist.«

Sie war keinem Argument zugänglich. Es war mehr ein Kampf als eine Umarmung. Schweißüberdeckt sprang ich auf. Ganz ruhig sagte sie: »Du liebst mich nicht mehr. Ich kann dich nicht mehr reizen.« Dann wurde sie still. So sehr ich auf sie einredete, sie antwortete nicht.

Erschöpft schlief ich auf dem Sofa ein. Ich wußte nicht, wie lange ich gelegen hatte, als ich von dem Laut einer Tür erwachte. Ich fuhr hoch. »Fee?« Keine Antwort. Ihr Bett war leer, die Wohnung war leer. Ich suchte nach einem Zettel, nach einer Erklärung. Nichts. Es war 4 Uhr morgens. Noch dunkel. Was tun? Ich wartete. Ich wartete bis 8 Uhr. Um 8 Uhr rief ich bei Tante Annchen an. Ob Fee bei ihr wäre.

Nein. Warum ich fragte?

Ich wäre ganz früh gekommen und die Wohnung war leer. »Vielleicht macht sie Einkäufe.« »Nein, das bestimmt nicht, sie hat gestern hohes Fieber gehabt.« »Was sagt der Arzt?« »Einen Arzt haben wir nicht zugezogen.« »Ich denke, Fee hat hohes Fieber.« Offensichtlich Mandelentzündung. Da gäbe es nichts anderes als Bettruhe, Gurgeln und Umschläge.

»Vorbei ist vorbei«, sagte Tante Annchen so spitz, als ob Fees Verschwinden die unmittelbare Folge einer vernachlässigten Mandelentzündung wäre.

Wenn sie nichts von mir höre, erwarte sie mich gegen Mittag am Rankeplatz. Ich nahm mir das Telefonbuch vor, setzte mich an den Apparat und rief der Reihe nach an, in alphabetischer Ordnung, bei Krankenhäusern, Unfallstationen, und nochmals bei Krankenhäusern, denn manche behaupteten, sie hätten keinen Notdienst.

Als ich mittags zum Rankeplatz kam, saßen im grünen Plüschzimmer Annchen und Herr Lindberg. Im Hintergrund schaute das Mannequin Eva mich mißtrauisch an. Um wieviel Uhr ich gestern abend Fee verlassen habe? Um 1. Und wiedergekommen? Um 7. »Habt ihr euch gezankt?«, fragte Tante Annchen. »Nein.« »Dann ist sie halt spazieren gegangen, das Wetter ist ja schön.« »Mit 39 Grad Fieber ist man gewöhnlich nicht in der Stimmung, vor 7 Uhr morgens spazieren zu gehen.« »Aber etwas muß sie getan haben«, meinte Annchen, hilfesuchend zu Lindberg gewandt.

»Gut«, sagte Herr Lindberg mit Autorität in der Stimme, »Sie verneinen alle Fragen, Sie nehmen unsere Erklärung nicht an, darf ich mich erkundigen, wie Sie das Verschwinden von Frau Lindberg interpretieren?« Seinem Gesicht war abzulesen, daß er mich für den Mörder hielt, der die Leiche verscharrt hatte.

»Etwas muß geschehen«, beendete Lindberg das Gespräch mit Entschiedenheit, und wie ein griechischer Chor wiederholten Annchen und das Mannequin Eva: »Etwas muß geschehen.« Man einigte sich, ich solle die Polizei verständigen. In dem örtlichen Polizeirevier stellte ich mich als Bräutigam von Frau Lindberg vor. Der Beamte, ein kleiner bebrillter Mann, nahm meine Personalien auf. Dann fragte er: »Unterhalten Sie ein Verhältnis mit Ihrer Braut?«

Ich schüttelte den Kopf. »Haben Sie Streit mit Ihrer Braut gehabt?« Diese Frage hatte ich bereits am Rankeplatz gehört.

Er wollte wissen, wann ich meine Braut zum letzten Mal gesehen habe, wann ich in ihre Wohnung zurückgekommen sei, und ob ich Zeugen habe. »Können Sie ein Alibi beibringen?« Fast schien es, daß meine Verhaftung nur eine Frage der Zeit war. Eine Vermißtenanzeige könne er allerdings nicht aufnehmen, bevor 48 Stunden vergangen seien.

Damit stand ich wieder auf der Straße. Ich ging auf und ab und dann aufs Geratewohl in die Uhlandstraße. Aus den Fenstern der Wohnung kam Licht. Ich sprang die Treppen hinauf und klingelte. Fee öffnete die Tür, stand im Morgenrock da, lächelnd.

Was passiert sei? Nichts sei passiert. Sie habe es zuhause nicht mehr aushalten können. Wo sie gewesen war? Im Grunewald, gefahren, gelaufen, gesessen, das habe ihr gut getan. Sie mußte fertig werden mit ihren Gedanken. Warum sie keine Nachricht hinterlassen habe?

Sie wollte zum Frühstück zurück sein, aber sie war so unruhig, so getrieben, so voller Haß auf die Wohnung. Und über Berlin lag Sonne. Ohne diese Sonne würde sie vielleicht nicht mehr leben.

»Übrigens – ich war auf der Polizei, mich über dein Verschwinden zu erkundigen.« »Polizei? Das ist ja großartig.« Ihre Stimme wurde schneidend. »Darf ich etwa ohne deine Genehmigung nicht ein paar Stunden aus dem Haus?« »Lindberg und Tante Annchen haben das vorgeschlagen.« Ihre Rede gewann an Lautstärke. »Du hast gewagt, zum Rankeplatz zu gehen?« Und schon war sie am Telefon. »Annchen? Guten Abend, Fee. Der Junge hat mir schon berichtet. Da hat er was Schönes angestellt. Eifersucht ist ja ganz nett, aber sooo … Ich mußte plötzlich nach Potsdam«, spann sie die Erzählung weiter, »ein Freund war gekommen, nein, du kennst ihn nicht, er hatte dort ein paar Stunden geschäftlich zu tun und wollte mich unbedingt sehen. Mandelentzündung?« Sie blickte mich fragend an. »Ein bißchen Halsweh, nicht schlimm. Natürlich habe ich einen Zettel hinterlassen, wahrscheinlich ist der zwischen die Zeitungen gefallen.«

Daraufhin beschloß ich, mein Zimmer in der Kantstraße aufzugeben und in ihre Wohnung zu ziehen.

LUNGENPIEPER

Im Theater am Nollendorfplatz »Menschen im Hotel« mit Greta Garbo. Die Luft im überfüllten Kino war stickig. Ich wollte den Rückweg zu Fuß machen. Fee wollte fahren. Gehen, fahren, gehen, fahren. Wir konnten uns nicht einigen. So war das jetzt: der Streit lag, immer sprungbereit, auf der Lauer. »Geh, wenn du Lust hast«, sagte sie. Sie nahm ein Taxi. Ich ging. Ich begann zu laufen. Ich hatte die quälende Vorstellung, daß das Taxi verunglücken wird. Jede Gruppe Menschen, die herumstand, erschreckte mich. Ich rannte, ein Unfall muß geschehen sein, ein gräßlicher Unfall. Als ich keuchend und schweißtriefend nach Hause kam, saß Fee in aller Ruhe beim Abendessen. Heimlich nahm ich ein Thermometer: über 39 Grad. Das Fieber blieb. Und der verdammte Husten.

Dr. David, ein Internist mit dem melancholisch-todern-sten Gesicht von Buster Keaton, klopfte mich ab. In der Nähe der Lungenspitze, auf der linken Seite, waren Geräusche zu hören. Er schickte mich zum Röntgenologen. Eines Tages bat er mich in seine Sprechstunde.

»Lieber Freund«, begann er, »Sie haben sicherlich den ›Zauberberg‹ gelesen und wissen, daß er seinerzeit in Ärzte-kreisen heftig angefeindet wurde, so eine Schauerburg wie bei Thomas Mann ist Davos nun doch nicht. Ich hatte in Ih-rer linken Lungenspitze einen Prozeß vermutet, das Rönt-genbild hat diese Vermutung bestätigt, und ich habe mich mit Kollegen beraten.« Er nahm den Film zur Hand und zeigte ihn mir. »Hier sehen Sie die beiden Lungenhälften. Links oben, der dunkle rundliche Fleck dürfte ein tuberkulö-ser Herd sein, wahrscheinlich ist es bereits zur Bildung einer Kaverne gekommen. Die rechte Seite scheint vorläufig frei zu sein.«

Dr. David legten den Film aus der Hand. »Wenn Sie am Arm oder Bein eine eitrige Wunde haben, ist die erste Bedin-gung, das verletzte Glied in Ruhelage zu stellen. Eine Kaver-ne ist eine eitrige Wunde, aber die Lunge kann man nur be-grenzt stillegen. Sie müssen ja atmen. Also atmen Sie so, daß die Lunge nicht angestrengt wird, in horizontaler Lage und in dünner, reiner Luft. Da darf man mit der Zeit nicht knausrig sein, und nicht auf den Kalender gucken. Sie sind jung und können es sich leisten, nach der Heilung wieder von vorn anzufangen. Natürlich müssen Sie sofort ins Kran-kenhaus. Dort wird über Ihre Therapie entschieden, denn man kann der Heilung nachhelfen, indem man die erkrankte Seite weitgehend ausschaltet. Ich nehme an, daß man Ihnen einen Pneumothorax anlegen wird. Bekommen Sie keinen Schrecken, das ist nicht so schlimm, wie es klingt. Man bringt die eine Lungenhälfte zum Kollaps, indem man Luft zwischen Brustfell und Lungenfell pumpt. Der Eingriff ist ei-ne Kleinigkeit, nur muß die Luft, wenn auch in immer größeren Abständen, zwei bis drei Jahre nachgefüllt werden. Sie können mit dem Pneu später ein ganz normales Leben führen. Inzwischen werden wir Ihre Verschickung in ein Sanatorium betreiben, so schnell es geht.«

Fee brachte mich in einem Taxi zurück. Sie packte fest meine Hand, so fest, daß es schmerzte. »Du, heute nacht uns lieben und nicht mehr aufwachen, zusammen Schluß machen, warum uns quälen, du und ich, jeder auf seine Weise, ich habe alles, du wirst nichts spüren, und dann Frieden, unendlicher Frieden.« »Ich komme ja wieder«, sagte ich lahm, erschöpft, abwehrend. Enttäuscht ließ sie ihre Hand fallen.

Das Sonnenlicht floß durch die Fenster. Berlin-Hasenheide, Lungenkrankenhaus. Man forderte nichts von mir, ich brauchte nichts zu versprechen, niemanden trösten. Wohlig streckte ich mich in meinem Bett.

Mein Nachbar Kessler, ehemaliger Bankbeamter, war ein junger Mann mit rötlichem Haar und Sommersprossen. Seit zwei Jahren ging es zwar wieder aufwärts mit seiner Gesundheit, aber manchmal auch abwärts. »Sind Sie auch ein Spuckbruder?«, fragte er mit heiserer Stimme. Dem Auswurf wurde größte Beachtung geschenkt, nicht zuletzt von den Patienten. Sie beäugten die Spuckgläser, »Blauer Heinrich« genannt, die auf den Nachttischen standen und rissen ihre Witze, wenn einer dicke Klumpen spie. Kessler klärte mich auf: »Schlucken Sie Ihr Sputum nicht, hier lag jemand, der hat sich geniert zu spucken, nachher hatte er dauernd Diarrhoe, und wie sie den Stuhl untersucht haben, war er positiv.«

Ich verstand nicht. »Lauter nette kleine Viecher, lauter Tuberkel darin.« Pause. »Sie wollen sicherlich wissen, warum ich heiser bin.« Ich wollte es nicht wissen. »Ich habe was am Kehlkopf, das geht oft Hand in Hand mit dem Lungenbefund.« Eine Schwester brachte einen Strauß dunkelroter Rosen. »Sei hübsch tapfer, Riesi.«

Im dritten Bett lag ein rotbackiger fetter Mann, der Simrock hieß. »Laß doch den Blödsinn, Mensch, das ist zu nichts gut. Wir haben alle unsere Bräute gehabt, und die ersten Monate fließen sie über vor Rührung. Zum Schluß gehn sie doch durch die Lappen.«

Zu den »Spuckschwestern« auf der Frauenstation im oberen Stockwerk führten zwei Treppen, aber viele Verbindungen. Man verständigte sich von Fenster zu Fenster, traf sich beim Durchleuchten oder im Garten. Es war sogar möglich, gleichzeitig an einem Nachmittag Urlaub zu nehmen, der in nicht zu schweren Fällen einmal in drei Wochen gewährt wurde. Auch Simrock erhielt Urlaub. Dick, prustend und im Sonntagsanzug verließ er das Krankenhaus. Zuerst trank er bei Muttern Kaffee mit ordentlich viel Kuchen und Schnaps, dann fuhr er in die Friedrichstraße, wo er in einer Absteige eine Spuckschwester traf. »Tolles Ding«, erzählte er, »die ging drauf los wie Blücher.«

Die Station wurde von Frau Dr. Rehberger betreut. Ob ich erblich belastet sei. Der erste Fall in der Familie? »Wir werden dafür sorgen, daß es wieder gut wird«, sagte sie mit sorgender, mütterlicher Stimme. Nach dem Frühstück kam der Chefarzt, wie eine Glucke mit ihren Jungen einen Haufen Assistenten am Rockschoß. Er faßte flüchtig meinen Puls, fragte, wie ich mich fühle. »Zur Durchleuchtung«, befahl er.

Am nächsten Tag wurde ich in den Operationssaal gebracht. Der Chef stand dort mit der Rehberger. Ich mußte mich auf einen Tisch legen, auf die rechte Seite, den linken Arm hinter dem Kopf verschränkt.

»Liegen Sie bequem?«, fragte die Ärztin. Es tat mir gut, daß sie meinen Puls hielt.

Neben mir war ein Kasten mit zwei Glas-Säulen plaziert, eine voll Wasser, die andere voll Luft. Ein Quecksilber-Manometer zeigte die Druckverhältnisse an. Von der mit Luft gefüllten Glas-Säule ging ein Schlauch ab, der in eine Hohlnadel mündete. Der Chef nahm die Nadel zur Hand, ich fühlte ein Knipsen unterhalb der linken Achselhöhle, wie wenn man ein Stück Haut abschneidet, und den Einstich der Nadel. Plötzlich – ein schmerzhafter Stoß, der ein dumpfes Dröhnen auslöste. Die Hohlnadel war durch den Rippenzwischenraum gedrungen, hatte die Pleura durchstochen und stand dicht vor dem Lungenfell. Das Manometer zeigte einen Ausschlag. Der winzige Raum zwischen Rippenfell und Lungenfell konnte nun mit Luft gefüllt und aufgebläht werden. Es war kein Schmerz da, nur ein Druck, als ob ich bersten würde. Die ersten 100 Kubikzentimeter wurden eingepumpt, dann die zweiten, und schließlich die fünften. 500 Kubikzentimeter Luft in sieben Minuten. Eine Schwester half mir zurück ins Bett. Mir schien, als wäre meine linke Seite gelähmt.

»Das ist das gestörte Gleichgewicht«, beruhigte Dr. Rehberger bei der Visite. »In ein paar Tagen haben Sie sich daran gewöhnt.«

Am nächsten Tag wiederholte sich der Eingriff, diesmal zur »Nachfüllung« degradiert und von der Ärztin allein bewerkstelligt. Sowie erst einmal der Raum zwischen Pleura und Lunge ausgedehnt war, ließ sich die Nadel leichter einführen. Der zeitliche Abstand zwischen den Nachfüllungen wuchs, bis er auf längere Zeit bei wöchentlichen Wiederholungen stehen blieb.

Meine linke Schulter schmerzte. »Das ist ein gutes Zeichen«, meinte Dr. Rehberger, »Sie haben Verwachsungen, die müssen sich dehnen. Solange Stränge da sind, kann die Lunge nicht kollabieren.«

»Bei mir hat der Pneu schon nach sieben Tagen gezogen«, unkte der ehemalige Bankbeamte heiser. »Aber Sie husten doch noch.« »Das schon, aber auf der anderen Seite. Die gesunde Hälfte ist überansprucht worden, da hat sie einen Knacks bekommen.«

»Wenn Sie Stränge haben, macht man Ihnen eine Kaustik«, dozierte Simrock. Kein Mensch hätte vermutet, daß auch er einen Pneu hatte. Die Nadel blieb allzu oft im Speck stecken. Er trieb sich schon drei Jahre in Spitälern und Heilstätten herum und glaubte, über größere Erfahrung zu verfügen als die Ärzte. »Kaustik, was ist denn das?«, fragte ich. »Ganz einfach«, klärte mich Simrock auf. »Durchbrennung der Stränge. Wenn die Lunge nicht zusammensackt, müssen die verschwinden. Da wird oben in der Brust ein Loch gebohrt, der Chef macht das schneidig – in der einen Hand einen Reflexspiegel, in der anderen einen elektrischen Draht, mit dem werden die Stränge durchglüht. Wie groß ist Ihre Kaverne?« »Wie eine Haselnuß.«

Er winkte verächtlich ab. »Wenn die nicht so groß ist wie ein Hühnerei.« Wer nicht mindestens eine ansehnliche Kaverne hatte, wurde nicht für voll genommen. Zaghafte Sprache wie »brustkrank« oder »Er hat was an der Lunge« war verpönt. Hier redete man von »Schwindsucht« und »Lungenpieper«. Die Lungenpieper hatten eine eigene Zeitschrift und internationale Organisation. »Lungenpieper aller Länder – vereinigt Euch!«

Das »Deutsche Studentenwerk« hatte meine Verschickung in ein Sanatorium genehmigt, und zwar nach Nordrach. »Weihnachten besuche ich dich, und im Frühjahr kannst du wieder nach Hause kommen«, sagte Fee, die mir eine Büchse Gänseleber-Pastete brachte. »Um im Sommer hier wieder anzutreten.«, murmelte Simrock, als sie außer Hörweite war.

Nordrach im Schwarzwald. Man mußte mit dem Zug bis Offenburg fahren, in Offenburg in eine Kleinbahn umsteigen, bis Zell. In Zell hörte der Bereich des Eisenbahnnetzes auf. Es gab nur ein Postauto, das Nordrach mit der Kleinbahn verband. Die Abreise wurde für Ende Oktober festgelegt.

DIE TOTEN WEINEN NICHT

»Auf, auf, sprach der Fuchs zum Hasen, hörst du nicht die Hörner blasen?« Jeden Morgen riß Schwester Bertha mit diesem Signal die Tür meines Zimmers auf. Man nannte sie im Sanatorium die »Dicke Bertha«, nach der von Krupp hergestellten Kanone, die im Krieg 1870/71 Paris beschoß.

Von meinem Zimmer sah ich auf Wiesen hinaus, hinter denen die Kurven einer Straße sichtbar wurden, bis sie sich weit unten zwischen Feldern verlor. »Der Schwarzwald mit seinem reichen Ozongehalt hilft dem Genesungsprozess. Nordrach, in einem Tal gelegen, von Hügelketten geschützt und nur südlichen Winden geöffnet, ist wegen seiner weichen Luft besonders geeignet, die Heilung zu beschleunigen«, verhieß ein Prospekt des Kurhauses.

Die Hausordnung zerschnitt den Tag in kleine Stücke. 8 Uhr erstes Frühstück. Dann Freistunde oder ärztliche Konsultation. Um 1/2 10 zweites Frühstück. Von 10 bis 12 erste Liegekur. Nach dem Mittagessen »stille« Liegekur – weh dem, der sprach. Bis zur dritten Liegekur, die von 1/2 6 bis 7 dauerte, war Zeit für Kaffee und Spaziergänge. Abends saß man im Gesellschaftsraum, las, plauderte, spielte Schach oder Dame. Manchmal klimperte jemand auf dem Klavier. Um 9 Uhr hinauf in die Zimmer. Eine halbe Stunde später durfte bei 50 Pfennig Strafe kein Licht mehr zu sehen sein.

Chefarzt Dr. Zweier, schneidige Erscheinung, tadellose Haltung, ehemaliger Offizier und Schiffsarzt, Mann ist Mann. An der Wand des Konsultationszimmers eine Tafel »Sei klar, sei wahr, sei deutsch«. Er musterte mich.

»Kein Saft, keine Kraft. Nachtschweiß?«

»Nein.«

»Erhöhte Temperatur?«

»Manchmal.«

»Auswurf?«

»Seit einiger Zeit nicht mehr.«

»Husten?«

»Kaum.«

»Appetit?«

»Normal.«

»Stuhl?«

»Auch normal.«

»Alles auf bestem Wege. Strenge Einhaltung der Liegekuren oberste Bürgerpflicht.«

Das Sanatorium lag am äußersten Rand des Dorfes. Eine Landstraße schlängelte sich längs eines Gebirgsbaches hinaus, nach der nächsten Ortschaft Zell, wohin das Postauto zweimal täglich fuhr. Von der Liegehalle auf halber Höhe eines

Hanges sah man über schwarze Tannen hinweg auf die Hügel jenseits der Straße.

Es nieselte. Kalt und feucht waren in der Liegehalle die Matratzen der »Böcke«, der bett-ähnlichen Liegestühle. Die Belegschaft hustete. Am frühen Morgen wurde immer gehustet, man hörte es in den Korridoren, im Frühstückssaal, auf der Straße.

»Von Neufert«, stellte sich ein junger Mann auf dem benachbarten »Bock« vor – Student der Handelshochschule Berlin, seit sechs Monaten in Nordrach, hat für den Zirkus Sarasani Zeltpflöcke eingerammt, für ein Zahnheil-Institut Werbezettel verteilt, auf der Post Aushilfe gemacht und war im Vorstand der Sozialistischen Studentenschaft. Im Juni soll es zurückgehen nach Berlin und zu Weihnachten wolle ihn seine Freundin Inge besuchen.

Da das Aufnahmebüro des Sanatoriums aus meinen Papieren wußte, daß ich Jude war, nahm ich an, es habe sich herumgesprochen. Niemand ließ es mich wissen.

»Haben Sie gehört?«, fragte von Neufert. »Gestern haben nationalsozialistische Studenten die Eingänge der Berliner Universität besetzt und jeden, der jüdisch aussieht, beschimpft, bespuckt oder niedergeschlagen. Nach Wien und Warschau zum ersten Mal in Berlin. Wir machen Fortschritte. Die Polizei wurde nicht verständigt, und die Universitätsbehörden unternahmen nichts zum Schutz der jüdischen Kommilitonen.«

Ein Teil der Patienten trug das Hakenkreuz. Von Neufert war als Judenknecht verschrien. Nur daß er adlig war, störte sie. Eines Tages kursierte das Gerücht, sein Vater habe sich den Adel mit dem Geld eines jüdischen Bankiers erkauft.

Jeden Nachmittag ging ich ein Stück der Straße in Richtung Zell, den Gebirgsbach entlang, an einer Holzmühle vorbei, die Straße, hinter deren Windungen es kein Ziel für mich gab. Oft ging von Neufert mit mir, sein Hals frei im Sporthemd, sein Gesicht frisch und gebräunt. Immer war er voll neuer Nachrichten. Im Berliner Westen sei es zu antisemitischen Ausschreitungen gekommen, die vor der Synagoge

73

in der Fasanenstraße begannen und in der Demolierung des Café Reimann am Kurfürstendamm ihren Höhepunkt fanden, dem Mode-Café, wo man auch im Winter neben Holzfeuer-Öfen im Freien sitzen konnte. Es war Spätherbst 1931.

Auf einer seiner Höflichkeitsvisiten während des Abendessens blieb Dr. Zweier vor Neufert stehen. »Genosse von Neufert«, sagte er mit schneidender Ironie, »Schiller trug eine besondere Halstracht, aber Sie sind nicht Schiller und wir spielen hier nicht ›Die Räuber‹«. Er könne auf Grund der Hausordnung erwarten, daß auch Genosse von Neufert in ziviler Aufmachung, wie alle anderen, mit Kragen und Krawatte erscheine.

Neufert war mehr mit Politik als mit seiner Krankheit beschäftigt. Frühmorgens spucke er zwar noch, aber schon lange wurden bei ihm keinen kleine Tierchen mehr gefunden; auf der rechten Seite wäre noch eine Kleinigkeit zu hören, aber nicht der Rede wert. Was ihm mehr Sorgen mache, war der Beschluß der großen Industriebonzen Thyssen, Schröder und Kirdorf, Hitler finanziell unter die Arme zu greifen. Natürlich sei unter solchen Umständen nicht daran zu denken, daß Inge ihn zu Weihnachten besuche, sie habe die Hände voll zu tun, ihn in der Sozialistischen Studentenschaft zu vertreten.

Zweimal am Tag kam das Postauto. Manchmal brachte es einen Handelsreisenden, einen Bauern aus einem Nachbardorf, einen Kurgast. Dann standen die Kinder auf dem Platz vor dem Postamt und starrten auf die Besucher wie auf Wesen von einem anderen Stern.

Kurz vor Weihnachten stieg ich in das Postauto, um nach Zell zu fahren. Der Bahnsteig war leer bis auf eine Bauersfrau, eine Kiepe aufgebuckelt, die bergeinwärts nach Oberhammersbach wollte. Von fern hörte ich das Bimmeln der Kleinbahn, dazwischen stieß die Lokomotive schrille Pfiffe aus und schnaubend polterte sie in die Station.

Eine elegante Dame in schwarzem Pelz und hohen Überschuhen stieg aus und kam mit offenen Armen auf mich zu. »Im Gepäckwagen sind noch meine Ski«, sagte Fee. Ski? In

Nordrach? Nicht einmal auf den Höhen blieb der Schnee liegen. Wir konnten die Bretter nicht mitnehmen, das würde unter den Studenten ein homerisches Gelächter auslösen. Glücklicherweise war ein Beamter am Bahnhof bereit, sie aufzubewahren.

Fee war enttäuscht, daß es keinen Wintersport gäbe, sie habe sogar einen Ski-Anzug gekauft, sie war auch enttäuscht, daß ich gar nicht gebräunt und kräftig aussähe. Das Postauto knatterte los. Uns zur Seite legten sich die Wälder, der Bach hüpfte uns entgegen, die ersten Häuser kamen und der Wagen hielt vor dem einzigen Gasthof des Dorfes, »Zur Stube«. Im Kamin brannte ein Holzscheit, die Bauernstube sah aus wie ein Gemälde von Richter, und wir liebten uns wie in den ersten Tagen.

Dann allerdings stellte sich heraus, daß Fee unter falschen Voraussetzungen gekommen war. Obwohl die Liegekuren nur 5 1/2 Stunden dauerten, waren sie zeitlich so gelegt, daß sie praktisch den ganzen Tag einnahmen. Daß ich bereits um 9 Uhr ins Bett mußte, war ein Schock für sie. Sie warf mir Unmännlichkeit vor. »Glaubst du, ich bin von Berlin hierher gefahren, um Tag und Nacht allein in diesem Kaff herumzusitzen? Dir ist die Hausordnung wichtiger als ich.«

Wir verspäteten uns zum Mittagessen. Man servierte uns im separaten Gesellschaftszimmer. Neidisch und neugierig reckte man im Speisesaal die Köpfe. Ein Pfau in einem Hühnerstall – so wirkte Fee in dieser Umgebung.

Nach dem Essen erschien Dr. Zweier, ganz Kavalier, um Fee zu begrüßen. »Frau Felicitas Lindberg. Felicitas ist Glückseligkeit. Hoffentlich bringen Sie etwas davon in unsere Gemeinschaft.«

Wir kehrten ins Gasthaus zurück. Als Fee die Koffer auspackte, bemerkte ich, daß sie ihr Parfum gewechselt hatte. Noch überraschender, sie wußte nicht, wo im Koffer welche Sachen lagen.

»Hast du nicht selber gepackt?« – »Aber Riesi, du kannst dir doch denken, Herr Goldmann hat mir geholfen.« Ich konnte es mir nicht denken, zumal ich nichts von einem

75

Herrn Goldmann wußte. »Ich habe dir doch geschrieben, Riesi.« Stimmt, sie hatte mir geschrieben, aber kein Wort über Herrn Goldmann. »Der ist doch jetzt mein Kümmerer, du hast es bloß vergessen.« Ich hatte es nicht vergessen, aus dem einfachen Grund: die Existenz eines »Kümmerer« war mir neu.

Sie zog ein grünseidenes Nachthemd aus dem Koffer.

»Bescheidene Anfrage: ein neues Hemd?«

Goldmann handelte mit Damenwäsche en gros, und er habe es ihr zum Einkaufspreis besorgt.

Als ich kurz nach neun atemlos vor dem Kurhaus ankam, traf ich gerade noch Schwester Bertha, die sich mit klirrendem Schlüsselbund entfernte. Sie kehrte um, um mich hineinzulassen, sagte aber spitz, sie würde Herrn Doktor Mitteilung machen. Es war kein guter Beginn.

Für Heiligabend war eine großzügige Feier angesetzt. Schon zwei Tage zuvor durfte niemand den Raum betreten, der festlich geschmückt war. Das Studentenwerk hatte Pakete geschickt, mit Nützlichem und Naschwerk; mit Tanne dekoriert, waren sie bunt auf den Tischen aufgeschichtet. Ein paar Studenten, die musizieren konnten, hatten sich zu einem Hausorchester zusammengetan. Man war froh, für einen Abend die Krankheit zu vergessen.

Nur von Neufert blieb unberührt. Er hielt Weihnachten für eine Erfindung der geschäftstüchtigen Bourgeoisie, um den Umsatz zu heben. Vielleicht wollte er mich warnen, als er mir von einem Patienten erzählte, dessen Frau ihn auf ein paar Tage besucht hatte. Sie wohnte in der »Stube« und einmal blieb ihr Mann eine Nacht bei ihr. Am nächsten Tag wurde er zum Chef bestellt: Schluß mit der Kur. Er mußte Nordrach verlassen. Dr. Zweier hielt während des feierlichen Abendessens eine Ansprache, in der er darauf hinwies, daß Weihnachten ein urdeutsches Fest sei, im 4. Jahrhundert gegen starke Widerstände der christlichen Kirche eingeführt. Erst dann wurde es mit der Geburt von Jesus in Verbindung gebracht. Aber vielleicht würde einmal auch in Deutschland die Auferstehung im Osterfrühling kommen. Alles erhob sich und sang: »Freue dich, oh freue dich, du Christenheit«. Wein, sonst verpönt, süße Schwarzwälder Auslese, schmückte die Tafel. Nachher ging der Doktor von Tisch zu Tisch, wechselte mit Fee galante Worte, wobei er einen prüfenden Blick auf von Neufert warf, der bei uns saß, diesmal mit Kragen und Schlips.

Als ich am nächsten Morgen in den Gasthof kam, war Fees Zimmer leer. »Die Dame telefoniert«, sagte die Wirtin, »ein Gespräch mit Berlin.« Sie bestritt nicht, mit Goldmann telefoniert zu haben. »Aber Riesi, ich hatte es ihm doch versprochen.«, und was sie noch sagen wollte – sie war nicht sicher, ob sie es mir schon gesagt hätte –, Tante Annchen gebe Sylvester eine Party, und sie müsse ihr dabei helfen.

Wie bitte? – Ja, Sylvester könne sie nicht hier bleiben. – Das war doch unmöglich, das war fest verabredet, ich beschwor sie, bestürmte sie, drohte, nie mehr zu schreiben. Dann nahmen meine Überredungsversuche jedoch an Dringlichkeit ab. Es ging das Gerücht um, Dr. Zweier beabsichtige, von Sylvester keine Kenntnis zu nehmen. Fee konnte nicht auch in der Neujahrsnacht Hausarrest in der »Stube« haben.

Ich brachte sie ans Postauto. Ein kalter Wind hatte sich aufgetan und verfing sich in unseren Mänteln. Der Winter hatte sich endlich eingenistet, dünner Schnee trieb durch die Luft und setzte sich in die Ecken und Rinnen der Straße. Noch einmal ein flüchtiger Kuß, ihre Hand winkte aus dem Auto, schmetternd schallte das Posthorn, ein Fanal, ein Götterspruch, ein Urteil. Das war das letzte Mal, daß ich sie sah.

Von Neufert hatte angefangen, Blut zu spucken. Der Chef ordnete Bettruhe an. Es war nicht unmittelbar festzustellen, von welcher Seite die Blutung kam. Mit dem Stethoskop war nichts zu hören. »Ist ja alles beschissen, Mensch, alles ist beschissen.« Dieser lapidare Satz war die Quintessenz seiner langen Kur, als ich ihn in seinem Zimmer aufsuchte. Er gestand, eine panische Aversion gegen Blut zu haben. Als Elfjähriger hatte er eines Tages gesehen, wie an den Beinen seiner um zwei Jahre älteren Schwester Blutstropfen hinunterrieselten. Sie war von ihrer ersten Menstruation überrascht worden. Es dauerte lange, bis er seiner Schwester wieder in die Augen sehen konnte, noch länger, bis er sich mit der Tatsache abgefunden hatte, daß Frauen geheimnisvolle Geschöpfe sind.

Die letzten Tage des Jahres hatten sich verbraucht. Sylvester. Die Kirchuhr schlug zwölfmal, ein Böllerschuß platzte. Dorfjungens zündeten Knallfrösche an, Mädchenlachen klimperte zu mir herauf. Nachts rüttelte der Sturm am Haus. Er kam, uneingedenk der Versprechen des Kurhaus-Prospekts, von Zell über die Felder gerast, drohend und warnend, um in einem spitzen Schrei zu gipfeln. Die Balkontür ächzte und schüttelte, bald würde sie nachgeben und der Sturm mit wehender Fahne im Zimmer stehen. Er führte Ziegel über die Straße, hob Dächer hoch, warf mit Balken und Bäumen um sich. Um 5 Uhr morgens begann die Kirchenglocke zu läuten, wimmernd und klagend, ihre Fistelstimme flatterte im Wind.

Der Frühstückssaal war in trübes Licht getaucht. Kaum jemand aß. Die erste Liegekur begann. Ich kauerte mich in die Decken, sie strahlten Kälte und Feuchtigkeit aus. Da kam Schwester Bertha und brachte mir ein Telegramm. Aus Berlin. »Fee erkrankt. Erbitte Anruf. Annchen.«

Ich bat um Erlaubnis, zu telefonieren. Das durfte man nicht im Kurhaus, nur auf dem Postamt. Ich rannte die Dorfstraße entlang. Hinter einem Schalter im kleinen Postzimmer saß eine ältliche Beamtin. Meine Stimme zitterte, als ich sagte: »Bitte ein Ferngespräch nach Berlin. Wann wird es da sein?«

In ungefähr einer halben Stunde.

Ich trat vor die Tür. Fee. Alles war vergessen – ihre Launen, ihre Lügen, ihre Maßlosigkeit, vergessen der Streit, nur eines war da: die bestürzende Traurigkeit ihrer Augen. Ich hielt es draußen nicht aus. Wieder war ich im Postzimmer. »Ist das Gespräch noch nicht da?« Die Beamtin schüttelte den Kopf. Da knatterte das Telefon, und sie winkte. Ich stand in der Zelle, das verdammte Herz, es saß im Hals, ich werde kein Wort verstehen können, so laut puffte das Herz. Ich hörte, wie das Amt die Verbindung durchschaltete. »Hallo«, sagte ich mit belegter Stimme, dann kamen durch den Draht unkenntliche Geräusche, was war denn am anderen Ende der Leitung los. »Ich kann nichts verstehen!« rief ich, der Schweiß lief mir ins Gesicht, ich schüttelte die Hörmuschel, 500 Kilometer dazwischen, die Landstraße nach Zell, die nie ein Ende nahm, Offenburg und die Bergstraße, Frankfurt und der Thüringer Wald, Schienenstränge, Wartesäle, Telefonmasten, Kilometersteine, Bahnhöfe, Fabriken, eine Ewigkeit lag dazwischen.

»Ich spreche noch einmal mit Offenburg«, sagte die ältliche Beamtin. Dann war die Störung behoben. Annchen war am Apparat. Oder so schien es mir. Sie hatte keine Stimme. Sie schluchzte. Nein, diesmal wäre nichts zu machen gewesen, man habe alles versucht, die Dosis war zu stark. Und schluchzte. Schluchzte.

Keine Angst, die Toten weinen nicht. Nur die Lebenden weinen.

DAS MARK DER EHRE

Als ich nach mehr als einem Jahr zurückkehrte, hatte Berlin sich verändert. Hauswände und Litfaßsäulen waren überklebt mit Bildern von Hindenburg, Hitler, Düsterberg und Thälmann, den Kandidaten der Reichspräsidentenwahl. Auf den Hindenburg-Plakaten in großen Lettern: »Die Treue ist das Mark der Ehre«.

Rittweger hatte seinen »Aktuellen Pressedienst« eingestellt, Tante Annchen ihre Pension am Rankeplatz aufgegeben, Arno war verschwunden und Schulfreund Ernst wieder aufgetaucht. Auch er hatte sich verändert, war Mitglied der »Werkleute« geworden, einer zionistisch-sozialistischen Jugendgruppe, die später den Kibbuz »Hasorea« in Palästina gründete. Ernst erklärte sich emphatisch für eine Wiederwahl Hindenburgs. »Die KPD macht in Ideologie, nicht in Realpolitik. Wenn jemand Hitler stoppen kann, ist es der Alte, nicht Thälmann. Ideologie können wir uns heute nicht leisten, die Millionenzahl der Arbeitslosen hat uns die Entscheidung für Hindenburg aufgezwungen: das ist echter Materialismus.«

Ich hatte inzwischen auf Zeitungskunde umgesattelt, nachdem mir ein Großteil meiner Semester angerechnet wurde, und das Seminar bei Emil Dovifat belegt, Professor für Publizistikwissenschaft. Nach einiger Zeit nahm er meinen Vorschlag an, mich auf »Die Politisierung des deutschen Feuilletons im 19. Jahrhundert« zu konzentrieren, eine Arbeit, die Jahre beanspruchte.

Keiner der vier Kandidaten für die Reichspräsidentenwahl erhielt die notwendige absolute Mehrheit, und ein zweiter Wahlgang wurde angesetzt. Hindenburg gewann 53 Prozent der Stimmen, Hitler 36,8, Thälmann 10,2 Prozent. Düsterberg, vom »Stahlhelm«, hatte sich nicht mehr gestellt.

Vater konnte mir kein Geld mehr schicken. Ich wandte mich an Walther Victor, und das hatte eine Vorgeschichte. Das »Sächsische Volksblatt« in Zwickau gehörte zu den Blättern, die Rittwegers »Aktueller Pressedienst« beliefert hatte, es galt unter Leitung von Max Seydewitz als eine der besten SPD-Zeitungen und Victor war Feuilletonredakteur, schon damals bekannt durch ein Heine-Buch »La Mouche« und eine Biographie von Friedrich Engels. Als Seydewitz aus der SPD austrat und einer der Gründer der links-sozialistischen SAP (Sozialistische Arbeiterpartei) wurde, trennte sich Victor von ihm und ging nach Berlin. Dort landete er als Feuilletonchef des linksliberalen »8 Uhr Abendblatt«, einer Boulevard-Zeitung, die Ende der zwanziger Jahre von Rudolf Mosse erworben worden war, obwohl es schon damals mit dem Verlag finanziell nicht zum besten stand.

Ich suchte Walther Victor auf, der mich aus vielen Beiträgen kannte und stellte ihm meine bargeldlose Lage dar.

»Lieber Geschäftsfreund«, sagte er, »wir leben von einer Notverordnung zur anderen und wie lange Brüning noch

Kanzler sein wird, weiß Gott und Hindenburg – nein, nicht Hindenburg, fragen sie lieber seinen Staatssekretär Meissner, der hat schon unter Ebert gedient und wird auch vor jedem stramm stehen, der nach Hindenburg kommt«

Victor lehnte sich in seinen drehbaren Sessel und ließ ihn ein paar Male hin und her schwingen. »Wenn Sie solche Arbeiten« – und er zeigte auf meine Manuskripte – »einem bürgerlichen Verlag vorlegen, dann wendet sich der Gast mit Grausen. Kein Verleger will sich exponieren, das trifft auch auf viele Politiker zu, und das nimmt der ganzen Bataille die Stoßkraft.« Er las laut einige Titel meiner Artikel.» ›Pegasus am Hakenkreuz‹, ›Der Film als Instrument der Verdummung‹, ›Wege zum politischen Theater‹ – wissen Sie nicht, daß die preußische Regierung ihren Intendanten Jessner zu einer Zeit gehen ließ, als sich die Führung der Staatstheater zu einem Politikum zugespitzt hatte?« Victor fixierte einen unbestimmten Punkt an der Wand. »Wir alle sitzen nicht mehr fest im Sattel, über jedem schwebt der Abbaugeier, Leute, die Jahrzehnte bei uns waren, werden gekündigt, ganze Abteilungen aufgelöst.« Er kaute an seiner Zigarre. »Ich habe zwar nur ein kleines Budget, aber wenn Ihnen was einfällt, machen Sie in Gottesnamen ein paar Reportagen.«

Es war eine Jagd nach Bagatellen. Ich interviewte Hotelportiers, Theaterfriseure, Filmgarderobieren, entdeckte das letzte Stummfilm-Kino in Berlin, ging in den Tattersall und ins Obdachlosenasyl. Im Berliner Telefonbuch fand ich einen Georg Kaiser als Direktor eines Beerdigungsinstituts (»Von Morgens bis Mitternacht«), Carl Sternheim als Besitzer eines Herrenbekleidungsgeschäfts (»Die Hose«), Walter Hasenclever als Heiratsvermittler (»Ehen werden im Himmel geschlossen«), Ernst Toller als Schuhmacher (»Hinkemann«) und Arthur Schnitzler als Konditor (Wiens »Süsses Mädel«).

Frau Krychek, meine alte Wirtin in der Kantstraße, hatte mich wieder aufgenommen. »Denken Sie«, keuchte sie atemlos, als ich sie auf der Treppe einholte, »diese Person, diese Anja«, und sie erzählte, was sie alles mit ihr »durchgemacht« habe, dieses ewige Grammophonspiel, manchmal die halbe

Nacht. »Sie behauptet, ohne Musik nicht malen zu können. Wenn sie helle Farben pinselt, stellt sie den Apparat auf laut, bei dunkel macht sie leiser. Je greller das Bild, desto greller die Musik. Haben sie schon sowas gehört?«

»Ich heiße gar nicht Anja, ich heiße Christine«, sagte eine junge Frau, die ich im Korridor traf. »Bleiben Sie nicht vor meiner Tür stehen. Eintritt ist frei. Ich bin die Dame ohne Unterleib, die Männer glauben, meine Beine seien nur zum Gehen da, daß ich sie auf und zumachen kann, auf diesen Gedanken sind sie nicht gekommen. Aber ich mache mir nichts aus Männern.«

Sie informierte mich sofort, daß sie über dreißig war, meine Mutter hätte sein können, wenn sie als Kind vergewaltigt worden wäre, und nahm ihre Brille ab, damit ich sehen könne, daß ihre Augen braun seien, nach ihrer Versicherung manchmal auch grau schillerten. Das Haar trüge sie hinten im Knoten, um fein bürgerlich auszusehen. »Wenn Sie wollen, werde ich es offen tragen, wir sind ja jetzt Nachbarn.«

Ihr Zimmer war nicht aufgeräumt, sie schob die Hausschuhe unters Bett, schmiß Kleider vom Stuhl, um mir Platz zu machen. Die Bilder dürfte ich mir ansehen. Am liebsten male sich Gouachen, manchmal auch Aquarelle.

»Gefallen sie Ihnen, diese Aquarelle, ja oder nein, nur keinen kunstverständigen Schmus, so von Ismus und das erinnert an Sowieso in seiner besten Zeit. Ich weiß nicht, ob Sie sehen können, ohne Bildung und Verbildung. Als ich anfing, zu malen, kam ich lange nicht von Franz Marc los. Hier in der Mappe – wo ist sie bloß – sind seine ›Blauen Pferde‹. Darüber läßt sich nicht viel sagen. Entweder man kapiert oder man kapiert nicht.« Dann suchte sie nach einem Buch. »Nehmen Sie das mit, das ist Herwarth Waldens ›Einblick in Kunst‹. Er hieß eigentlich nicht Herwarth Walden, sondern Georg Lewin, Else Lasker-Schüler hat ihm einen neuen Namen gegeben. Ich wünschte, jemand würde mir einen neuen Namen geben, der so schön ist. Vielleicht gehört dieser Name zu Elses besten Schöpfungen. Man muß eine Dichterin sein, um solche Namen prägen zu können.« Sie ging ans

Grammophon. »Am liebsten spiele ich Bach, Elisabethanische Musik und Schlager. Musik ist politisch verdächtig, sagt Thomas Mann im ›Zauberberg‹. Der ›Zauberberg‹ wäre ein herrliches Buch, wenn der gute Thomas nicht so mit seiner ›Büldung‹ protzen würde. Dieses unendliche Geschwätz, wenn er Settembrini und Naphta reden läßt.«

Zwei Wochen nach dem Handel um das Amt des Reichspräsidenten lösten die Preußenwahlen einen Schock aus. Die Stimmenzahl der Nazis hatte sich seit den Reichstagswahlen vom September 1930 mehr als verdoppelt. Sie zogen als weitaus größte Partei in den Preußischen Landtag ein und Hermann Göring wurde Landtagspräsident.

Auch Fries hatte sich in Berlin eingefunden und ich traf ihn, als er aus einem Kolleg von Ferdinand Gregori über die theatralische Sendung der Caroline Neuber kam. Er war sehr stolz auf ein Traktat, das er gerade geschrieben hatte:

Emmy Sonnemann:	Hermann?
Hermann Göring:	Emmy?
Emmy:	Wo sind wir?
Hermann:	Im Himmel, wenn es nicht so dunkel wäre.
Emmy:	Sind wir tot?
Hermann:	Keine Ahnung. Ich bin zum ersten Mal gestorben.
Emmy:	Dauert das lange, das Totsein.
Hermann:	Als Landtagspräsident habe ich keine Zeit zu verlieren.
Emmy:	Was sind wir jetzt – Seelen, Schatten oder ein Nichts?
Hermann:	Ich und ein Nichts? Das muß Dir Dr. Klumpfuss eingeredet haben.
Emmy:	Ich habe mit Goebbels nicht gesprochen.
Hermann:	Daß wir hier sind, ist eine seiner Intrigen. Ich werde es ihm heimzahlen.
Emmy:	Auch als Toter?

Hermann:	Mein Name lebt, das genügt, um ihn zu erledigen.
Emmy:	Erinnerst Du mich als ›Maria Stuart‹? …Ihn hält kein Riegel, keines Hüters Schwert / Er schreitet mächtig durch verschlossene Pforten / Und im Gefäng nis steht er glänzend da / so überrascht mich hier der Himmelsbote.
Hermann:	Himmelsbote, wenn das nicht himm- lisch klingt – mächtig, glänzend, Du hast mich immer richtig eingeschätzt.
Emmy:	Ist Goebbels wirklich an unserem Tode schuld?
Hermann:	Wir sind über eine seiner öligen Phrsen ausgerutscht.
Emmy:	›Das Leben ist eine Rutschbahn‹ – aber du hast Wedekind nie gemocht, und schon gar nicht seinen ›Marquis von Keith‹.

Ich klopfte an Christines Tür, um Waldens Buch zurückzu- bringen, hörte Stimmen, klopfte noch einmal. Als ich schon gehen wollte, lugte aus dem Türspalt ein blonder Mädchen- kopf. «Wer sind Sie?«, fragte die Erscheinung.

Die Tür blieb angelehnt, der Mädchenkopf verschwand, ohne daß ich aufgefordert wurde, einzutreten. Dann stieß Christine die Tür auf. Das Zimmer war voll von verschütte- tem Brandy, zerbrochenen Gläsern, Strümpfen über einem Stuhl, Kleidern auf dem Boden. »Sieh dich nicht um, der Plumpsack geht um«, und sie deutete auf die Verwüstung. Das blonde Mädchen hockte auf der Couch, in einen Mantel gehüllt, der ihre Nacktheit nur unvollkommen bedeckte.

»Das ist Vilma«, erklärte Christine, »Vilma schwärmt für Greta Garbo und hat ihre Frisur und Schlafzimmeraugen übernommen.« Christine ging auf sie zu und mit einer ra- schen Handbewegung öffnete sie Vilmas Mantel. »Sie ist schön, nicht?«

Vilma saß nackt da, ohne sich zu rühren und machte ein unbekümmert freundliches Gesicht.

»Heute abend heiße ich Stella, heute ist eine Sternstunde, ich habe mich in Vilma verliebt. Sie dürfen ihre Brüste anfassen«, und als ich zögerte, schob sie mich hin: »Mit beiden Händen, so!« Vilmas Brüste waren zart und warm und in meinen Händen wie gefangene Vögel.

»Zieh dich an«, schrie Christine plötzlich.

Erschreckt lief Vilma ins Badezimmer.

»Sie ist ein Kind«, meinte Christine vertraulich, »aber ein verdorbenes Kind. Ich werde sie nach Hause schicken. Bleiben Sie noch ein bißchen und sagen Sie heute abend Stella zu mir, morgen können Sie mich wieder Christine nennen, oder Anja, oder was sie wollen. Namen sind nur Vorwände. Ich heiße, deshalb bin ich. Wir klammern uns an Namen, weil wir hoffen, damit jemand zu sein. Auch mit einem Namen ist man verloren, allerdings können Sie dann eine Vermißtenanzeige aufgeben: »Mensch, auf den Namen Christine hörend, angeblich weiblichen Geschlechts, zum letzten Mal in Begleitung eines anderen Menschen gesehen, ist abhanden gekommen. Abzugeben unter Steuernummer 296AC 547 XYZ.«

Ich wollte zur Tür, aber sie hielt mich zurück. »Kommen Sie mir nicht wieder mit der Ausrede, daß Ihre Lunge Ruhe braucht. Sie machen eine Weltanschauung aus Ihrer Lunge. Glauben Sie, weil Sie blond sind und eine gerade Nase haben, weiß ich nicht, daß Sie Jude sind? Immer seid Ihr um die Krankheit herum, Ihr stellt die besten Ärzte, Ihr baut Systeme für die Krankheiten der Seele, es ist in Euch ein Hang zum Zerbrochenen. Überall, wo etwas morsch und brüchig ist, seid Ihr dabei. Ihr schnuppert den Moder hinter den Fassaden, auch wenn sie noch glänzen, Ihr Spürhunde der Weltgeschichte, deshalb kriegt Ihr auch als erste die Peitsche zu spüren.« Sie wartete auf meine Reaktion, aber ich reagierte nicht. »Trotz allem lebt Ihr so gern, Ihr seid versessen darauf, Eure Dichter bejahen das Leben, ›Das Leben ist der Güter Höchstes wohl, der Übel Größtes aber ist der Tod‹, persiflierte Heine, als er auf den Tod daniederlag.« »Ja«, sagte ich,

»das Sein hört mit dem Sterben auf. Ihr glaubt, der Spaß geht im Jenseits weiter? Viel Vergnügen!«

Die Treue ist das Mark der Ehre. Im Mai 1932 brüllten die Schlagzeilen »Dramatischer Sturz der Regierung Brüning«. Der Kanzler, zwei Jahre gestützt vom Vertrauen des Reichspräsidenten und mit der Fülle dieser Autorität ausgestattet, hatte über Nacht die Demission erhalten. Die nationale Presse frohlockte voller Schadenfreude, die liberale war gekränkt und die sozialdemokratische in Verlegenheit. Nicht dieses schlichten Abschieds willen hatte sie unter Aufopferung ihres Programms und eines Teils ihrer Gefolgschaft loyal zu Brüning gehalten und die Notverordnungen toleriert. Ein Kabinett ostelbischer Junker und preussischer Industriebarone folgte unter Führung des Herrenreiters von Papen und versprach eine Stabilisierung der Lage.

»Euch Juden geht es jetzt prima«, begrüßte mich Rittweger im Romanischen, und in seiner Stimme war Ressentiment. »Hindenburg hat versichtert, daß eure Bürgerrechte nicht angetastet werden, fabelhaft, was? ›Der Herr Reichspräsident bedauert jeden Versuch einer Einschränkung der verfassungsmäßigen politischen und religiösen Rechte deutscher Staatsbürger und bedauert lebhaft die Ausschreitungen gegenüber jüdischen Reichsangehörigen‹.Haben Sie schon mal gehört, daß er die Ausschreitungen gegenüber nichtjüdischen Reichsangehörigen bedauert? Da hätte er viel zu tun.«

Ich mußte meine Miete bezahlen und konnte mich weder um das Schicksal des jüdischen noch des deutschen Volkes kümmern. Den Luxus des Essens konnte ich mir sowieso nur hier und da leisten. Was ich brauchte, waren Ideen für Reportagen. Ob er mir irgendwelche Tips geben könnte.?

Nichts einfacher als das.

»Gehen Sie in die Kunstakademie in der Hardenbergstraße«, sagte Rittweger, »dort kann man jeden Montag morgen zwischen 8 und 10 ein Modell mieten. Sprechen Sie mit den Mädchen über ihre Erfahrungen, warum sie sich zur Schau stellen, was sie verdienen oder ob diese Beschäftigung ihnen Spaß macht. Oder fragen Sie die Schauspieler und

Schauspielerinnen aus, die amerikanische Filme deutsch besprechen, synchronisieren, bis jedes Wort in den Lippenschluß und die Mundstellung des Bildes paßt, besonders bei Großaufnahmen: die haben die Arbeit, und den Ruhm schleppen die anderen fort. Nennen Sie das Ganze ›Stimmen im Dunkeln‹, oder so ähnlich.«

»Mädchenmarkt in der Hardenbergstraße« hieß meine Reportage, die ich Victor vorlegen wollte. Er kam gerade aus einer Redaktionssitzung. »Um Gotteswillen, bringen Sie mir nichts Riskantes.« Er hatte keine Lust, um einer kühnen Metapher willen seine Stellung zu gefährden.

Gerade waren die Karikaturisten dabei, den Atavismus der regierenden Junker ins Lächerliche zu ziehen, da verging ihnen das Lachen. Als erstes der Blätter, die eine lange Tradition der Republik für staatserhaltend befunden hatte, fiel das »8 Uhr Abendblatt« einem Verbot zum Opfer.

»Das Verbot gilt doch nur für acht Tage«, wagte ich anzudeuten. Victor sah aus wie ein Märtyrer. Mit weicher Stimme, die zu erkennen gab, mehr zu wissen, als er verraten konnte, sagte er: »Es ist ganz unbestimmt, wann wir wieder erscheinen. Wir können alle in die großen Ferien gehen.« Und ließ mich auf der Treppe stehen.

Das Blatt erschien prompt nach acht Tagen, aber das Verbot hatte Victor erschüttert. Er konnte verstehen, daß man Parteiblätter niederhielt, Parteiblätter waren Kampfblätter, und wo Kampf ist, gibt es Niederlagen. Aber hatte er die wehrhafte Feder des Parteimannes mit der eleganten des Boulevardschreibers getauscht, um hier das gleiche Los zu ziehen?

Der Verlag erhob beim Polizeipräsidenten Einspruch gegen das Verbot, es waren zwar einige neue Gesichter im Polizeipräsidium am Alexanderplatz aufgetaucht, aber man kannte sich noch gut in seinen Wandelgängen aus. Der Verlag reichte die Klage ein, nach ein paar Wochen, als das Blatt schon wieder erschien, wurde die Klage entschieden. Das Reichsgericht erklärte das Verbot für rechtswidrig und verurteilte den Fiskus zur Übernahme des Schadens.

Das »8 Uhr Abendblatt« blieb nicht die einzige bürgerliche Zeitung, die von der Verbotswelle überschwemmt wurde. Sie blieb auch nicht die einzige, die beim Reichsgericht die Klage gegen den Staat gewann. Trotzdem wurden die Verbote nicht seltener, und das machte die Redakteure nervös. So lenkt ein Großteil der liberalen Presse ein, wenn auch störrisch wie ein eingefangener Esel.

DIE VERPASSTE REVOLUTION

Es war Sonntag, und die SA marschierte durch die Arbeiterviertel von Altona. Zwölf Tote blieben am Platz. Das Reich schob der sozialdemokratischen Preußenregierung die Verantwortung zu und erklärte sie für unfähig, Ruhe im Lande zu wahren. Die preußische Regierung antwortete schroff, daß in anderen deutschen Ländern die Zahl der Zusammenstöße weit höher liege: nur die Provokationen der Nazis trügen die Schuld am Blutbad von Altona. Darauf ernannte der Reichskanzler sich selber zum Reichskommissar für Preußen und das Reich führte eine Exekution gegen den widerspenstigen Bundesstaat durch, mit der Reichswehr als Vollzugsinstrument.

Im Juli 1932 berichtete das »8 Uhr Abendblatt«: »Über Berlin und die Mark Brandenburg ist der Ausnahmezustand verhängt worden, was eine Beschränkung der freien Meinungsäußerung, einschließlich der Pressefreiheit zur Folge hat. Die ausführende Gewalt liegt in den Händen des militärischen Befehlshabers von Berlin, General von Rundstedt, der seine Weisungen von Reichswehrminister General Schleicher erhält. Reichskanzler von Papen, in seiner Eigenschaft als Reichskommissar für Preußen, sowie sein Beauftragter Bracht und General von Rundstedt sind mit einer Machtfülle ausgestattet, die kein von einer parlamentarischen Körperschaft gewähltes Ministerium je besessen hat.«

Groß stand der Sommer über der Stadt. Ich fuhr in die Lindenstraße zum Verlagshaus des »Vorwärts«, dem Zentralorgan der SPD. Vor dem Gebäude stauten sich die Menschen, die auf einen Ruf der Führung warteten.

»Jetzt holen wir nach, was wir 1918 verpaßt haben«, meinte ein Mann neben mir, offenbar ein Arbeiter, auf die Revolution anspielend, die eigentlich nicht stattgefunden hatte.

Da kamen die ersten Extrablätter. Den ausfahrenden Boten wurden sie aus den Händen gerissen. Mit fliegenden Augen las man: »Wahrung der Reichsautorität, Reichskommissar ernannt, Preußischer Ministerpräsident abgesetzt ... Olle Kamellen, weiter!« »Der Polizeipräsident von Berlin und der Kommandeur der Schutzpolizei sind in Haft genommen worden.«

»Wer verhaftet wen?«, fragte der Arbeiter, »die Polizei steht doch geschlossen hinter den beiden.«

»Wahrscheinlich das Militär.«

»Das wird Hindenburg nicht zulassen, Militär gegen Polizei.« Ein neues Flugblatt kam, her mit dem Flugblatt! Endlich! Schwarz auf Weiß stand da in fetten Lettern: »Preußens Innenminister Severing weicht nur der Gewalt.«

»Bravo! Der ist ein ganzer Kerl. Weiterlesen.«

»Das ist alles«, sagte ich.

»Was denn nun?«, fragte der andere, »Severing weicht nur der Gewalt, heißt das, er wartet, bis man ihn an die Luft setzt oder haut er zurück?«

Ich drängte mich durch die Menge bis zum Eingang und zeigte der dort postierten Reichsbannerwache meinen Presseausweis. Hinauf die Treppe in die Redaktion. Seit meinem »Vorwärts«-Artikel »Sind Verbrechen aus der Welt zu schaffen«, in dem ich Richter, Staatsanwälte und andere Juristen interviewt hatte, kannten mich ein paar Leute.

Mit leuchtenden Augen sagte ein junger Redakteur: »Jetzt ist genug ›toleriert‹. Bei Siemens steht die Belegschaft wie ein Mann, in Borsigwalde ist Alarm, die AEG ist marschbereit. In allen Betrieben stehen sie mit den Knüppeln in der Hand und warten auf das Losungswort.«

Ein anderer stürzte ins Zimmer. »Gleich kommen die Weisungen des Parteivorstands.« Plötzlich die Nachricht, authentisch: »Ich will keinen Bürgerkrieg. Ich weiche der Gewalt. gez. Severing.«

Die Gewalt war durch einen Reichswehroffizier und zwei Mann vertreten. Alle schwiegen verlegen.

Zeitungsnotiz: »General Rundstedt ließ Polizeipräsident Grezinski, Vizepolizeipräsident Weiss sowie den Kommandeur der Schupo, Oberst Heimannsberg, aus dem Polizeipräsidium abführen. Der leitende Offizier wies eine von Papen unterzeichnete und von Hindenburg bestätigte Notverordnung vor. Einer Erklärung Papens zufolge sollen Ausschreitungen aller Art verhindert werden, jedoch wolle die Reichsregierung die freie politische Betätigung nur so weit einschränken, als es zur Aufrechterhaltung der öffentlichen Sicherheit und Ordnung unbedingt erforderlich ist.«

Noch immer drängten sich die Menschen vor dem Verlagshaus des »Vorwärts«. Die Parole des Parteivorstands wurde durchgegeben, lange erwartet: Der versammelte Parteivorstand der SPD brandmarkte die Reichsexekution als Unrecht, mahnte aber gleichzeitig die Arbeiterschaft, insbesondere die Gewerkschaften, zu Ruhe und Besonnenheit. Es würden, so hieß es weiter, Wahlen ausgeschrieben, die den neuen Herren zeigen sollen, auf welcher Seite das Volk stünde. Im Übrigen wäre es Sache des Staatsgerichtshofs zum Schutze der Republik über die Unrechtmäßigkeit des Gewaltaktes zu entscheiden. Der Aufruf schloß mit dem Gruß der SPD: »Freiheit!«

Im »8 Uhr Abendblatt« stand Walther Victor, wie immer eine Zigarre kauend, mit ein paar anderen Redakteuren am Fernschreiber, um die Nachrichten des Wolff'schen Telegrafenbüros abzulesen. Der Polizeipräsident, sein Vize und der Kommandeur der Schutzpolizei waren aus der Haft entlassen worden, und zwar gegen Unterzeichnung eines Reverses, in dem sie ihre Verhaftung als rechtens anerkannten und auf eine weitere Ausübung ihrer Ämter verzichteten.

»Und das haben sie unterschrieben?«, fragte ich.

»Was anderes konnten sie tun«, knurrte Victor ungeduldig.

»Warum streikt denn niemand?«

Victor grunzte ein bitteres Lachen. Dr. Pinthus, der Theaterkritiker, zuckte nur die Achseln über soviel Naivität. »Sie glauben gar nicht«, sagte er gleichsam in Paranthese, denn für einen wirklichen Satz schien ihm die Frage zu dumm, »Sie glauben gar nicht, wie glänzend eine von der Regierung eingesetzte ›Technische Nothilfe‹ von Freikorps, Deutschvölkischen und anderen nationalen Verbänden funktionieren würde, so glänzend, daß sie nicht daran dächten, ihre Positionen je wieder zu räumen.«

Unterdessen tickte der Fernschreiber, »Aktion reibungslos verlaufen ... Unbedeutende Zusammenstöße in Düsseldorf ... neue Protestnote der Bayerischen Regierung.« Hier lebte Dr. Pinthus auf. »Südlich des Mains macht man das nicht mit. Dort lebt noch ein angestammter Liberalismus.«

Dorothea Rosenberg, die sich Doris Rohrberg nannte, brachte eine Welle von Wind und Parfüm in den Raum. Sie war noch lauter als ihre Modeplaudereien. »Kinder, was steht ihr herum, als ob die Milch sauer geworden ist. Besser Papen als Hitler!«

Mit einem Schlage löste sich das betretene Schweigen in kleine Zwiegespräche auf, die hin und wieder in Lachsalven platzten. Schließlich stob der ganze Haufe, voran die Rosenberg, in die Lokalredaktion, denn dort war eben ein abgehetzter Reporter aus der Wilhelmstraße eingetroffen.

Langsam ging ich zum Ausgang. Aus den Büros kam wie immer das Surren der Telefone und das Klappern der Schreibmaschinen. Am Portal saß ein Beamter, der von der Kriegsbeschädigten-Fürsorge eingesetzt worden war. »Toller Betrieb heute, was? Mir ist alles wurscht, ich sitze hier beim 8 Uhr Blättchen und werde hier sitzen, selbst wenn der ‹Angriff› in diesem Haus erscheinen sollte« Und in großer Behaglichkeit: »Ick bin nämlich unkündbar. Mir können sie alle ...«

Vor der Universität lief mir Fries über den Weg. »Haben Sie schon von der ersten Amtshandlung des kommissarischen Innenministers Bracht gehört?«, fragte er. »Brachts Schamgefühl nahm an der männlichen Badekleidung Anstoß, er hat die kurzen, dreieckigen Zwickel verboten, weil sie auf das Vorhandensein von Genitalien hinweisen.« Fries spann seine Erzählung weiter: »Als ich in meinem Schwimmklub durch das Tor wollte, hielt mich der Bademeister zurück. ›Darf ich um Ihren Penis bitten, mein Herr?‹ Noch nie hatte mich ein Bademeister darum gebeten. ›Ich bedaure, mein Herr, nach den neuesten ministeriellen Vorschriften müssen die männlichen Glieder in der Garderobe abgegeben werden.‹«

ETWAS WAR SCHIEF GEGANGEN

»Warum hat sie uns allein gelassen?«, fragte Vilma. »Wissen Sie, wohin sie gegangen ist?« Ich wußte es nicht. Es war 10 Uhr abends, wir hatten Bach gehört, und plötzlich war Christine verschwunden.

Vilma kämmte ihr Haar. »Christine ist manchmal wirklich komisch, ich will nicht spät nach Hause kommen, Annemarie ist eifersüchtig, sagen Sie nichts davon, Christine weiß nicht, daß ich jetzt mit einer Freundin zusammenlebe. Christine ist lieb, ich möchte nicht, daß sie sich ärgert, wenn sie herkommt und mich nicht findet, und Annemarie darf nicht wissen, daß ich hier war. Nicht jeder braucht alles vom anderen zu wissen, nicht?«

Sie guckte mich zutraulich an. »Machen wir's uns gemütlich. Wenn wir schon warten müssen, dann wenigstens gemütlich.« Sie wollte einen Schnaps. Dann wollte sie ein bißchen Musik. Das Grammophon spielte »Ob Du nicht schon längst an den Nächsten denkst, wer weiß, wer weiß …«

»Netter Schlager, nicht? Können Sie tanzen? Haben Sie Lust dazu, ich meine, so im Zimmer herumzuschieben, damit die Zeit schneller vergeht. Hoffentlich wird Ihre Freundin nichts dagegen haben. Was, Sie haben keine Freundin, es gibt so viele Mädchen in Berlin und Sie sind doch sympathisch ...«

»Ob Du nicht schon längst, an den Nächsten denkst, wer weiß, wer weiß ...«

»Halten Sie mich fester und nicht so schüchtern, ich beiße nicht, ja, so ist es besser, geben Sie mir einen Kuß, ach Gott, Sie ulkiger Knabe, da ist doch nichts dabei, näher, ganz nahe, Leib an Leib, Seele an Seele, Sie haben schon meine Brüste in den Händen gehabt und mich nackt gesehen, na also ... ›Ob Du nicht schon längst ...‹ Komm auf die Couch, leg deine Arme um mich, zieh meinen Schlüpfer runter, mach's mir schön, tiefer, ja, so is's recht. Gott, das hast du gelernt. Du solltest öfter mit Mädchen zusammensein.«

Sie stand auf und stellte sich vor einen Spiegel. »Sehe ich zerzaust aus? Für Annemarie muß ich Rouge auf die Lippen legen, damit sie sieht, daß es mir niemand abgeknabbert hat. Gut, mein Lieber, jetzt muß ich gehen, länger kann ich beim besten Willen nicht bleiben. Erzähl Christine, ich war so todmüde, daß ich nicht länger warten konnte. Küßchen, und ein andermal wieder, versprichst du's?«

Damit wollte sie gehen. »Ich kann die Tür nicht aufkriegen, klemmt da was oder ist die Klinke kaputt? Versuchs du mal. Rüttle fester.«

Ich rüttelte.

»Was ist da passiert? Hat sie abgeschlossen? Das kann doch nicht sein, Christine hat uns eingeschlossen, sie muß es aus Gewohnheit getan haben, wenn sie weggeht, schließt sie immer ab. Irgendwo muß noch ein Schlüssel sein, sieh mal nach, wo ein zweiter Schlüssel liegt. Hast du richtig nachgesehen, im Schrank, im Schreibtisch, in den Fächern, auf dem Bücherregal, vielleicht ist er runtergefallen zwischen die Mappen mit ihren Bildern, nichts?«

»Nein, nichts.« – »Ruf Frau Krychek, sie soll uns aufsperren. Du hast recht, die kann uns nicht hören, die schläft auf der anderen Seite des ›Berliner Zimmer‹, und hören tut sie sowieso nicht gut, auch wenn sie nicht schläft. Da gibt's nur eins, du mußt aus dem Fenster klettern und einen Schlosser holen. Nein, das geht auch nicht, hier ist die dritte Etage. Da sitze ich schön in der Tinte. Ob du noch eine Platte spielen sollst? Große Lust habe ich nicht, aber meinetwegen. Wie spät ist es? Nach 11? Stell das Ding ab, es macht mich nervös. Das ist ja eine unmögliche Situation. Und wenn Christine heute Nacht überhaupt nicht nach Hause kommt?«

Sie kauerte sich in eine Ecke der Couch. Tränen hatten ihr Make-up aufgelöst, es wurde 12, sie saß da wie ein hilfloses, gefangenes Tier und im Schlaf fiel der letzte Rest der kleinen Garbo von ihrem Gesicht. Um 1 Uhr hörte ich den Schlüssel an der Tür. Christine. Warum ich Vilma nicht nach Hause geschickt habe. »Was, abgeschlossen, irgendwo muß ein zweiter Schlüssel sein, nicht gefunden? Dann gibt es eben keinen zweiten Schlüssel.«

Das Telefon stand im Korridor, sie rief nach einem Taxi, Vilma wischte die verweinten Augen, puderte ihre Nase, und Christine brachte sie bis vor das Haustor.

Natürlich hatte sie uns absichtlich eingeschlossen. Sie war stundenlang herumgelaufen, zuerst in die Budapesterstraße, ins »Monokel«, nur Frauen, Frauen in hochgeschlossenen Kostümen mit Kragen und Krawatte, Frauen als Eintänzer, eine Frau im Smoking sang »Es ist so schön, am Abend bummeln zu gehn ...«, alles so dick aufgetragen, scheußlich, dann in die »Lunte« in der Augsburgerstraße, wo die Wirtin dicke Zigarren raucht. Sie habe es Vilma heimzahlen wollen, »Glauben Sie, ich weiß nicht, daß sie jetzt mit einem Mädchen zusammenlebt?« Sie wollte beiden eine auswischen, Vilma und der anderen. »Bleiben Sie noch ein wenig, es ist spät, ja, ein paar Minuten möchte ich Du zu Ihnen sagen, und Sie nennen mich Christa, es wird für uns nicht mehr viele Nächte in Berlin geben.«

Am 27. Juli hatte Hitler im Grunewald-Stadion vor einer Menge von 120.000 gesprochen. Zwei Tage später gewannen die Nazis bei den Wahlen 37 Prozent aller Stimmen und zogen mit 200 Abgeordneten als größte Fraktion in den Reichstag. Das geschah im Jahr, als man Goethes 200. Geburtstag feierte, desselben Goethe, der gesagt hat: »Nichts ist widerwärtiger als die Majorität; denn sie besteht aus wenigen kräftigen Vorgängern, aus Schelmen, die sich accomodieren, und der Masse, die nachrollt, ohne nur im mindesten zu wissen, was sie will.«

Etwas war schief gegangen, sinnierten wir, etwas stimmt nicht überein mit dem, was wir gelernt, gelesen, gehört hatten, etwas war falsch gelaufen mit uns Erben der klassischen Tradition, uns Nachfahren der »Kalokagathia«, der Vereinigung des Schönen mit dem Guten. Auch Goebbels hatte die alten Griechen gelesen und bei Gundolf in Heidelberg Shakespeare studiert. Auf Grund unserer Erziehung hätten wir alle Humanisten werden müssen, Weltbürger des Geistes sozusagen, Kosmopoliten der Zivilisation. Und was ist daraus geworden?

Es war still geworden im Zimmer. »Schön, daß du mich heute nacht Christa nennst, es werden uns nicht mehr viele Nächte bleiben. Herr, nimm diesen Sommer von der Stadt, denn seine Frucht ist Fäulnis. Weißt du, was ich als mein letztes Bild malen möchte? Einen roten Punkt, der größer und größer wird, bis er die ganze Leinwand einnimmt; und dann darüber hinaus quillt, immer weiter wächst, bis er alles verschlingt, auch mich.«

DIE BANNMEILE

Dezember 1932, »8 Uhr Abendblatt«: »General Schleicher, der ›rote General‹, ist vom Reichspräsidenten mit der Regierungsbildung beauftragt worden. Angeblich plant er, die zum Bürgerkrieg treibenden Parteien – Nationalsozialisten und Kommunisten – in den Staat einzubauen. Gerüchte wollen nicht verstummen, daß Hitler zum Ministerpräsidenten von Preußen und zugleich Vizekanzler im Reich ernannt werden würde. Jedenfalls scheint die Zeit gekommen, die Regierungsbeteiligung der Nationalsozialisten in irgendeiner Weise durchzuführen und ihnen den ihrer Stärke entsprechenden Einfluß zu gewähren.«

Demonstrationen im Lustgarten, Aufmärsche der »Eisernen Front«, Kundgebungen der Kommunisten, Goebbels spricht im Sportpalast, Nachrichten, Dementis. Die Stadt war unheimlich geworden.

Als der 30. Januar, ein Montag, kalt und regnerisch über Berlin kam, war Deutschlands Schicksal entschieden. Die Nationalen hatten gegen den Kanzlergeneral Front gemacht. Grotesk war, daß ihn nur noch die liberale Presse stützte. Nach kaum zwei Monaten Amtszeit war die Stellung des »starken Mannes», dem man diktatorische Absichten zugetraut hatte, isoliert und erschüttert. So geschah es, daß der offizielle Presseball am Samstagabend in nervöser Spannung zum ersten Mal ohne die Anwesenheit eines Regierungschefs stattfand, denn der Kanzler war noch in derselben Nacht zurückgetreten. Ein Sonntag voller Kontroversen, Konferenzen und Kompromisse folgte.

Montag morgens fuhr ich in die Stadt. Am Wittenbergplatz begegnete mir Rittweger. Er begrüßte mich schon von weitem mit ausgestrecktem Arm und rief: «Heil! Hitler ist Reichskanzler geworden. Ich übe.«

Hitler war Reichskanzler geworden. Die Untergrundbahnen fuhren auf die Minute pünktlich wie immer, unter den Ampeln flutete grün-gelb-rot der Verkehr, selbst die Börse zog leicht an. Wußten es die Menschen noch nicht? Warum fielen nicht die einen einander um den Hals, warum streikten nicht die anderen?

Rittweger war unverwüstlicher Laune. »Treppenwitz der Weltgeschichte. In ein paar Monaten wird man davon als als einem historischen Kuriosum sprechen.« Was aus der Presse werden wird? Auch darauf hatte er eine Antwort. »Natürlich muß man sich vorderhand vorsehen. Vielleicht kommt so etwas wie eine Zensur. Aber je mehr Zeitungen verboten werden, desto mehr Verlage gehen kaputt. Und je mehr Verlage kaputt gehen, desto mehr Arbeitslose gibt es. Und die kann sich keine Regierung leisten, nicht einmal unter Hitler.«

»In Italien ist die ganze sozialistische Presse totgemacht worden.«

Rittweger lächelte geringschätzig. »Italien! Da lagen die Machtverhältnisse ganz anders. Die italienischen Sozialisten waren verschlampt. Bei uns steht das Kräftespiel zwischen links und rechts fifty-fifty.«

Als wir am Bahnhof Friedrichstraße ausstiegen und ins Zeitungsviertel gingen, hingen an vereinzelten Häusern Hakenkreuzfahnen. »Was wird mit den Juden werden?«, fragte ich.

»Es gibt eine Koalition mit den Deutschnationalen, mit Hugenberg und der Schwerindustrie. Die haben andere Sorgen, als sich mit den Juden zu beschäftigen.«

»Der deutsche Arbeiter wird nicht auf die Barrikaden steigen, um die Bürgerrechte des Herrn Kohn zu verteidigen.«

»Es wird nicht so heiß gegessen wie gekocht.«

In der Zimmerstraße trafen wir einen Bekannten, einen kleinen hurtigen Mann, Lokalreporter bei einem kommunistischen Morgenblatt. »Heute abend ist Fackelzug«, rief er uns über die Straße zu. »Die SA und der Stahlhelm marschieren durchs Brandenburger Tor zur Wilhelmstraße.«

»Das geht gar nicht«, gab Rittweger zurück, nun wirklich entrüstet, »das fällt doch in die Bannmeile, da sind keine Umzüge erlaubt.« Tatsächlich war seit je in einem Umkreis einer Meile vom Reichstag jede Kundgebung untersagt.

Der Kleine zuckte die Achseln, als ob er die Verantwortung für die Überschreitung der Bannmeile von sich schütteln wollte. »Wenn wir durchs Brandenburger Tor marschieren, wird die Börse nicht anziehen«, rief er noch. Die Bemerkung entstammte einem Gedicht von Johannes R. Becher, das am gleichen Tag in der »Roten Fahne« abgedruckt war, dem letzten ihres Erscheinens. Vor dem »Mosse-Haus« trennten wir uns. »Sie müssen mit mir heute abend zum Fackelzug kommen, darüber können Sie was schreiben«, und er ging weiter.

Victor sah kaum auf, als ich in sein Büro trat. Auf dem Schreibtisch lag aufgeschlagen »Mein Kampf«. »Die neue Bibel«, sagte ich, nur um etwas zu sagen. Er lächelte nicht, nicht einmal aus Höflichkeit. »Was gibt's«, fragte er. Ich brachte ihm ein Interview mit der Souffleuse Max Reinhardts. Er nahm das Manuskript, ohne es anzusehen, saß da wie ein Mensch, den ein furchtbarer Schicksalsschlag getroffen hat, blaß, alt, zerknittert.

Es schien mir frivol, davon zu sprechen, daß ich fünf Conferenciers über neue Wege des Kabaretts befragt hatte und dabei war, einen Artikel über »Hochstapler in der Literatur« zu liefern. Ich fragte nur: »Wie lange, glauben Sie, wird es dauern?« Victor bewegte müde die Schultern. »Ich bin kein Hellseher.« Vielleicht tat es ihm leid, so kurz angebunden gewesen zu sein, und nach einer Pause fügte er hinzu: »Als wir 1914 an die Front zogen, hieß es, Weihnachten ist der Krieg zu Ende, Weihnachten sind wir wieder zu Hause. Es hat Jahre gedauert, Jahre!« Hart und schwer hing das Wort im Zimmer wie ein Klageruf.

Abends erwartete mich Rittweger. Wir standen auf dem Pariser Platz, die Quadriga auf dem Brandenburger Tor raste im Lichte der Scheinwerfer. Wir standen umbrandet von Siegesrausch, hin und her gestoßen. Die Spannung der Menge war zum Reißen spürbar.

Die Lastautos der republikanischen Polizei nahten. Berittene Schupos folgten. Dann kamen die ersten braunen Uniformen, die blutrote Fahne mit dem Hakenkreuz voran. Alle hoben die Arme zum Gruß. Ein gigantischen »Heil« brauste die Linden entlang und weit in den Tiergarten hinein, hallte am Potsdamer Platz wider und brach sich am Reichstagsufer der Spree. Das Licht der Fackeln gab den Gesichtern einen gespenstischen Ausdruck. Vom Gleichschritt der stampfenden Stiefel zitterte die Erde.

Was tags nur eine Nachricht war, hier wurde sie Wirklichkeit: die SA zog durchs Brandenburger Tor. Ununterbrochen marschierten die Kolonnen vorbei. Immer wieder ertönten Kommandorufe. Von der Wilhelmstraße her

schmetterten Fanfaren. Über die verstopften Straßen drängten Hunderttausende dorthin.

Rittweger nahm meinen Arm. Dunkel und ruhig lag der
Tiergarten. Wir gingen nach Hause. Sehr langsam gingen
wir. Nach einer Weile hörte ich: »Wir haben versagt. Wir
sind Besiegte. Was tut ein Besiegter? Entweder macht er sich
einen Kopf kürzer oder er kapituliert. Sie als Jude haben es
besser. Sie sind vor der Versuchung bewahrt: Sie können
nicht kapitulieren.«

Auf der Charlottenburger Chaussee lagen fortgeworfene
Fackeln. Manche glimmten noch und ihr verhaltener, rötli-
cher Schein mischte sich mit dem Dunkel der Nacht, Vorbo-
ten eines Feuers, das furchtbar und tödlich über Deutschland
aufsteigen sollte.

RADIO MOSKAU

Christine war auf und davon. Auf meinem Tisch fand ich einen Brief vor. »Ich muß fort, aus Berlin, fort aus Deutschland. Meine Malerei ist zwar abstrakt, aber ich bin es nicht.
Sie werden für mich immer ein Du bleiben.«

Wie alljährlich bat Walther Victor die Mitarbeiter seines
Feuilletons zu einem Glas Bier. Die Zigarre im Mund, in einer Hausjacke, empfing er die Gäste. Ein paar Leute saßen in
breiten Sesseln, andere standen herum, Kollegen von verschiedenen Abteilungen, von Presseagenturen, schöne Frau-
en. Die eine war »Mitarbeiterin für Tanz und Dehnung«, so
führte sie Victor ein. Verantwortlich für Frauenfragen war
die 24jährige Roman-Autorin Maria Gleit, die diese Sparte
bereits am »Sächsischen Volksblatt« betreut hatte und zusammen mit Victor nach Berlin übersiedelte. Sie war mit Victor,
so erfuhr ich später, bis 1947 verheiratet. An jenem Abend,
so scheint es mir in meiner Erinnerung, machte eine andere
Frau die »Honneurs«.

Jemand meinte, die Prominenten der SPD, soweit sie aus der Arbeiterschaft kämen, wären nicht weniger antisemitisch als die Völkischen, und stünden im Gegensatz zu den Intellektuellen der Partei. Nur aus Gründen der Taktik hielten sie öffentlich mit ihrer Abneigung gegen die Juden zurück. Ein anderer stellte fest, daß die Bühnengenossenschaft in einer Sonderaufführung zugunsten erwerbsloser Mitglieder von 24 Rollen 19 mit Juden besetzt habe, nicht nur mit unersetzlichen Stars, sondern auch mit Schauspielern, von denen dreizehn auf ein Dutzend gingen.

Diese Behauptung stieß auf Widerspruch. Man nannte als Gegenbeispiel ein staatliches Krankenhaus, dessen gesamte Ärzteschaft sich untereinander duzte, weil sie bis auf den jüngsten Praktikanten dem gleichen studentischen Korps angehörte wie der Chef.

»Es ist ein Unterschied«, bemerkte der Leiter eines Nachrichtendienstes, »ob in einer festlichen Inszenierung fast alle Mitwirkenden Juden sind oder ob die Ärzte eines Krankenhauses derselben studentischen Verbindung angehören.«

Warum? Von mehreren Seiten wurde dieser Einwand zurückgewiesen. Der jüdische Prozentsatz unter den Berliner Theaterleuten wäre bestimmt höher als der des feudalen Korps unter der Berliner Ärzteschaft. Inzwischen hatte sich das allgemeine Gespräch Dr. Pinthus zugewandt, der als einer der ersten den Expressionismus auf deutschen Bühnen heimisch gemacht hatte. Über ihn konnte man heute lesen, daß eine solche »Kreatur asiatischer Provenienz« nicht das Recht habe, ein Stück von Schiller oder Hans Johst zu beurteilen.

Pinthus berichtete, der preußische Innenminister habe ihn auf die »Schwarze Liste« gesetzt, was die »Nachtausgabe«, die Hugenberg'sche Konkurrenz des »8 Uhr Abendblatt«, flink dazu benutzte, um in einem groß aufgemachten Aufsatz ihn unter allen verfemten Autoren an die Spitze zu setzen. Natürlich war sein Verbleiben in der Redaktion nur noch eine Frage der Zeit. Eine Frage der Zeit war auch die Existenz des Blattes wie die der gesamten liberalen oder parteilosen Presse.

Redaktionssekretär Dr. Bonn war als einziger im Smoking erschienen. Er hatte ein langes, blasses Gesicht, das wie gepudert aussah und ihn noch blasierter erscheinen ließ als er war. »Weiß der Teufel, wenn es keine Judenhasser gäbe, hätte man längst vergessen, daß man Jude ist«, meinte er.

Eine sehr schöne, sehr schlanke Frau, die er Cassie nannte, saß ihm zur Seite. Sie war mir in Gesellschaft ihres Mannes vorgestellt worden. »Je t'aime«, sagte ihr Dr. Bonn, der mit diesem Mann nicht identisch war. Cassie blickte ihren Freund an, ihm war gekündigt worden und er fuhr in ein paar Tagen nach Düsseldorf zu Frau und Kind. Sie sah zu ihrem Mann hinüber, der sich in einer Gruppe unterhielt. Auch ihm drohte die Kündigung, aber er wird nicht nach Düsseldorf fahren. Cassie seufzte.

Mitten in das Geplauder hinein bat Victor mit vielsagender Miene um Ruhe, wobei er sein Rauchzeug nicht aus dem Mund nahm. Es war elf Uhr fünfzehn ‚und er ging an den Radioapparat.

Alles wurde still.

Die Rückkopplung kreischte, der Sucher tastete sich durch den Äther, ein Tenor sang in Mailand, London spielte Tanzmusik, in Warschau hielt jemand einen unverständlichen Vortrag, Berlin funkte dazwischen und wieder Mailand, und dann –

»Moskau«, sagte Cassie neben mir.

Moskau. Dort wurde um diese Stunde Abend für Abend zu den Ereignissen in Deutschland Stellung genommen. Jeder wußte es. Jeder sprach davon. Die tollsten Gerüchte kursierten darüber. Auf den Nordpol verschlagen, ohne Verbindung mit der Welt, rief uns plötzlich aus dem Lautsprecher eine Stimme zu: »Hier ist Moskau. Hier ist Moskau. Hier ist Moskau.«

Man hat uns nicht vergessen, man denkt an uns. Eisbrecher ›Krassin‹, die Rettungsexpedition ist unterwegs, aushalten bis Hilfe kommt, aushalten …

Die Internationale erklang. Victor stellte das Gerät auf leise. Da waren sie also, die verfemten Klänge, sie steigerten die Erwartung. Eine Stimme fuhr fort: »Proletarier aller Länder, vereinigt Euch! Wir bringen in deutscher Sprache eine Presse- und Nachrichtenschau.«

Dann begann es. Die Autobahn von Tomsk nach Wladiwostock wird eingeweiht. In Leningrad Parade der Roten Armee. Das Stalinwerk feiert sein zehnjähriges Jubiläum. Für Oktober ist der Start eines Stratosphärenballons in Aussicht genommen. Eine Fabrik in Odessa hat einen neuen Arbeitsrekord aufgestellt. Und wieder Feiern, Paraden, Werkberichte. Noch einmal die Ansage der Wellenlänge, die in keiner deutschen Fachzeitschrift zu finden war. »Wir kommen morgen um dieselbe Zeit wieder.«

Verlegenes Lächeln. Victor sprach als erster. »Pech.«

Natürlich war es Pech. Angeblich wurden jeden Abend Enthüllungen über Verbrechen der Nazis gemacht, über Verfolgungen von Antifaschisten, über Konflikte innerhalb der NSDAP und die politischen Schwierigkeiten der neuen deutschen Machthaber. Gerade heute mußte man sich mit Einweihungen von Autostraßen und mit Werkfeiern zufrieden geben.

Lachend und schwatzend ging man zu einem anderen Thema über.

»Mit Moskau ist es also auch nichts«, sagte Cassie leise. Nur ich hörte sie. Einen Moment begegneten sich unsere Blicke.

Bald danach gingen Walther Victor und Maria Gleit auf die Insel Reichenau, von dort 1935 in die Schweiz. Das Exil trieb die beiden nach Luxemburg, Frankreich und die Vereinigten Staaten, wo sie bis 1947 blieben. Maria Gleit ließ sich in der Schweiz nieder, Victor kehrte nach Deutschland (Ost) zurück, schrieb Biographien, auch eine Autobiographie und lebte, soweit ich feststellen konnte, bis zu seinem Tod in Weimar. 1961 erhielt er den Staatspreis der DDR, elf Jahre nach Arnold Zweig.

Ein knapper Monat verging und die Zeitungen erschienen
wie immer, wenn auch behutsamer redigiert. Die politischen
Parteien setzten ihre Arbeit fort und trafen Vorbereitungen
für die Märzwahlen. Der Umsatz der Geschäfte, auch der jüdischen, ließ nicht zu wünschen übrig. Bei der Eröffnung der
Autoausstellung in Berlin durfte die SA zum ersten Mal das
Spalier bilden.

Bis zum 27. Februar hatten sich die Machtmittel des neu-
en Regimes konsolidiert. Am Tage nach dem Reichstags-
brand wurden in einer »Sonderverordnung zum Schutz von
Staat und Volk« die Artikel der Weimarer Verfassung außer
Kraft gesetzt, die die persönliche Freiheit gewährleisten, die
freie Meinungsäußerung, die Versammlungs- und Vereins-
freiheit, das Briefgeheimnis.

Das Telefon rasselte, Frau Krychek rief mich zum Apparat. »Hier ist die Redaktion der ›Weltbühne‹. Ich rufe im
Auftrag von Herrn Karsch an. Sie haben uns neulich einen
Artikel vorgelegt, wie hieß er doch – ›Lebensmittel in Uniform‹, richtig. Was ist mit dem Artikel geschehen? Zurückgeschickt? Wir möchten ihn gern noch einmal sehen.«

»Der ist nicht mehr aktuell.«

»Macht nichts, wir suchen Mitarbeiter.«

»Ich denke die ›Weltbühne‹ ist verboten?«

»Vorübergehend. Wahrscheinlich ist Ihnen bekannt, daß
wir in anderer Form hier oder im Ausland wieder aufmachen
wollen. Wir brauchen gerade in Berlin tüchtige junge Leute.
Können Sie jetzt in die Redaktion kommen?«

»Jetzt?«

»Bringen Sie den Artikel mit, wir erwarten Sie.«

»Jetzt … jetzt kann ich nicht. Vielleicht morgen, morgen
in einem Café.«

Der andere, ungeduldig: »Morgen habe ich keine Zeit.
Geht es nicht heute Vormittag?«

»Ich kann Ihnen den Artikel mit Rohrpost zuschicken,
dann haben Sie ihn in einer Stunde.«

So verblieben wir schließlich.

Ein merkwürdiger Anruf. Wie oft hatte ich versucht, an der »Weltbühne« mitzuarbeiten, als diese Wochenschrift das Sprachrohr der linken Elite war. Die meisten meiner Einsendungen waren mit einem freundlichen Begleitschreiben zurückgeschickt worden, die eine oder andere Glosse wurde gedruckt, ohne daß ich einen Kontakt mit der Redaktion finden konnte. Und nun rief man im Auftrag des Chefredakteurs an und ersuchte um meine geschätzte Mitarbeit.

Wieder beschlich mich das unheimliche Gefühl, das ich während des Gesprächs hatte: mit wem habe ich eigentlich telefoniert? Vielleicht waren die Büros von SA und Politischer Polizei besetzt, die Redakteure verhaftet? Was wollte man von mir, wohin wollte man mich lotsen? Gab es nicht SA-Kasernen, dunkle Keller, in denen politische Gegner gefoltert wurden, gab es nicht das »Columbia Haus« der Stapo und »Schutzhaft«? Ich zog meinen Mantel an, um mit der Stadtbahn nach Nowawes zu fahren. Dort hatte ich eine Reportage über das Produktionsprogramm einer Schallplattengesellschaft zu machen.

Wenn es nun doch die »Weltbühne« war? Die meisten ihrer Mitarbeiter hatten Deutschland verlassen, aber es könnte sein, daß sie wirklich nur auf kurze Zeit verboten war, daß man neue Leute suchte. An dieser Chance durfte ich nicht vorbei. Klar, ich rufe bei Karsch in der Wohnung an, dann werde ich hören, ob er in der Redaktion ist. »Kann ich Herrn Karsch sprechen? «

»Herr Karsch ist nicht zu Hause.«

»Ist er in der Redaktion?«

»Anzunehmen.«

Karsch war also in der Redaktion. So schien es wenigstens. Vielleicht auch hatte man ihn dort inzwischen verhaftet. Ich suchte im Telefonbuch nach den Namen der Mitarbeiter, soweit sie mir aus der Weltbühne bekannt waren. Bei dem einen meldete sich niemand, ein anderer war nicht in Berlin, ein dritter nicht, ein vierter nicht. Ich hängte ein. So geschah es seit Tagen. Wenn ich um ein Interview ersuchte –

verreist; wenn ich Bekannte treffen wollte – unauffindbar. Manchmal hatte ich das verrückte Gefühl, als einziger in dieser Stadt übrig geblieben zu sein.

Ich hatte keine Lust, nach Nowawes zu fahren und blätterte in Zeitungen. Gleichschaltung im Rathaus zu Bremen, Gleichschaltung im Fußballklub »Grün-Weiß«, Gleichschaltung in einer Fabrik in Eberswalde; im Kaufhaus in Minden hatte das jüdische Personal fristlos die Räume zu verlassen.

Vom Hof hörte ich Schritte. Ich sah eine Gruppe Männer, einige von ihnen in Uniform, im Toreingang verschwinden, der zum Portier führte. Es regnete in langen, grauen Fäden, die das Zimmer verdunkelten.

Draußen klingelte es schrill. Frau Krychek öffnete. Dann wurde meine Tür aufgerissen, zwei Zivilisten standen da, hinter ihnen drei Männer in schwarzer Uniform.

»Ist das Ihr Brief?«, fragte einer der Zivilisten und hielt das Begleitschreiben in der Hand, mit dem ich seinerzeit meinen Artikel der »Weltbühne« angeboten hatte. Der andere legitimierte sich. Politische Polizei. Haussuchung. Inzwischen hatten sich zwei der Uniformierten und einer in Zivil über meine Schubladen und Schränke hergemacht, die Papiere flogen auf den Boden.

»Wo sind Ihre Akten?«

»Ich führe keine Akten.«

»Haben Sie noch das alte Telefonbuch?«

»Das muß man abgeben, wenn man das neue haben will.«

Manuskript für Manuskript sichteten die beiden Zivilisten, manches gaben sie an einen der Schwarzen weiter, sie erkundigten sich, als sie Abschnitte von Geldanweisungen fanden, genau nach den Absendern; sie lasen Polemiken und Frechheiten »So feiert man uns zu Tode«, »Reaktion im Staatstheater«, »Frauen in Not« – aber das war es nicht, was sie suchten. Sie suchten illegale Hintermänner, eine Propagandazentrale für das Ausland, Fäden zu den geflüchteten Weltbühneleuten.

Nach einer halben Stunde wurde die Durchsuchung abgebrochen, nicht ohne daß der eine Mann in Zivil auf die kleine Bibliothek zeigte: »Solche Bücher dürfen Sie nicht besitzen«, und Bänden von Heinrich Mann, Stefan Zweig und Walter Mehring einen Tritt gab.

Danach zogen sie ab. Ich setzte mich. Kein Saft, keine Kraft, strenge Einhaltung der Liegekuren oberste Bürgerpflicht. Der verdammte Puls, über 120. »Ruhe«, hat der Arzt in Berlin gesagt, »verhalten Sie sich soweit wie möglich ruhig. Ihre Temperatur neigt zu hohen Schwankungen.«

Vorsichtig klopfte es an der Tür. Frau Krychek brachte eine Tasse Kaffee. »Ich habe mir gedacht, daß Sie was Kräftiges brauchen. Wie das hier aussieht, wie Kraut und Rüben! Lassen Sie man, ich helfe Ihnen, wieder einzuräumen. Nein, was für eine Unordnung die Menschen heutzutage machen. Ihnen kann nichts passieren, Sie sehen nicht aus wie ein Kommunist. Wissen Sie, unsere Anja – Sie nannten sie ja Christine –, die hat es faustdick hinter den Ohren. Wenn Sie mich fragen, die ist eine Bolschewistin, sonst wäre sie nicht Hals über Kopf abgehauen. Und die Mucken, die sie hat, mit ihren vielen Namen. Auf manchen Briefen, die sie bekam, stand Beate. Nun trinken Sie mal den Kaffee, bevor er kalt wird.«

BOYKOTT

»Auf, auf, sprach der Fuchs zum Hasen, hörst Du nicht die Hörner blasen?« Das Signal war gegeben. Die Jagd hatte begonnen. Das Schnaufen der Meute war nicht zu überhören.

Es fing damit an, daß die Zahl der Menschen vor den Zeitungsständen von Tag zu Tag wuchs, obwohl alle Zeitungen die gleichen Überschriften brachten, von jüdischen »Hetzern« gegen die nationale Regierung, etwa eine Rede von Feuchtwanger, ein Zitat von Einstein, einen Ausspruch des amerikanischen Rabbiners Stephen Wise. Im März startete die gewaltige Propagandamaschine der Partei ihre erste »Großaktion« seit der Machtübernahme. Die Juden im Ausland, so hieß es, verbreiteten »Greuelmärchen« über die Behandlung ihrer Rassegenossen im Reich, und als Akt der »Notwehr« wurde die totale Ausschaltung der deutschen Juden aus Wirtschaft und öffentlichem Leben gefordert.

Ein stiller Boykott machte sich bereits fühlbar, und er war nicht immer still. Hier und da zerschmetterten Steine die Scheiben jüdischer Geschäfte, und ein SA-Aufgebot nahm die Inhaber in »Schutzhaft«. Hier und da wurden jüdische Wohnungen verwüstet und Läden geplündert. Ruhig und zuverlässig fuhren die Streifenwagen der Polizei vorüber, ohne einzuschreiten. »Die Polizei ist keine Schutztruppe jüdischer Warenhäuser«, erklärte der Berliner Polizeipräsident.

»Schlagartig« sollte am 1. April die Aktion mit der Parole einsetzen: Hinaus mit den Juden aus dem Staatsdienst, aus den Gerichten und Kanzleien, aus den Schulen und Hochschulen, aus den Laboratorien und Operationssälen, aus den Redaktionsstuben und Bibliotheken, aus den Theatern und Museen, aus den Büros und Fabriken.

Damals gab es in Deutschland Stimmen, die den Mut hatten, zu protestieren. »Wird der von den Nationalsozialisten angeordnete Boykott bis zum Ende durchgeführt, so würde er die Ausstoßung der deutschen Juden aus der deutschen Volksgemeinschaft bedeuten«, schrieb die »Vossische Zeitung«. »Die deutschen Juden, bewährt in Krieg und Frieden, in guten und bösen Zeiten der deutschen Geschichte, haben sich dieser Volksgemeinschaft verbunden gefühlt.« Und die »Frankfurter Zeitung«: »... Es zeugt von einer ungeheuren Verachtung der seelischen Kräfte unseres Volkes, daß man sein Vertrauen auf dem Wege des Antisemitismus zu gewinnen sucht. Denn ein wahrhaft selbstbewußter Mensch hat es nicht nötig, eine andere Rasse zu hassen, um der eigenen Bedeutung bewußt zu werden.«

Der 31. März war ein Freitag. Am Abend kam aus den Lautsprechern die Stimme von Goebbels, durch den Rundfunk übertragen. Auf einer Amtswaltertagung verkündete er die Richtlinien für den Boykott, unterbrochen von dröhnendem Beifall und brausenden »Heil«-Rufen. Zu Hause saßen die jüdischen Menschen, sie waren dem Land verwurzelt, in dem sie geboren und aufgewachsen waren, und jetzt wurden sie zu Verfemten, Verachteten, Verlachten. Die Worte des Ministers prasselten auf sie herab, böse, beißende Worte, manchmal geätzt mit Witzen, die ein tosendes Gelächter in der Versammlung auslösten.

Was nun? Die Frage stand auf und ging umher, in ganz Deutschland ging sie umher, bange und tönend. Sie klopfte an die Häuser, in denen die Sabbatlichter brannten; an Synagogen, darin sich Menschen zum Gebet zusammendrängten; sie tauchte in ängstlich versammelten Familien auf; sie sprengte das Spiel aufgescheuchter Kinder und brachte Mütter zum Verstummen; sie öffnete Gashähne, spannte Revolver, griff zum Veronal – ein furchtbarer Spuk, so ging sie diese Nacht durch Deutschland.

Am Samstag Morgen um 10 Uhr stellte die SA ihre Posten vor die jüdischen Betriebe. Uniformierte Jugendliche zogen johlend von Haus zu Haus und beklebten Läden mit roten Zellen »Nicht kaufen, Lebensgefahr«, »Tod den Judenhetzern«, »Juda verrecke«. Im Laufe des Tages wurden die Schaufenster mit riesigen Aufschriften in roter und weißer Farbe übermalt »Achtung, Jude! Betreten verboten!« Schilder von jüdischen Ärzten und Anwälten wurden beschmiert oder zertrümmert. Durch die Straßen Berlins wälzten sich neugierige Menschenmassen, mitleidslos und gaffend.

Die Treue ist das Mark der Ehre, wählt Hindenburg.

Ausgestorben wie ein Friedhof lag das Romanische Café. Die leeren Marmortische waren wie Grabsteine. Auf ihren Platten statt der Inschriften Aschenbecher.

An einem der Grabsteine saß Rittweger und hielt Totenwache. Für Fee, deren Urne in Berlin lag. Für Neufert, der in Nordrach verblutete. Für Kessler, den ehemaligen Bankbeamten, dessen Heiserkeit ihn verstummen ließ. Für den dicken Simrock, dessen Hühnerei-Kaverne ins Tödliche wuchs. Für die falschen Diagnosen und die falsche Politik. Für den Zerfall der Lungen und den Zerfall der Jungen. Für die Morde an Rosa Luxemburg und Liebknecht, an Landau-

er und Eisner, an Erzberger und Rathenau. Als Rittweger
mich sah, blickte er auf, nicht gerade erfreut. »Man sorgt sich
im Ausland um Ihr wertes Befinden«, sagte er lustlos. »Das
Ober- und Unterhaus in London hat noch nie ein solches
Spektakel des Mitgefühls erlebt, die britische Regierung erließ
eine geharnischte Erklärung zum Prinzip der Toleranz, und die
Presse überschlägt sich in Empörung über den Ladenkrieg.
Amerika hat dem Völkerbund eine Massenpetition überreicht,
Prag fordert den Minderheitenschutz für die deutschen Juden,
und selbst Mussolini macht sich über Ihr Schicksal Kopf-
schmerzen.«

Rittwegers Gesicht verzog sich zu einem mißglückten Lachen. »Ich könnte natürlich nach Wien gehen oder nach
Amsterdam, heute schrieb man mir aus Zürich, daß man
mich erwartet. Es ist nicht das, junger Freund. Wir sind die
Opfer geschichtlicher Irrtümer. Was ist da zu tun? Memoiren
schreiben? Nach den Schuldigen fahnden? Die Historie
durchschnüffeln? Niemals zurückschauen, denken Sie an
Lots Weib. Man erstarrt. Man kann die Uhr der Geschichte
nicht zurückstellen. Immer nach vorne sehen, niemals den
Beleidigten und Erniedrigten spielen, nicht die Augen vor
der Zeit verschließen, seinen Mann auch dann stehen, wenn
es weh tut – nach dem Gesetz, nach dem wir angetreten. Das
hat natürlich nichts mit Ihnen und mit mir zu tun«, fügte er
hinzu, ohne mich anzublicken.

TROTZJUDEN

Nach der Entfernung der deutschen Juden aus öffentlichen
Ämtern und dem politischen und kulturellen Leben folgte
trotz des verkündeten Boykotts nicht die unmittelbare Liquidation ihrer Wirtschaftsunternehmen.

Bleiben oder Gehen? Ausharren oder Auswandern? Heimat oder Exil? Deutschland oder Palästina oder Übersee? Innere oder äußere Emigration?

Diese Diskussion zog sich fünf Jahre hin, überdauerte sogar die »Nürnberger Gesetze« vom September 1935, die den deutschen Juden die »Reichsbürgerschaft« absprachen, bis sie in den Novemberpogromen des Jahres 1938 ein brutales Ende fand.

Etwas Merkwürdiges war jedoch geschehen: die Erniedrigung und Diffamierung durch die Nazis löste unter der deutschen Judenheit eine Gegenbewegung aus. Die Deklassierung des Judentums, eine offensichtliche Geschichtsunkenntnis, brachte ein neues Geschichtsbewußtsein zutage. »Jahrtausende blicken auf Euch herab«, sagte Napoleon vor den Pyramiden. Auch die Juden besannen sich ihrer Vergangenheit. Eine Art von Trotzjudentum kam auf, ein »Nun erst recht!«: jüdische Werte gegen deutsche Worte. Aus Judenjungen wurden junge Juden.

Der Mann, der den Anstoß zu dieser stillen Revolution gab, war Dr. Robert Weltsch, Chefredakteur der »Jüdischen Rundschau«, Berlin, dem Zentralorgan der »Zionistischen Vereinigung für Deutschland« (ZVfD). In einer aufsehenerregenden Artikelserie »Ja-sagen zum Judentum«, die die Auflagenhöhe der Zeitung von 7000 auf 40.000 emporschnellen ließ, rief er zu Selbstachtung und Selbstbewußtsein auf. »… Es ist nicht wahr, daß die Juden Deutschland verraten haben. Wenn sie etwas verraten haben, so haben sie sich selbst, das Judentum verraten.«

Bruder Hans war geschäftsführender Vorsitzender der ZVfD, Bruder Erich Vertrauensarzt des »Palästinaamtes«, dem die jüdische Auswanderung nach Palästina unterstellt war. Ich wurde Leiter der Kulturabteilung der »Berliner Zionistischen Vereinigung« (BZV). Da die zionistische Organisation keine Transportgesellschaft nach Palästina sein wollte, forderte sie vor der »Rückkehr« ins Judenland die Rückkehr ins Judentum. Lieder, die ich in Posen auf Fahrten des »Blau-Weiß« gesungen hatte, erklangen in einem späten Echo – »Dort wo die Zeder schlank die Wolke küßt«, ohne zu wissen, daß Libanon, nicht Palästina, das Land der Zedern ist, und auch mit der »schnellen Jordanwelle« hatte es seine Bewandtnis: der Jordan ist ein schmales, träge hingleitendes Wässerchen. Aber dem Aufkommen einer altneu jüdischen Romantik war nicht mehr zu steuern.

Ich hatte in den Ortsgruppen der BZV Vortragsabende zu organisieren, künstlerische Veranstaltungen, musikalische Darbietungen und vor allem hebräische Sprachkurse für Erwachsene, obwohl ich Hebräisch erst zu lernen begann. Der pädagogische Leiter des Unterrichts, an dem etwa zehn Lehrer teilnahmen, war Dr. S. Kaleko. Mit seiner Frau Mascha sollte ich ein Kabarett-Programm zusammenstellen, sie hatte reizende Einfälle in ihrem Wuschelkopf. Ich weiß nicht mehr, warum aus dieser Zusammenarbeit nichts herauskam, aber ich erinnere mich, daß es in einem ihrer damals erschienenen Gedichte hieß: »Die anderen sind das weite Meer, Du aber bist der Hafen.« Trotzdem verließ sie den Hafen ihrer Ehe und trieb aufs weite Meer mit Chemja Winawer, einem Musikologen der ostjüdischen Tonwelt, der in Berlin einen vielbeachteten Chor aufzog. Ich traf Mascha, inzwischen eine bekannte Lyrikerin geworden, Jahrzehnte später in Jerusalem, wo sie nach dem Tode Winawers und ihres einzigen Sohnes ein einsames Leben führte. Sie starb in Zürich.

Der erste Roman, der sich mit dem jüdischen Schicksal der dreißiger Jahre beschäftigte, »Die unsichtbare Kette«, hatte mich zum Autor, wurde von der »Jüdischen Rundschau« vorabgedruckt und erschien 1936 in einem jüdischen Verlag in Berlin – in der Rückschau mit allen Schwächen »aktueller« Belletristik behaftet. Aber in der Grundidee lag etwas Richtiges – man kann die unsichtbare Kette nicht zerreißen, die uns mit dem jüdischen Schicksal verbindet, man kann aus diesem »magischen Kreis« nicht hinaus. Damit dachten wir zur Wirklichkeit zurückgefunden zu haben, aber die neue Wirklichkeit war selbst-suggeriert und entpuppte sich als Illusion. Die »Wiedergeburt« des deutschen Judentums war eine Schein-Renaissance. Dr. Weltsch hatte später Zweifel, seinerzeit richtig gehandelt zu haben. Hatte nicht das furchtbare Ende die jüdische Euphorie von damals als verhängnisvollen Irrtum bloßgestellt? Anstatt die jüdischen Menschen

111

zur Rückkehr zu den jüdischen Wurzeln aufzufordern, hätte eine Parole wie »Rette sich, wer kann« zwar eine Panik ausgelöst, aber mehr Leben bewahrt – sofortige Flucht aus Deutschland, gleichgültig wohin, auf nur allen möglichen Wegen, ohne auf eine »ordnungsgemäße« Auswanderung zu warten – nach Amerika, Nord und Süd, nach Asien, Afrika, wo immer ein Mensch Asyl finden konnte. In der zweiten Hälfte der vierziger Jahre, als Dr. Weltsch Korrespondent der Tel Aviver Zeitung »Ha'arez« war, wohnten wir in London im selben Haus, und die Zweifel plagten ihn bis ans Ende seiner Tage (er starb 89jährig in Jerusalem).

Berauscht von dem Gefühl der moralischen Überlegenheit der Verfolgten, einer Mischung aus Mystik und Modernität – Jude sein war damals für uns »modern« –, überlas ich eine Warnung, die Dr. Weltsch im April 1935 in der »Jüdischen Rundschau« aussprach, ein paar Monate vor den »Nürnberger Gesetzen«, die die deutschen Juden zu Parias machten: »Wenn wir nicht von uns aus und nicht nur gezwungenermassen die Rechte der Araber in unsere Palästinakonzeption hineinnehmen, dann hätten wir das Recht verwirkt, für die Juden der Diaspora in einer Stunde der Bedrängnis unsere Stimme zu heben. Denn nichts empfinden wir verwerflicher, als eine Politik der doppelten Buchführung.«

Wir waren umsponnen von Zaubersprüchen in einem »magischen Kreis«. Ließ das Kollektivschicksal ein privates Leben überhaupt zu?

Eines Tages läutete es an der Wohnungstür, und da Frau Krychek nicht zu Hause war, öffnete ich: Vilma. Sie kam, um mir zu sagen, daß es ihr gleichgültig sei, was in der Welt vorgehe, daß sich nichts geändert habe seit dem Abend, als sie mich »sympathisch« fand und, trotz allem was die Menschen sagen, sehe sie keinen Grund, mich jetzt weniger sympathisch zu finden. Ja, sie lebte noch mit Annemarie zusammen, Ann genannt, und wenn ich Lust habe, könnte ich ihre Bekanntschaft machen.

Ann war eine Studentin der Chemie, herb und streng, größer als Vilma, ihre Eltern hatten eine Seifenfabrik in Magdeburg, sie war in keiner Gruppe organisiert, aber entschiedene Nazi-Gegnerin. Für sie war persönliche Freiheit, sei es auf politischem Gebiet, sei es in der privaten Sphäre, ein unabdingbarer Grundsatz ihres Lebens. Sie ließe sich nicht vorschreiben, was sie denke, wen sie liebe, was sie lese und wen sie zum Freund wähle. Sie bestand darauf, daß wir zu dritt tanzen gingen und zwar in die Jockey-Bar am Wittenbergplatz. Warum gerade dorthin? Weil ihr Besitzer angeblich ein Halbbruder von Adolf war, Alois Hitler. Ann liebte diese Art von »Widerstand«, auch wenn er versteckt war, und Vilma, die kleine Garbo, machte mit, nicht aus Überzeugung, sondern aus Indifferenz. Es war ihr gleichgültig, was andere sagten oder taten, solange es nicht ihren Wünschen im Wege stand. Sie kam mich dann und wann besuchen, unbekümmert wie immer, weich und zärtlich. Ann war spröder im Umgang, zurückhaltender, aber manchmal ließen die beiden mich an ihren Liebesspielen teilnehmen.

Es war eine absurde Situation. Da war auf der einen Seite das Judesein, das den ganzen Menschen auszufüllen drohte (»Was sind Sie von Beruf?« »Jude!«), und auf der anderen Seite das Deutschtum, aus dem ich ausgestoßen war, jetzt nur noch vertreten von zwei deutschen Mädchen, die eine aus Trotz zu mir haltend, die zweite, weil sie sich in ihre Affären nicht dreinreden ließ, auch als die Nürnberger Gesetze »Rassenschande« unter schwerste Strafe stellten. Beide weigerten sich, von diesem atavistischen Edikt zum »Schutze deutschen Blutes« Kenntnis zu nehmen.

Zu Beginn des Jahres 1936 wurde ich von der Zionistischen Vereinigung auf eine dreiwöchige Informationsreise nach Palästina entsandt. Damals fuhr man zu Schiff und der »Lloyd Triestino« besorgte die Überfahrt. In meiner Nähe las eine junge Frau eine Monographie über Heinrich Heine. Sie blätterte unschlüssig in den letzten Seiten. »Was werden Sie tun, wenn Sie mit dem Buch fertig sind?«, fragte ich. Sie lachte. »Dann beginne ich am Anfang, ich habe nämlich das Ende zuerst gelesen.« In der Farbe abgestimmte Bänder schützten ihre Haare vor dem Wind. »Das erinnert mich an Ibsen. Fast jedes seiner Stücke beginnt mit einem fertigen Zustand, und die folgenden Akte legen dar, wie es zu diesem Zustand kam«, sagte ich. »Richtig – und im letzten Akt ereignet sich die Katastrophe.«

Sie hieß Jeanne, war eine schweizer Jüdin und hatte in Paris einen Mann, dem sie weggelaufen war. Wir sahen uns auf dieser fünftägigen Fahrt viel, sehr viel. Als das Schiff in Zypern Zwischenstation machte, ließen wir uns von einem Motorboot nach Larnaca bringen. Ein Schwarm von Hotelportiers, Fremdenführern, Geldwechslern, Blumenverkäufern und Obsthändlern empfing uns. Wir brauchten niemand. Drei Stunden blieben uns, drei Stunden auf einer unbekannten Insel, unter Menschen, deren Sprache wir nicht verstanden. Vor einer Schenke hockten Männer und rauchten Wasserpfeife. Der Wirt brachte schweren süßen Wein, Weißbrot, ein zerteiltes Ei und Ziegenkäse.

»Wir sollten drei Wochen lang zusammen Ziegenkäse essen«, sagte ich verträumt. Dann fiel mir ein, daß das nicht bekömmlich wäre. Wir lachten. Jeanne wurde ernst. »Und wie lange, glaubst du, würde ich brauchen, wieder von dir loszukommen? Ich habe gerade eine zerbrochene Ehe hinter mir, ich kann mir jetzt keinen neuen Schmerz leisten.«

Für den letzten Abend der Überfahrt war ein Bordfest angesetzt. Das Deck war illuminiert, grüne und rote Fähnchen flatterten im Wind, der sich aufgetan hatte und um ein Rondell, das Platz zum Tanzen ließ, war ein dichter Wall von Liegestühlen postiert.

Drinnen, die Bar, hatte sich nicht weniger ausgeschmückt. »Allô, allô, Jean, quelle nouvelle«, intonierte die Kapelle den neuesten Schlager. Draußen lagen die Passagiere fest eingehüllt. Es tanzten nur die Lampions, dicke, rundliche Lampions, die Bewegung fiel ihnen augenscheinlich schwer. Einer war schon völlig außer Atem, so daß sein Licht erlosch. Dann schlossen sich die Liegestühle dem nächtlichen Tanz an und wiegten sich hin und her. Ein Passagier nach dem anderen stand auf, grün wie die Lampions und zog sich in die Kabine zurück.

Wir beide tanzten in der Bar weiter, auf einem Parkett, das sich hob und senkte. »Wir tanzen auf einem Vulkan«, sagte ich leise zu Jeanne. »Ich wußte es«, und legte ihren Arm um mich. Um vier Uhr morgens, bei grauem Licht, die Sonne war noch nicht über dem Horizont gestiegen, tauchte die Silhouette des Karmelberges auf. Vom Hafen her tönte das Rufen der Träger, das Stöhnen der Kräne, die Lasten hoben, wehte der Lärm der erwachenden Stadt.

Jeanne wollte eine Woche bei ihrem Bruder in Haifa bleiben, ich mußte nach Jerusalem, um meine Aufträge zu erledigen. Wir beschlossen, in einer Woche uns im Hotel Palatin in Jerusalem zu treffen.

Dann wurden wir zur Paßkontrolle aufgerufen, wir gingen zusammen in die Zollabfertigung. Unter den vielen schreienden, hastenden, fremden Menschen waren wir uns sehr nahe. Hinter einer Barriere erwartete sie ihr Bruder.

Ein Netz von flimmernden Sonnenfäden hing in der Luft. Das Licht stand senkrecht auf Feldern und Straßen und schmerzte in den Augen. Ich fuhr zuerst nach Jerusalem, dann für ein paar Tage durchs Land, mal im Autobus, mal in einem Sammel-Taxi, an arabischen Dörfern vorbei, die wie Adlernester an den Felsen klebten, selbst ein Stück Fels und manchmal kaum erkennbar; ich fuhr an jüdischen Siedlungen vorüber, weithin sichtbar lagen sie da, meist im Tal, nicht aus dem Boden gewachsen, sondern auf ihn gesetzt und noch nicht eins mit der Landschaft.

Im Kibbuz Hasorea traf ich Ernst, er kam mir schon am Eingangstor entgegen, allerdings nicht allein – vor ihm trottete eine Herde Kühe, die er zur Weide treiben mußte. Wir gingen eine ganze Weile, bis wir den Hügel erreichten, auf dem spärliches Grasland wuchs.

Ernst hatte ein Gewehr über der Schulter. »Ich habe mich oft gefragt, was schlimmer für den Kibbuz wäre – wenn eines Tages die Herde ohne mich zurückkäme, oder ich ohne die

Herde.« Wir saßen auf dem Hügel und tauschten Erinnerungen aus. Er hatte Philosophie studiert und wahrscheinlich muß man ein Philosoph sein, um hier stundenlang zu sitzen, den Kühen zuzuschauen und aufzupassen, ob nicht plötzlich ein arabischer Heckenschütze auftauchte. Der Aufschwung am Reck, den er nie machen konnte, hätte ihm dabei nicht viel genützt.

Ramot Haschawim, in der Küstenebene, war ein von jüdischen Einwanderern aufgebautes Dorf. Die Einwohner, ehemalige Rechtsanwälte, Ärzte, Staatsbeamte, trieben Hühnerzucht. Unter ihnen war Dr. David, der vor Jahren meine Tuberkulose diagnostiziert hatte. Sein Gesicht war noch immer so melancholisch wie das von Buster Keaton, wenn auch um einige Falten reicher, und er lebte mit seiner Familie bescheiden von der Eierproduktion. In den fünfziger Jahren ließ er sich in Jerusalem als Internist nieder. Als ich ihn eines Tages konsultierte, verschrieb er mir zur Kräftigung eine Diät von täglich sechs Eiern. Ich weiß nicht, wieviel man damals von Cholesterin wußte, aber ohne Zweifel mußte sein unerschütterlicher Glaube an Hennen und ihre Erzeugnisse ein Überbleibsel von Ramot Haschawim gewesen sein.

Meine Tour endete in Jerusalem. Die Sonne war untergegangen und hatte ohne Übergang der Nacht Platz gemacht. Das halbe Rund des Mondes lag waagrecht am Himmel, als wäre er betrunken und umgefallen. Um 9 Uhr abends waren die Straßen leer. In den wenigen Cafés gähnten die Kellner. Ich erwartete Jeanne. Am nächsten Morgen sagte ich dem Hotelportier: »Falls eine Dame nach mir fragen sollte, ich bin mittags zurück.«

Im Autobus fuhr ich auf den Skopusberg, vorbei am Damaskustor, die steile Fahrstraße hoch, an Gethsemane vorüber und am Tale Kidron. Dann ging ich durch die sonnenüberfluteten Höfe der Hebräischen Universität zum Amphitheater. Damals schrieb ich: »Die Sicht fiel über die judäische Wüste hinweg bis auf das Tote Meer und die Berge Moabs. Vor mir lagen in ungleichen Reihen gruppiert erloschene Krater mit harten Konturen, Stein und Sand, rotbraun und gelb, eine Unendlichkeit aufgetürmt aus rotbraunen Kegeln und gelbem Behang. Eine Herde schwarzer Bergziegen kroch wie ein Wurm über die Höhen, um trockene Disteln zu suchen. Unter dem mächtigen Bogen des Himmels, der über diese Landschaft gespannt war wie ein Segel, kreisten Adler und Geier, die Vögel der Majestät und der Zerstörung. So mußten die Menschen dieser Erde gewesen sein: Saul, hart wie die Form der Kegel und weit wie das Feld des Blickes; David emporgeschleudert aus dem Fels und Sand und begnadet mit dem Blau des Himmels; Salomo, der Musik aus den Felsen schlug wie Moses das Wasser, und geschirrte Rosse liebte und leuchtende Mädchen und das Spiel der Zimbeln. Mit den Flammen seines Tempels hatte sich diese Landschaft nach innen gekehrt, sie war ausgestoßen aus dem ewigen Blutkreislauf, abgewandt und feindlich den Sinnen. Nichts lag mehr auf ihr von Werden und Vergehen. Das Spiel der Zimbeln war verstummt. Drei Religionen hatten hier ihren Ausdruck gesucht. Unter ihrem Himmel hatte sich der Begriff des einzigen Gottes geformt. Vom Diesseits und Jenseits: Jesus und Mohammed waren über diese Steine geschritten. Aber das Land war jäh und zäh, Muselmann und Jude, beide nannten Moses ihren Herrn; für den einen galt das Opfer Isaaks wie für den anderen das Opfer Ismaels, und noch hatte der Himmel nicht gesprochen.«

Im Hotel lag ein Brief für mich. »Lieber Freund, verzeih mir, daß ich nicht gekommen bin. Vor dem Abschied von dir, nach Tagen und Nächten, die uns zusammengeführt hätten, war mir unendlich bange. Ich wäre nicht groß genug, diesen Abschied zu ertragen. Ich hatte Angst, dich furchtbar stark zu lieben, deshalb bin ich nicht gekommen. Ich weiß, daß dieser Entschluß mich unglücklich macht, aber das Unglück des Verzichts wird ohne dich heilen. Den Schmerz der Trennung hätte ich allein nicht überwinden können ...«

Draußen legte sich das kühle Tuch der Nacht auf die glühende Stirn der Stadt. In den Falten der Dunkelheit barg sich das Geheimnis dieses Landes, sein herber Zauber und seine Schwermut; in dem Geheimnis dieser Erde wohnte die Entscheidung, offen für den, der das Geheimnis löste.

Kurz nach meiner Rückreise, im März 1936 begannen in Palästina arabische Unruhen – nicht die erste und nicht die letzte »Intifada« –, die sich drei Jahre hinzogen, Tausende von Opfern forderten und nur durch den Weltkrieg zeitweilig unterbrochen wurden. Allein in den Monaten April bis Oktober 1936 kam es zu zweitausend Attacken gegen jüdisches Eigentum und jüdische Menschen.

ZWISCHEN PREMIERE UND POGROM

Als ich nach Berlin zurückkehrte, waren meine Eltern aus Kassel nach Berlin in die Deidesheimer Straße gezogen, in eine Drei-Zimmer-Wohnung. Eines der Zimmer vermieteten sie an Elly. Vater war ruhiger geworden, beschaulicher, es gab keine Jähzornausbrüche mehr und keine Eisenwaren, Haus- und Küchengeräte. Die Eltern lebten von einer bescheidenen Rente und welche Rolle Elly spielte, war mir unbekannt. In der Erinnerung scheint mir, daß auch Mutter froh war, in der Abgeschiedenheit ihrer Wilmersdorfer Bleibe eine Hausgenossin zu haben.

Wir drei Söhne trafen uns dort etwa einmal die Woche, Freitag abends. Die Eltern waren stolz, wenn sie in der jüdischen Presse – es gab allein in Berlin fünf jüdische Wochenzeitungen – über die Führungsrolle von Hans lasen und über meine Bücher, Bühnenbearbeitungen und, vor allem, meine vielen Artikel.

Inzwischen hatte sich meine Arbeit geändert. Im Oktober 1933 war in Berlin ein Jüdischer Kulturbund gegründet worden, in erster Linie, um den tausenden arbeitslos gewordenen jüdischen Künstlern Beschäftigung zu bieten. Im Jahr 1936 umfaßte diese Organisation bereits das ganze Reich, unterhielt drei Schauspiel-Ensembles, eine Oper, zwei Symphonieorchester, eine Kleinkunstbühne, ein Theater für die

jüdischen Schulen, einige Chöre, zahlreiche Kammermusik-
gruppen und veranstaltete darüber hinaus Vorträge und
Kunstausstellungen. Über 2500 Künstler (Schauspieler, Sänger, Instrumentalisten, Rezitatoren, Regisseure, Tänzer, Bil-
dende Künstler) sowie vortragende Dozenten und technisches Personal waren im Rahmen der Kulturbünde tätig, die
in einem »Reichsverband« zusammengefaßt wurden. Etwa
70.000 Menschen in fast 100 Städten bildeten das Publikum, davon 20.000 in Berlin. Vorbedingung der Behörden,
die zögernd dieses Projekt genehmigt hatten: nur Juden durften passive und aktive Mitglieder sein, vom Intendanten bis
zum Vorhangzieher, vom Regisseur bis zum Statisten, vom
Dirigenten bis zum Chorsänger.

Intendant und Initiator dieser Organisation war Dr. Kurt
Singer, von Beruf Arzt, von Berufung Musiker, Musikschrift-
steller, einst Stellvertretender Intendant der Städtischen Oper
Charlottenburg und Leiter des Berliner Ärzte-Chors. Singer
war eine Persönlichkeit, die ausstrahlte, und von dieser Aus-
strahlung machte er hinreichend Gebrauch. Wer ihm nicht
zustimmte, hatte später dafür zu zahlen; wer eine gute Idee
hatte, mußte so tun, als käme sie von ihm. Manche empfanden es als Ehre, seine Aktentasche tragen zu dürfen, wenn er
würdig durchs Tor zum wartenden Auto schritt. Seine Ver-
lautbarungen – und derer gab es viele – waren emphatisch,
wenn nicht pathetisch, und obwohl aus dem Lager der »Assi-
milanten« kommend, hatte er das Fingerspitzengefühl, rechtzeitig die blau-weiße Fahne unsichtbar zu hissen, um dem jüdischen Moment größeres Gewicht zu verleihen.

Sein literarisches Gegenstück war Julius Bab, der 30 Jahre
lang dem Berliner Theaterleben seinen Stempel aufgedrückt
hatte, als Kritiker und Schriftsteller, Kulturpolitiker und
Chronist des deutschen Dramas. Er war mit der deutschen
Literatur unlösbar verbunden und machte keinen Hehl daraus – ein ehrlicher, sachlich qualifizierter Streiter, der bis zuletzt seiner Überzeugung treu blieb.

1936 entsandten mich die Zionisten als Programmberater
in den »Reichsverband«, um zu helfen, die Spielpläne zu »ju-

daisieren«. Da das Budget für einen solchen Posten nicht ausreichte, mußte ich gleichzeitig die Regie-Assistenz für das Schauspiel übernehmen. Schon vorher hatte man mich auf einen kurzen Abstecher nach Prag geschickt, um mit Max Brod zu verhandeln – sein Roman »Reubeni« wäre der geeignete Stoff für eine jüdische Bühne. Brod empfing mich freundschaftlich in der Redaktion des »Prager Tageblatt«, lehnte aber ab, als sein eigener dramatischer Bearbeiter zu fungieren. Er wußte nämlich, daß Julius Bab niemals eine Aufführung des Stückes zulassen würde, da die beiden aus mir unbekannten Gründen alte Gegner waren. Brod stimmte jedoch der Dramatisierung durch Gerhard-Walter Rosenbaum zu, und obwohl sie nicht auf die Berliner Kulturbund-Bühne kam, wurde sie, in einem anderen Saal aufgeführt, zum Erfolg und von der »Habimah« übernommen. Brod, dem ich später in Israel verschiedentlich begegnete, hat mir diese Intervention stets freundlich quittiert.

An dieser Stelle muß ich gestehen, über den Kulturbund viel geschrieben zu haben, vor allem das Buch »Jüdisches Theater in Nazideutschland«, das zum Ausgangspunkt für alle weiteren Untersuchungen wurde. Heute beschäftigt mich etwas anderes: der Zweifel nicht an der Wichtigkeit, sondern an der Richtigkeit seiner Existenz. Man darf nicht vergessen, daß bis Ende 1938 den Juden zumindest gesetzlich gestattet war, alle künstlerischen Veranstaltungen in Deutschland nach wie vor zu besuchen. Die Tatsache, daß der Kulturbund es unternahm, dieses Publikum in einen jüdischen , von den Nazis kontrollierten Rahmen zu spannen, hat den Behörden möglicherweise eine neue Richtung in der Judenpolitik gewiesen: die Juden begaben sich aus freien Stücken in eine reglementierte und überwachte Kultur-Organisation.

Zu diesem Zweck wurde im Propagandaministerium ein eigenes Dezernat errichtet, das eine verhängnisvolle Rolle spielen sollte. Als »Reichskulturwalter« wurde von Goebbels der »alte Kämpfer« Hans Hinkel bestellt, der einst den »Kampfbund für deutsche Kultur« gegründet hatte. Zwar bewahrte er den Kulturbund vor Eingriffen der Gestapo und

Übergriffen lokaler Partei- und Polizeistellen, aber nur, um die Autorität seines eigenen Ressorts nicht antasten zu lassen. Er baute sein Dezernat zu einem gewaltigen Apparat aus mit Zensoren und Lektoren, Agenten und Assistenten, Übersetzern und Sekretären, und riß mit den Jahren auch die Kontrolle über die jüdische Presse, jüdische Buchverlage und Buchhandlungen an sich, schnürte jedes jüdische Kulturleben mehr und mehr ab, bis ihm der letzte Atem genommen wurde.

Was als Auffangorganisation für arbeitslose Künstler begonnen hatte, wurde allmählich zu einem Instrument der Gettoisierung. Alle Veranstaltungen fanden unter Ausschluß der deutschen Öffentlichkeit statt. Damit wurde ein bedrohliches Beispiel geschaffen. Was damals in Berlin und anderen deutschen Städten vor sich ging, wiederholte sich auf schauerliche Weise nach den Deportationen in den Osten – in Auschwitz spielte ein jüdisches Orchester vor den Gaskammern auf; im Westerbork-Lager machten ehemalige Kulturbund-Künstler noch einmal Kabarett; in Theresienstadt überschlug man sich mit künstlerischer Geschäftigkeit. »Gute Laune ist von kriegswichtiger Bedeutung«, erklärte Goebbels, und Gevatter Tod fiedelte in den Vernichtungslagern und bei der Liquidation der Gettos. Mit anderen Worten: die Nazis gebrauchten die Waffe der Kunst, um ihren Opfern eine falsche Wirklichkeit vorzugaukeln. Aber war Ähnliches nicht schon in Berlin geschehen, als nach den Novemberpogromen 1938 alle jüdischen Institutionen und Vereinigungen verboten wurden und das jüdische Theater gezwungen wurde, weiterzuspielen, bis weit in die Kriegstage hinein – September 1941 –, um die Juden von dem Grauen der Deportationen abzulenken?

Die Frage drängt sich auf – hat der Kulturbund nicht von Anbeginn den Juden eine Normalität vorgetäuscht, die es nicht mehr gab? Schauspiel und Musik, Tanz und Kabarett hat die Juden ohne Paß und Visum ins Land der Phantasie transportiert., was ihnen seelisch half, sie aber nicht vor der physischen Vernichtung bewahrte. Nach Schiller ist der Spieltrieb ein Symbol der Freiheit des Menschen, der Freiheit sich zu verwandeln, ohne Grenze zwischen Zeit und Raum, vom Heute ins Morgen zu wechseln – in die Welt Shakespeares und Molières, in das Reich der Töne Mozarts, in Calderons »Das Leben ein Traum« – aus dem sie unsanft erwachten.

Aber ich habe vorgegriffen. Wie mir aufgetragen, suchte ich die Dramenliteratur nach jüdischen Stoffen ab. Macht der Stoff ein Werk jüdisch? Rembrandt war kein jüdischer Maler, weil er die Judengasse in Amsterdam gemalt hat, und Julius Bab stellte überzeugend dar, daß Theater in seinem Wesen und seinen Wurzeln keine jüdische Schöpfung wäre, sondern entstanden aus den Urgründen der Antike, insbesondere des Griechentums.

Hatte ich endlich ein Stück gefunden, das jüdische Akzente hatte, so war es entweder wegen seiner vielen Personen nicht spielbar oder wurde von der Zensur nicht erlaubt. Karl Gutzkows »Uriel Acosta« schrieb ich um, es wurde in meiner Bearbeitung aufgeführt, und ein Kritiker meinte, das Stück wäre zwar gelungen, aber nicht von Gutzkow, und ich hätte gleich ein eigenes schreiben sollen.

Eines Tages drückte mir Dr. Werner Levie, Generalsekretär des Reichsverbandes, ein Manuskript in die Hand, das ihm aus Palästina zugesandt worden war. Er selbst könnte damit nicht viel anfangen, es wäre aktuell, doch verwirrt, ich sollte sehen, ob etwas daraus zu machen wäre. Das Stück hieß »Das Gericht«, seine Autorin Shulamit Bat-Dori, die in einem Kibbuz in Palästina lebte. Ich las, und spürte die zündende Nähe des palästinensischen Konflikts, die aus seinen Szenen sprach. Hier lag zum ersten Mal ein jüdisches Zeitstück vor, das die Konfrontation zwischen Juden, Arabern und Briten spiegelte. Allerdings war das Stück dramaturgisch nicht geglückt, und um es spielbar zu machen, mußte ich mich als »Chirurg« betätigen und eine zwar nicht lebensgefährliche, aber komplizierte Operation vornehmen – Szenen auswechseln, streichen, zusammenziehen, hinzufügen, kondensieren, verlagern, korrigieren. Die Premiere wurde als Festvorstellung aufgezogen, mit einleitenden Ansprachen des

Intendanten und eines Vertreters der Zionisten. Am Sonntag Morgen, der der Premiere voranging, fand eine Matinee statt, in der Bruder Hans den politischen Hintergrund zeichnete und ich über die dramaturgischen Probleme sprach, das einzige Mal, daß wir zwei Brüder gleichzeitig »auftraten«.

Vieles vom Erfolg des Stückes, das zwischen Reportage und Irrealität hin und her pendelte, war der Regie Fritz Wistens zu verdanken, Oberspielleiter des Schauspiels, der später künstlerischer Gesamtleiter des Kulturbundes wurde. Wisten war ein Mann der Bühne, ein Mime mit Leib und Seele. Er kam vom Württembergischen Landestheater Stuttgart, wo er beliebt und populär war, der Star in modernen und klassischen Stücken, bis er von den Nazis von heute auf morgen entlassen wurde. Mit unermüdlicher Energie setzte er sich in seinem neuen Wirkungsfeld durch: er verstand, Menschen zu führen und Rollen zu gestalten, und ihm ist zu verdanken, daß das Schauspiel des Berliner Kulturbundes, trotz des ungeheuren Drucks, der auf allen lastete, ein beachtliches Niveau erreichte.

Am 7. November 1938 schoß ein junger Jude, Herschel Grynspan, auf den Legationsrat der deutschen Botschaft in Paris, Herrn vom Rath. Für den nächsten Morgen war die Probe für »Benjamin – Wohin?«, angesetzt, eine Tragikomödie des jiddischen Autors Mendele Mocher Sfarim. Die Zeitungen hatten das Pariser Attentat in schreienden Schlagzeilen auf der ersten Seite gebracht, und wir zweifelten, ob die Probe überhaupt stattfinden könnte. Wisten bestand darauf, aber es dauerte nicht lange, bis er ins Büro von Dr. Levie gerufen wurde. Singer befand sich auf einer Vortragsreise in Amerika, Levie war sein Stellvertreter und was er Wisten zu sagen hatte, dauerte nicht lange: das Ministerium hatte das Theater geschlossen. Jeder von uns war schutzlos dem Sturm ausgeliefert, der sich gegen die deutschen Juden erhob. In der Nacht vom 9. zum 10. wurden hunderte von Synagogen in Brand gesteckt oder in anderer Weise demoliert, die große Menschenjagd begann auf jüdische Männer, wir waren zu Freiwild geworden, und die Flut der Zerstörung überschwemmte Häuser, Wohnungen, Geschäfte, Büros, Gemeinden, Organisationen, Vereinigungen und Redaktionsstuben. »Rette sich, wer kann«: jetzt galt nur dieses Losungswort, nackt, brutal, ohne Verschönerung durch Ideologie und jüdische Romantik.

Es klingelte wild an meiner Wohnung. Nun ist es soweit, dachte ich. Aber vor der Tür stand Vilma, sprach kein Wort, zerrte mich die Treppen hinunter. Unten hielt ein Taxi. Sie sprach immer noch nicht. Vor einem Haus in der Müllerstraße stiegen wir aus. Oben wartete Ann. »Du bleibst heute nacht bei uns, es ist alles so furchtbar«, sagte sie verstört.

Am nächsten Morgen mußten die beiden zur Arbeit. Ich rief die Eltern an. Vater schlug vor, mit mir in den Grunewald zu fahren. Seit der »Oberste Polnische Volksrat« in Posen nach deutschen und jüdischen Bürgern suchte und Vater bei schneidender Kälte in Solacz spazieren mußte, hatte er eine gewisse Erfahrung, Verhaftungen zu entgehen. Als wir mitten im Wald waren, kam uns eine Gruppe von sechs SA-Leuten entgegen. An Ausweichen war nicht zu denken. Ich biß die Zähne aufeinander, so daß ein halber Zahn abbrach. Vater dagegen begann eine laute, heitere Unterhaltung, von Lachsalven gewürzt. Kein SA-Mann konnte sich vorstellen, daß zwei Juden bei ihrem Anblick in Lachen ausbrechen würden und hielten uns für stramme »Arier«.

Am Montag, den 14. November, werde ich ersucht, mich sofort im Theaterbüro einzufinden. Tatsächlich, inmitten der Trümmer jüdischen Eigentums stand das jüdische Theater unversehrt. Dr. Levie teilte uns mit, auf behördlichen Befehl hätten wir wieder zu spielen. Goebbels bestand darauf mit allem Nachdruck und Hinkel war bereit, Entlassungsanträge für sämtliche in Konzentrationslager verschleppte künstlerischen und technischen Kräfte zu stellen, damit der Betrieb ohne Verzug beginnen könne.

Es war eine sonderbare Versammlung von etwa 20 Menschen im Büro des Jüdischen Kulturbunds in der Kommandantenstraße zu Berlin, Wir waren freiwillig in den Käfig der jüdischen Kulturorganisation gegangen, und nun hatte sich hinter uns die Falltür geschlossen – aus Vorstellungen wurden Zwangsvorstellungen. Was tun – spielen oder nicht spielen?

Jemand fragte: haben Kaufleute abgelehnt, ihre Läden wieder zu öffnen, als man es ihnen befahl? Weigerten sich jüdische Ärzte, ihre Patienten zu behandeln? Theater sei eine moralische Anstalt, meinte ein anderer, wir verkaufen keinen Käse und operieren keinen Blinddarm, und an der moralischen Aussage könnten wir nicht vorbei. Wollten wir etwa unserem Publikum einreden, es wäre alles gar nicht so schlimm, manches Bühnenstück nicht weniger tragisch und die Weltliteratur hätte den Opfern Unsterblichkeit in Blankversen verliehen? Ich sagte: »Was ist Theater? – vorgeben; in unserem Fall – nachgeben; in jedem Fall – geben.«

Dr. Levie faßte die Diskussion zusammen. Einer Welt, die Amok läuft, würden wir in unserer eigenen Weise antworten – auf die Drohung der Faust die Sprache der Dichtung; auf die Erniedrigung das Erhabene des Menschenbildes. Weiterspielen.

Unvergeßlich, der Abend der Wiedereröffnung. Im Dunkel des jüdischen Lebens leuchteten die Lichter des Theaters auf. Wir fuhren mit der Aufführungsserie des schottischen Studentenspiels »Regen und Wind« von Merton Hodge fort. Nur wenige Beuscher waren gekommen, und drei Mann von der Gestapo, um die Vorstellung zu überwachen. Zu Hause saßen die Frauen, und warteten auf Nachricht von ihren verschleppten Männern und Söhnen, zu Hause saßen die Menschen auf den Trümmern ihrer Existenz, und im jüdischen Theater mußten die Schauspieler einen Rumba tanzen, wie es die Szene erforderte.

In der Antike folgte der Tragödie das Satyrspiel; bei mir fand es gleichzeitig statt. Während der Abendvorstellungen pflegten Schauspieler und technisches Personal sich auf dem Hof zu treffen, der zwischen dem Bühnenausgang des Theaters und den Büros des Reichsverbandes lag, um Luft zu schöpfen oder Zigaretten zu rauchen. Seit einiger Zeit war mir eine Frau aufgefallen, ich glaube, sie arbeitete in der Kostümschneiderei, die sich immer in meiner Nähe aufhielt. Ei-

125

nes Morgens sah ich sie vor meinem Haus in der Kantstraße auf mich warten. Sie hieß Eva. Als wir am Bahnhof Zoo die Rolltreppen zur U-Bahn hinuntergingen, stellte sie sich zwei Stufen unter mich, um zu mir aufzusehen.

In der Morgenpost fand ich einen Brief, daß sie ohne mich nicht leben könne. Jeden Tag brachte die Post einen neuen Brief: sie wäre zu jeder Demütigung bereit, wenn ich sie lieben würde. Auch am Abend, wenn ich spielfrei war, schlich sie um mein Haus herum. »Der Knabe Karl fängt an, mir fürchterlich zu werden.« Für mich war es nicht Schillers Don Carlos, sondern das Mädchen Eva. Als wir einmal allein waren, kniete sie vor mir und küßte meine Füße. Etwas mußte geschehen.

Es geschah. Dr. Levie bat mich in sein Büro. Er hätte ein Schreiben von einer Mitarbeiterin der Kostümschneiderei erhalten, in dem sie drohte, mich wegen Rassenschande mit zwei deutschen Frauen anzuzeigen. Sie teile ihm das mit, weil es für den Kulturbund unangenehme Folgen haben könnte. Dr. Levie sagte, was ich tue und lasse, wäre meine Privatsache, nicht die des Kulturbundes, warnte mich jedoch in aller Freundschaft vor dieser Frau Eva.

Dr. Singer kehrte nicht mehr nach Berlin zurück, blieb in Amsterdam und schrieb an Hinkel: »… Künstlerisch und wirtschaftlich scheint … die Möglichkeit einer wieder aufzubauenden Kulturarbeit in Berlin, einer Reichs-Verbands-Organisation in Deutschland gleich Null. Daher ist meine Meinung und mein Rat an Dr. Levie der: das Unternehmen ›Jüd. Kulturbund‹ so rasch als möglich zu liquidieren …« (Bundesarchiv Koblenz). Es war inzwischen Juni 1939 geworden. Höchste Zeit, Deutschland zu verlassen. Ann hatte Bekannte in verschiedenen Ämtern, die meine zur Auswanderung nötigen Papiere beschleunigt ausfertigten. Vilma war mit einem Koffer voll meiner Manuskripte und Kleidungsstücke in die Schweiz gefahren, um ihn bei einem meiner Onkels abzustellen. Hans war bereits in Palästina. Erich konnte sich nicht entschließen. Ich wollte nicht, daß die Eltern zur Bahn kämen, der Abschied in der Deidesheimer Straße war leichter.

Ich stand am Anhalter Bahnhof mit einem britischen Visum in der Tasche. Und zehn Reichsmark. Das war alles, was ich mitnehmen durfte. Aus Posen mußte ich fort, weil ich Deutscher war; aus Deutschland, weil ich Jude war. Ich stand auf dem Bahnhof und suchte meinen Zug. Bahnsteig 3, D-Zug nach Köln, Aachen, dahinter kommt bald die holländische Grenze, und die Fahrt nach England. Ich wollte das allein mit mir abmachen, ohne Abschiednehmen und Lebewohl. Bahnsteig 3 – plötzlich sah ich Ann, sie ging ruhig neben mir her, um ein Abteil zu finden, im vordersten Wagen fanden wir einen leeren Platz. Bitte einsteigen. Ich sah sie noch einmal an, eine deutsche Studentin der Chemie, herb und streng. »Ich wollte mich vergewissern, daß nichts passiert.«, sagte sie. Dann wurden die Türen geschlossen, und der Pfiff des Zugführers war das Letzte, was ich hörte.

KRANKE STADT

Es war fast sieben Jahre später, im Frühling 1946, als die Maschine im britischen Flughafen Berlin-Gatow aufsetzte. Ein Minibus brachte die Handvoll Passagiere in die Stadt. Die Straßen waren wie ausgestorben. Endstation Kurfürstendamm. Bitte aussteigen. »Achtung, Einsturzgefahr«, überall »Achtung, Einsturzgefahr«. Sieben Jahre. Ich ging zum »Hotel am Zoo«, reserviert für »alliiertes« Personal. Meine Schritte hallten von dem zerbrochenen Pflaster wider, das einst unter dem Marschtritt der braunen Bataillone gedröhnt hatte. Die Häuser, aus denen man die Juden gezerrt hatte, waren dem Erdboden gleichgemacht. Über Schutt und Geröll ragten verkrümmte Stahlgerüste in den Himmel. Damals hatte man die Synagogen in Feuer aufgehen lassen und die Umgebung sorgfältig abgeschirmt. Aber am Ende hatte es dennoch ihre Paläste und Fabriken und Hochhäuser und Städte verschlungen. Man soll sich nicht mit Gott anlegen, aus dem einfachen Grunde: man weiß nicht, ob er existiert. Es gab kaum Straßenschilder, denn viele Straßen waren ausgelöscht. Ich konnte meinen Weg nicht finden. Gerhard Zwerenz gab später zu bedenken: »Du willst nach Eger? / Nimm den Weg über Lidice. / Du willst nach Karlsbad? / Fahr über Theresienstadt. / Du suchst das verlorene Breslau? / Fahr nach Auschwitz. / Die Straße nach Stettin führt durchs Warschauer Ghetto. / Am Tag da Du ankommen wirst / Deine Trauer darf sagen: / Dies hier / Dies hier war Deutschland.«

Zwei widerstreitende Gefühle ergriffen mich: Traurigkeit und Genugtuung. Die Trauer kam von dem Erlebnis eines Menschen, der eine Reise in seine Vergangenheit macht und feststellen muß, daß jene Vergangenheit nicht mehr existiert, daß die Wirklichkeit nicht mehr mit seinen Erinnerungen übereinstimmt, daß das Gesicht der Stadt, die er einmal geliebt hat, zu einer Fratze geworden ist. Einst dachten wir, daß Städte etwas Ewiges sind und Menschen vergänglich. Die paar Menschen, die ich in Berlin wiederfand, hatten sich kaum verändert. Aber Berlin, wie ich es kannte, hatte ein Ende genommen.

Und Genugtuung? Sie entsprang einem beinahe religiösen Empfinden. Wir hatten längst das Vertrauen in die irdische Gerechtigkeit verloren. Doch niemals zuvor empfand ich so groß und gewaltig die Idee des kosmischen Ausgleichs. Als ich Berlin im Juni 1939 verließ, klirrten die Straßen wider von den Tritten einer größenwahnsinnig gewordenen Soldateska. Arroganz war ihre Uniform, und Sinnbild des bestialischen Imperiums die stolze Ost-West-Achse, die vom Brandenburger Tor über den Kaiserdamm hinausführte zum Stadion der prächtigen Paraden. Die Hand des Schicksals hatte diese Monumentalität gestürzt und den Hochmut auf den Gesichtern ausgelöscht, hatte die Burgen der neuen Herren niedergemacht, so daß sie sich ihres gestohlenen Besitzes nicht freuen konnten. Die Zahl der Krüppel und Blinden war Legion.

Ich ging und ging und ging. Meinekestraße 10, das Haus der »Zionistischen Vereinigung für Deutschland« stand noch. Aber der Hof, der einst vom Lärm der Schreibmaschinen widergehallt hatte und den Stimmen geschäftiger Menschen, war still und unwirklich wie die ganze Stadt. Nicht einmal das Vogelgezwitscher im wilden Wein an der Hauswand war geblieben. Es gab keine Vögel in Berlin. Es gab auch kein Theater in der Kommandantenstraße, das man in der Pogromnacht, als die Synagogen brannten, sorgsam verschont hatte. Es gab nur Schutt und Steine, Sand und Geröll.

Aber unter der Stille brodelte und zischte und kochte es. Die Energien dieser einst vitalsten Stadt Europas rieben sich auf in Intrige, Haß, Korruption, Verbitterung und Zynismus. In Berlin waren die Weltkonflikte wie durch ein Vergrößerungsglas riesenhaft projeziert. Auf kleinstem Raum stießen dort die vier Großmächte in täglichen Reibereien zusammen. Die deutschen Parteien, von ihnen gefördert oder verboten, zerfleischten sich im gegenseitigen Kampf. Die Presse, mit der inflationistischen Zahl von 14 Tageszeitungen und einem Heer von Zeitschriften, floß über von Eifer und Geifer und reflektierte wie in einem Zerrspiegel die vierfache Zerrissenheit der Stadt, Deutschlands, der Welt.

Aufbau? Wozu? Morgen wieder Krieg, hieß die Parole. In jener hysterischen Atmosphäre wuchsen lokale Konflikte zu Weltkonflikten. Krieg schien vielen die einzige Möglichkeit, Deutschland aus der eisernen Umklammerung jener hadernden Giganten zu befreien. Aufbau und Demokratie waren nichts als Witzworte der politischen Kabaretts, die in jedem der vier Sektoren die anderen drei ironisierten.

Aufbau? Die »Enttrümmerung«, von Frauen besorgt, würde noch Jahre beanspruchen, und es gab keine Arbeitskräfte, keine Materialien, keine Lizenzen. Das einzige, was gebaut wurde, waren Geschäfte für Geschenkartikel, Antiquitäten und Luxuswaren. Wie grelle Farbflecke stachen jene Läden zu Dutzenden aus dem blinden Grau zerfallender Fassaden hervor. Wer in Berlin reich war, war sehr reich; wer arm war, sehr arm. Die Menschen brachten ihr Porzellan, ihre Stilmöbel, ihre Bilder und Juwelen in jene Geschäfte. Niemand handelte mit dem, was er vorgab. Friseure boten Butter an, Drogerien Kleiderstoffe, Schuhmacher Kartoffeln. Kellner flüsterten den Gästen die letzten Notierungen von Zigaretten und Schokolade ins Ohr.

Im Berlin der zwei Währungen lief die Wirtschaft Amok. Die eine Währung war die offizielle, aber wer nicht verhungern oder erfrieren wollte, mußte auf den Schwarzen Markt gehen, wo die Zigaretten-Valuta galt. Das Pfund Sterling stand offiziell 40 Reichsmark, und 500 Reichsmark in der Zigaretten-Währung. Mit Zigaretten konnte man alles kaufen – Menschen und Dinge, Lebensläufe und Karrieren. Es gab nichts, das es nicht gab. Die Wahnsinnsperiode der Inflation der zwanziger Jahre feierte ihr Auferstehen auf dem makabren Hintergrund der Ruinen.

Wer war schuld? Die Russen oder die Amerikaner? Die Nazis oder die Juden? Die Kommunisten oder die Sozis? Die anderen oder sie selbst? Immer die anderen. Das Bekenntnis zur eigenen Schuld war genau so ausgeblieben wie die »Umerziehung« durch die Alliierten. Der Krieg hatte eine neue, wenn auch unblutige Form angenommen – der Krieg aller gegen alle in einem Kampf ums Dasein, dessen schärfste Waffe die Korruption war. Berlin – eine Stadt von Ruinen, die auf morschem Grund standen, angefressen von moralischer Fäulnis und genährt von den Intrigen und der Skrupellosigkeit einer irrsinnigen Welt.

Ann war in Magdeburg bei ihren Eltern. Vilma verheiratet in Elberfeld. Ich fuhr nach Schlachtensee hinaus, um Fritz Wisten zu besuchen. Seine Villa stand unbeschädigt. Unter qualvollen Umständen hatte er die Jahre des Krieges überlebt, nur durch seine nichtjüdische Frau geschützt, und auch das erwies sich nicht immer als möglich. Tapfer, mühselig und gefahrvoll hatten sich seine beiden Töchter durchgeschlagen.

»Die Nazis haben uns als Alibi mißbraucht,« sagte Wisten langsam, »um der Welt zu zeigen, wie ›tolerant‹ sie sind: selbst Theater durften die Juden spielen. Aber auch wenn sie uns eine Falle gestellt haben, es lief anders, als sie geplant hatten. Abend für Abend haben wir bewiesen, daß die Kunst nicht aufhört, Menschen zu bewegen, nicht einmal unter der Fuchtel der Gestapo. Heute klingt das pathetisch, aber so war es.« Er schwieg einen Augenblick. Dann sprach er mehr zu sich selbst als zu mir: »Wir konnten nicht protestieren. Aber daß wir trotz allem weitermachten, das war unser Protest. Den Abgrund sehen, und dennoch spielen. Wissen, und dennoch tun.«

Den bitteren Weg in die Deidesheimer Straße ersparte ich mir. Meine Eltern hatten versucht, zusammen mit Erich und seiner Frau im Jahre 1940 auf einem kleinen, seeuntauglichen Schiff ohne Visa nach Palästina zu gelangen. Die Fahrt auf dem überfüllten Dampfer, die Donau hinunter, über das Schwarze Meer durch den Bosporus ins Mittelmeer, dauerte drei Monate. Als sie sich der Küste von Haifa näherten, wurden sie von britischen Kreuzern aufgebracht, gleichzeitig mit zwei anderen Flüchtlingsschiffen, ebenfalls vollgepfercht mit »illegalen« Einwanderern. Die Mandatsverwaltung erließ ein Landeverbot und gab bekannt, daß die Passagiere, zusammen etwa 3000, auf die Insel Mauritius deportiert werden sollten. Für den Weitertransport wurde ein großer Dampfer, die »Patria«, in den Hafen geschleppt und langsam, manchmal mit Überredung, manchmal mit Gewalt, wurden die erschöpften Flüchtlinge auf die »Patria« gebracht. Als die Umbootung in vollem Gange war und fast 2000 Passagiere sich bereits auf dem neuen Schiff befanden, erfolgte eine Explosion. Wer konnte, sprang ins Wasser, aber viele gelangten nicht mehr auf Deck oder rutschten ab; andere wurden durch fallende Balken oder Eisenstangen erschlagen. 257 Menschen kamen ums Leben.

Nach einem Plan der jüdischen Verteidigungs-Organisation sollte das Schiff an der Ausfahrt gehindert werden, und es gelang ihr, eine Bombe an Bord zu schmuggeln. Die Sprengladung war jedoch zu stark, und so geschah das Unglück. Vater wurde in sterbendem Zustand nach Haifa gebracht, Mutter durfte ihn begleiten, aber auch sie sah ich niemals wieder. Erich sprang ins Wasser, obwohl er nicht schwimmen konnte, und wurde in eines der Rettungsboote gezogen.

Dr. Gideon Kaminka, seinerzeit Haifaer Stadtrat und führend im Verband der aus Deutschland stammenden Einwohner, erzählt in seinen Memoiren »Schwieriges Israel«: »Die politische und patriotisch gemeinte Aktion blieb für viele von uns eine Gewissensbelastung. Hatten wir das Recht, Menschen, die als Flüchtlinge zu uns gekommen waren, zu einer politischen Demonstration zu mißbrauchen? Ich glaube nicht. ›Sie starben im Kampf für einen freien jüdischen Staat‹, sagte man zur Rechtfertigung der Aktion. Von Überlebenden hörte ich, daß ihnen nichts ferner lag. Sie flohen vor Hitler, um zu leben – wenn es sein mußte, auch in Mauritius. Von jüdischer Seite wurde argumentiert, daß die ›Aktion Patria‹ auf die Briten abschreckend wirken sollte. Auch das war ein Irrtum: sie setzten ihre restriktive Einwanderungspolitik unverändert fort.«

BRITISCHES INTERMEZZO

PORRIDGE

Das kommt davon, wenn man die Zeiten durcheinanderwir-
belt, die einen selber durchgewirbelt haben, und den Dingen
ungeduldig vorgreift. Ich bin – bisher – dreimal ausgewan-
dert, aber nur einmal aus Deutschland, und auf jenen Tag
will ich zurückkommen, im Juni 1939, als ich am Anhalter
Bahnhof stand, auf Bahnsteig 3, und in den D-Zug über
Köln, Aachen nach Holland einstieg, mit Anschluß an die
Fähre nach England. »Entschuldigen Sie«, sagte ich zu einem
Bobby auf der Oxford Street, »wie komme ich hier zum
Bloomsbury House?«

Bobby, so nannte man damals einen Londoner Polizisten.
Bloomsbury House war das Zentrum der Flüchtlingshilfe.
Der Polizist überragte mich um Kopfeslänge, lächelte höflich
und ermutigend, offensichtlich ohne mich zu verstehen. Ein
furchtbarer Verdacht stieg in mir auf: vielleicht war die
Fremdsprache, die ich in Berlin gelernt hatte, gar nicht Englisch? Vielleicht hatte mich mein Privatlehrer Holländisch
oder Dänisch oder Finnisch gelehrt und nur vorgegeben,
Englisch zu unterrichten? Daß der Mann jedesmal seine
Hände wusch, wenn er eine Türklinke angefaßt hatte oder
einen Bleistift zur Hand nahm, war noch kein Beweis seiner
philologischen Sauberkeit. Niemand in London schien mich
zu verstehen.

Es ist nicht wahr, daß alle britischen Humoristen aus Ungarn stammen, wie seinerzeit George Mikes. Sein Rat an
Ausländer hieß, und er mußte es wissen: »Es ist viel leichter,
Englisch zu schreiben als zu sprechen, weil man beim Schreiben den fremden Akzent nicht hört..« Einmal erklärte ihm
eine freundliche Dame: »Warum beklagen Sie sich? Sie spre-

chen wirklich einen ausgezeichneten Akzent, ohne das geringste Englisch.«

Selbst als Humorist wäre mir der Humor vergangen. Wie beschränkt auch meine englischen Sprachkenntnisse waren, ein Wort kannte ich gut: Transit. Es war in meinem Reisepaß eingestempelt: For Transit Only. Nur für die Durchreise. Nur als Übergang. Übergang – wohin?

Bald nach den Novemberpogromen in Deutschland hatte der ehemalige britische Premier Lord Baldwin zu einem Hilfswerk für die Flüchtlinge aufgerufen. Nicht zum ersten Mal nahm Britannien, schon von Schiller als »Hort der Freiheit« gepriesen, Flüchtlinge aus Deutschland auf. Nach der gescheiterten Revolution von 1848 und dreißig Jahre später nach dem Sozialistengesetz fanden die Verfolgten Zuflucht auf den britischen Inseln. Der bekannteste, aus Köln ausgewiesen, durfte in England bleiben, Karl Marx. Aber das England vor dem Zweiten Weltkrieg war nicht ganz so freizügig. Es bot Asyl nur denen, die keine Arbeit gegen Bezahlung suchten und auch dann nur, wenn sie sich verpflichteten, nach befristeter Zeit weiterzuziehen.

Niemand war weniger auf eine Auswanderung vorbereitet als die deutschen Juden: sie waren gesetzestreue Bürger, selbst wenn die eigenen Behörden die Gesetze mißachteten. Die russischen Aristokraten hatten Juwelen in die Taschen gesteckt, als sie nach der Revolution von 1917 aus Rußland fliehen mußten. Die deutschen Juden machten genaue Listen von ihrem Schmuck und lieferten ihn ab. So waren sie in England angekommen, tausende von ihnen, ohne Arbeitserlaubnis, mit den vorgeschriebenen 10 Reichsmark, die sie mitnehmen durften, als einzigem Vermögen.

Ich wurde in ein Aufnahmelager für Flüchtlinge aus dem Nazireich gebracht, nach Richborough in der Grafschaft Kent, nahe der Küste. Wer den Ort sucht, würde ihn nicht finden. Er bestand aus nichts weiter als den Baracken des ehemaligen »Kitchener Camp«.

Im Ersten Weltkrieg hatte das Lager als Ausgangspunkt für die britischen Streitkräfte unter Feldmarschall Lord Kitchener gedient, und so wurde es nach ihm benannt: »Kitchener Camp«.

Aus den seit Jahrzehnten vermoderten und verfallenen Hütten in dieser abgelegenen Ecke der britischen Inseln war eine lebendig pulsierende Lagerstadt entstanden, für 3000 Männer, mit Straßen, Werkstätten, Büros, einem riesigen Speisesaal, einem Kino mit 1000 Sitzplätzen und einer »Lager-Universität«, in der Sprachen gelehrt und gelernt wurden, vor allem Englisch. Ausgang gab es nur für bestimmte Stunden, und auch das nur mit einem Passagierschein, aber diese Stunden genügten, um das benachbarte Städtchen Sandwich, einen alten, malerischen Flecken, aus seinem Dornröschenschlaf zu wecken. Plötzlich ergoß sich durch seine schmalen, stillen Gassen ein Schwarm von Männern, die laut sprachen, Englisch kaum verstanden oder fürchterlich radebrechten. Nur eins durften sie nicht: das feine Hotel besuchen – Betreten des Lokals verboten. »Outlandish«, seltsam, exotisch – so erschienen den wackeren Bürgern von Sandwich die »Refugees« aus Berlin und Frankfurt, aus Wien und München, aus Hamburg und Breslau.

Sechs Uhr morgens Wecken, sieben Uhr Frühstück. Ein klebriger Brei aus großen Terrinen – Porridge. Jeden Morgen Porridge, und so wurde schnell aus Richborough – Porridgeborough. Dann gings zur Arbeit als Tischler, Schlosser, Elektriker, als Gehilfe in der Krankenabteilung oder Schreibstube und, wenn man Pech hatte, zum Küchendienst. Ich arbeitete an der Lagerzeitung mit, einem hektographierten Blatt. Einmal druckten wir ein Gedicht ab, »England, Du mußt uns vertrauen, dann kannst Du auf uns bauen.« Jemand machte Musik dazu, und so wurde es zur Camp-Hymne. Ein Orchester hatte sich zusammengetan und gab Wohltätigkeitskonzerte in den Nachbarorten. Aber erst als die Fußballmannschaft des »Kitchener Camp« zu Wettspielen mit den Teams in Ramsgate, Margate und Sandwich antrat, fand man, daß diese Menschen gar nicht so schlimm waren wie ihre englische Aussprache, denn die hörte man nicht, wenn ihre Beine den Ball abfeuerten.

Man sollte einmal eine Studie darüber machen, warum vor Ausbruch von Kriegen das Wetter so schön ist – das war so vor dem Ersten und Zweiten Weltkrieg, und vor einigen anderen, die inzwischen stattfanden. Die letzten Augusttage des Jahres 1939: strahlender Sommer, windstille Tage, blauer Himmel. Die Sturmwolken, die sich über Europa zusammenzogen, blieben unsichtbar.

Der Ausgang aus dem Camp wurde für uns gesperrt. Jeden Tag trafen eiligst zusammengestellte Nottransporte aus Deutschland und Österreich ein, die letzten Züge, bevor sich die Grenze schloß. Die Zahl der Lagerinsassen stieg auf 5000. Überall wurden Zelte aufgestellt, um die Neuankömmlinge unterzubringen, selbst der Speisesaal, das Kino und die »Camp-Universität« wurden mit Betten vollgestopft. Wir lernten nicht mehr Sprachen. Wir machten nicht mehr Musik. Wir spielten nicht mehr Fußball. Wir füllten Säcke mit Sand zur Luftabwehr. Morgen für Morgen brachten uns Lastautos an den Küstenstrand, und wir schippten.

Abends hockten wir zusammen, debattierten und teilten uns gegenseitig unsere Ängste mit. Die Deutschen waren in Polen eingefallen. Daß Britannien seinen vertraglichen Verpflichtungen nachkommen und Polen helfen würde, schien uns schon aus geographischen Gründen fraglich. Und wie hatte es sich gegenüber der Tschechoslowakei verhalten, als sie im »Münchener Abkommen« zerstückelt wurde und Hitler dann jeden Paragraphen dieses Abkommens zu Fetzen zerriß? Und selbst wenn England wollte – wir hatten beim Schippen an der Küste die »Befestigungen« gesehen: hier und da eine Kanone, Museumsstücke, die so aussahen, als stammten sie aus den Restbeständen des Ersten Weltkriegs.

Am 3. September kreischten die Sirenen. Wir waren an der Küste und schippten. Fliegeralarm. Zurück ins Lager. Im Eilschritt ging's in die Baracken. Da hörten wir im Radio den britischen Premier Chamberlain: »... Es sind die üblen Dinge, gegen die wir zum Kampf antreten: brutale Gewalt, Verrat, Ungerechtigkeit, Unterdrückung, Verfolgung und ich bin sicher, daß das Recht siegen wird. Now may God bless you all.«

Krieg. Schluß. Damals wußten wir: das ist der Schluß. Keiner kann mehr zu uns. Keiner kann mehr aus Deutschland raus. Die See, eben noch eine Hoffnung, ein Versprechen, die einzige Verbindung, war unüberbrückbar geworden, und jenseits der See saßen unsere Familien, unsere Eltern, unsere Freunde. Sie waren drüben hängengeblieben. Als Geiseln. Manche hatten schon ihre Visa nach England oder Amerika oder Palästina. Würden Holland, Belgien, Skandinavien, die damals noch neutral waren, im letzten Moment ihre Tore öffnen? Der Fragen, Ängste, Bedrängnis war kein Ende.

In solcher Stimmung näherten wir uns dem jüdischen Neujahrsfest. Der Gottesdienst sollte in einem großen Zelt stattfinden, und es bedurfte einiger Anstrengungen, ihm einen Schimmer von »Würde« zu geben. Die Verdunkelung machte es nicht leicht, das Zelt zu finden, das mit ein paar Kerzen und abgeschirmten Lampen im Halbdunkel blieb. Tausende waren gekommen, sie standen dichtgedrängt, und nur die Stimme des Vorbeters unterbrach die unheimliche Stille. Die Gedanken wanderten aus diesem Zelt über das feindliche Meer hinweg, über die gesperrten Grenzen, und in jener Stunde, so wußten wir, trafen sich unsere Wünsche und Hoffnungen mit den Wünschen und Hoffnungen derer, die wir zurückgelassen hatten, trafen sich in einem Niemandsland, das allen Feindseligkeiten entzogen war.

Ein schicksalhaftes Jahr begann, in dem Holland überrannt wurde, Belgien fiel und Frankreich zusammenbrach, und der lange Schatten der Gestapo auch jene deutschen Juden einholte, die geglaubt hatten, in diesen Ländern Zuflucht zu finden. Seite an Seite standen wir im verdunkelten Zelt in Richborough an der Küste von Kent, unter einem fremden Himmel, dessen Sterne so glänzten wie die Tränen in den Augen der Menschen, und keiner ahnte damals, daß am Ende sich dennoch Hölderlins Worte bewahrheiten würden: »Was dem Abgrund kühn entstiegen, kann durch unbegreifliches Geschick den halben Erdkreis übersiegen, zum Abgrund muß es doch zurück.«

Sandwich, malerisches Städtchen. Ich habe es inzwischen wieder besucht. Auch das Lager in Richborough, oder richtiger, was von ihm übrig geblieben war. Es hat eine bunte Geschichte. Nachdem wir es verlassen hatten, wurde es von einem britischen Regiment der Küstengarnison übernommen. Die deutsche Luftwaffe bekam Wind davon und bombte es zu Schutt und Asche. Es wurde wieder aufgebaut und ging in die Verwaltung der Admiralität über. Schließlich wurde es einer der Plätze, wo die »Schwimmenden Häfen« zusammengestellt wurden, die bei der Invasion der Normandie 1944 eine Rolle spielten. Und Sandwich? Es war wieder in seinen Dornröschenschlaf gefallen, mit seinen engen Gassen und malerischen Giebelhäusern. Das Hotel, dessen Betreten uns verboten war, existierte noch. Ich ging hinein. Übernachtete dort sogar. Aber es war gar nicht so wunderbar, wie ich es mir damals in der Baracke erträumt hatte.

Mit Kriegsausbruch fanden die Briten, daß sie ein bißchen zu viele »feindliche Ausländer« im Lande hatten, d.h. Staatsbürger der Feindstaaten. Sie wußten nicht recht, was sie mit ihnen tun sollten. Für die meisten Engländer war die Unterscheidung zwischen Nazi und Antinazi, zwischen Arier und Jude, Verfolger und Verfolgten nicht ganz klar. Für sie war ein Deutscher, wer die deutsche Staatsangehörigkeit besaß. Zumindest in den ersten Tagen nach der Kriegserklärung hatte man weder Zeit noch Lust, solche feinen Unterschiede zu machen. Die Behörden entschlossen sich, der Sache auf den Grund zu gehen und errichteten »Tribunale« – Ad-Hoc-Gerichtshöfe –, vor die alle Ausländer geladen wurden. Diese »Tribunale« unterschieden drei Kategorien von Fremden: die einen wurden als »Flüchtlinge der Nazi-Verfolgung« eingestuft und durften sich frei bewegen; in die zweite Kategorie fielen jene, deren politische Einstellung nicht ganz geklärt war – sie mußten sich regelmäßig bei der Polizei melden und durften ihren Wohnort nicht ohne Genehmigung verlassen; die dritte Gruppe, als Nazis verdächtigt, wurde sofort interniert.

Ich gehörte zur Kategorie, die frei herumlaufen durfte. Es fragte sich nur, wohin mit der Freiheit. Im Anfang war das Wort, so heißt es. Nicht bei uns: im Anfang war das möblierte Zimmer und der Gasring und der erzwungene Müßiggang und das Gefühl ausgeschlossen zu sein – von der Umwelt, ihren Sorgen und Freuden; von der Welt und der gewaltigen Erschütterung, die sie beben machte.

Träumereien an englischen Kaminen, besonders wenn man im Kamin ein offenes Feuer anzünden will – nicht zum Spaß und nicht zur Verzierung, sondern weil es draußen stürmt und regnet und es im Zimmer aus allen Ecken zieht. Das Rezept klingt einfach: Man nehme Zeitungspapier, balle es zusammen, verteile es regelmäßig, baue darauf ein Gerüst aus Feuerholz, spicke es hier und da mit Kohlestücken und zünde das Ganze an. Was dann geschieht, hängt vom Kamin, vom Wind, vom Holz und möglicherweise von der politischen Haltung der verwendeten Zeitungen ab. So saßen wir in möblierten Zimmern, und die glichen sich wie ein Ei dem anderen. Gewöhnlich hing eine Lampe mit Papierschirm von der Decke. Eine Gasplatte funktionierte nur, wenn man Münzen einwarf. Das Klosett war auf der Treppe und man teilte es mit Mietern anderer Stockwerke. Hatte man Glück, so gab es im Zimmer einen Ständer mit einer Wasserschüssel oder sogar ein Waschbassin. Fließendes Wasser? Nur von den Wänden.

Und die Zimmervermieterinnen – die einen sprachen einem gut zu, wenn's ganz mies wurde und hatten immer eine Tasse Tee zur Stärkung bereit; die anderen rollten den Teppich fort, wenn mehrere Besucher kamen, und bei schlechtem Wetter durfte man nur die Hintertür benutzen, um den Vordereingang nicht schmutzig zu machen.

Viel Können nützte nicht viel. Viel Wissen machte unbeliebt. So war sich die britische Regierung des hohen Niveaus der aus Deutschland geflohenen Mediziner sehr wohl bewußt und gab 500 von ihnen die Erlaubnis, zu praktizieren.

Aber die British Medical Association wehrte sich gegen den Beschluß, offenbar aus Angst vor der Konkurrenz, und es gelang ihr, die Zahl auf 50 herabzusetzen. Anwälte und ehemalige Richter kamen in einem bestimmten Caféhaus in Picadilly zusammen, so daß es scherzhaft hieß: Das Amtsgericht Mitte hat sich in Picadilly konstituiert. Einer erzählte strahlend, daß er ein Visum nach Neuseeland erhalten hätte. »Nach Neuseeland«, fragte ihn ein Freund, »so weit?« »Weit – wovon?«, antwortete er.

Der Gasmann kam in eine Wohnung, um den Zähler abzulesen. Ein ehemaliger Regierungsrat aus Wuppertal öffnete ihm die Tür. »Where is the meter?«, fragte der Mann, »Wo ist die Gas-Uhr?« Auf Englisch spricht man »meter« wie mit einem langgezogenen deutschen »i«. »Ich bin der Mieter«, sagte der Regierungsrat.

Man traf sich in Cafés, man traf sich in Clubs; in einem kleinen Saal oder, richtiger, in einer großen Stube gab es Kabarett, deutschsprachiges natürlich. Ein paar Sänger und Schauspieler wollten endlich wieder auf einer Bühne stehen, auch wenn sie nur ein knarrendes Podium war. Etwa in der Finchley Road in Hampstead, wo der Wiener Humorist Peter Herz zu Chansons und Rezitationen in seine »Blaue Donau« einlud. Am Ende jeder Vorstellung fragte seine Frau die vielen Bekannten – und wer war nicht ein Bekannter – »War es schön?« Ambitiöser ging es im »Laterndl« am Swiss Cottage zu: dort wurde Literatur serviert, pointierte Satire, und manchmal verstieg man sich zur Aufführung eines Stückes. Martin Miller war einer der Verantwortlichen. Ich kannte ihn gut aus dem Berliner Kulturbund, er wanderte nur ein paar Monate früher als ich nach England aus. Noch im Februar 1939 hatte er im »Wintermärchen« den Leontes dargestellt und seine letzten Worte waren, mit denen das Stück schließt: »Ein jeder frag' und höre, welche Rolle wir in dem weiten Raum der Zeit gespielt, seit wir zuerst uns trennten«. In seiner Stimme schwang damals die Ungewißheit vor dem Kommenden. Zumindest in seinem Wiedersehen mit mir war der »Raum der Zeit« schnell überbrückt. Nach dem

Krieg wurde er ein gesuchter Chargenspieler in britischen Filmen. Leider starb er früh.

»HUNTERS' LODGE«

Nach einer Weile fand ich ein Zimmer in »Hunters' Lodge«. Die Pension war bis zum Ausbruch des Zweiten Weltkriegs ein respektables Refugium für emeritierte Militärs, Bankbeamte im Ruhestand und Witwen, deren Versorgung als sichergestellt galt. Auf behördlichen Rat, die Stadt zu verlassen, falls ihr Aufenthalt in London nicht lebenswichtig wäre, hatten sich viele im September 1939 in den Norden Englands oder nach Schottland abgesetzt. Es fiel Mrs. Hunter nicht leicht, neue Mieter zu finden, es sei denn Flüchtlinge aus dem Nazireich. Die wenigen Gäste, die noch geblieben waren, verließen »Hunters' Lodge« bald darauf, angeblich, weil sie das schlechte Englisch der neuen Mitbewohner nicht ertragen konnten. Die Refugees prägten für Mrs. Hunter das Bild des kontinentalen Menschen: sie zahlten schlechtere Preise als die Ansässigen und aßen mehr, sie saßen den ganzen Tag herum, weil sie keine Arbeitserlaubnis und keine Freunde hatten und deshalb mehr Licht und Heizung brauchten. Muswell Hill, ein nördlicher Stadtteil Londons, bewahrte seine strengen Konventionen und Mrs. Hunter fühlte beim Einkauf, daß der Krämer, Metzger und Gemüsehändler sie nicht mehr so bedienten wie früher. Sie stand dem Niedergang von »Hunters' Lodge« hilflos gegenüber, für den sie die neuen Mieter verantwortlich machte.

Die geringen Einkünfte hatten sie gezwungen, allein zu kochen und zu wirtschaften, und Panik überkam sie bei dem Gedanken, daß mit dem geringeren Prestige ihrer Pension auch ihr eigenes Ansehen sank. Ihr Haar, gelblich gefärbt, zeigte wie ihr Haus Zeichen der Vernachlässigung, und ihre eingetrockneten Backen waren wie die eines Harlekins mit roter Farbe beschmiert. Vom frühen Morgen an flatterte sie mit hektischer Geschäftigkeit treppauf treppab, wie um an allen Ecken zugleich den Verfall ihres Hauses, und damit ihrer selbst, aufzuhalten. Nur abends zog sie sich in ihr Zimmer im obersten Stockwerk zurück und schloß sich ein.

Mein Zimmer, wie das aller anderen Gäste, war unverschlossen. Susan trat ein, ohne meine Antwort auf ihr Klopfen abzuwarten. Ihr farbenfrohes Gesicht glühte unter einem Schopf wilder Haare, ihr Morgenrock schloß fest am Hals, aber da ein Knopf fehlte, ließ er einen Teil des Busens offen. »Seien Sie nicht böse, wenn ich so hereinplatze,« sagte sie atemlos, obwohl ihr Zimmer auf derselben Etage lag, »ich weiß nicht, ob Sie schon gehört haben.« Sie fegte mit der Hand ein paar Zeitungen vom Stuhl und setzte sich.

»Ich weiß«, sagte ich und deutete auf die Zeitungen. »Russische Truppen sind in Finnland eingefallen.« Es war der 1. Dezember 1939 und vor dem Fenster hing der Schleier eines Londoner Wintermorgens.

»Oh«, meinte Susan, für einen Augenblick unsicher. Sie wußte nicht genau, wo Finnland lag, auf jeden Fall fern genug, um es in die äußerste Ecke ihres Bewußtseins zu schieben. »Sie dürfen es keinem erzählen. Als ich heute um 6 Uhr früh auf die Toilette ging – entschuldigen Sie, wenn ich davon spreche –, sah ich Katzenpfötchen vom obersten Stockwerk herunterschleichen.«

Dr. Graumann war von Beruf Arzt und wurde von uns Katzenpfötchen genannt, weil er in Filzpantinen unhörbar durch das Haus glitt. Bei den Mahlzeiten erhielt er von Mrs. Hunter die größten Portionen, obwohl er sie nie aufaß, denn er gab sich Mühe, alle animalischen Gefühle zu verbergen. Er ließ auf seinem Teller immer einen Rest, um zu zeigen, daß er nicht aus Notwendigkeit, sondern nur aus Höflichkeit aß. Sommers und Winters trug er die gleiche Kleidung als Beweis seiner Unabhängigkeit vom Wetter, und Schlaf war etwas, worüber er nicht sprach. Ungeachtet der Tatsache, daß er als letzter zum Frühstück kam, wurde sein Zimmer als erstes aufgeräumt.

Gnom hatte dafür eine Erklärung. Hingeflegelt in einem Sessel im Salon spielte er trotz seiner 26 Jahre das altkluge, vorlaute Kind, um sein Benehmen seiner zwergenhaften Gestalt anzugleichen. »›Der Mann in Filzpantinen‹ oder ›Das Geheimnis von Hunters' Lodge‹« kicherte er. »Es gab nämlich einmal einen Hausherrn, Mr. Hunter, der trug auch immer Filzpantinen und man hörte nicht, wenn er kam und ging. Eines Tages, wie immer in Pantoffeln, machte er ein paar Schritte zur Haustür, um die Milchflaschen hereinzunehmen. Das war das letzte, was man von ihm sah. Man sagt, er sei mit einem weiblichen Mitglied einer wandernden Artistentruppe davongelaufen, einer Zirkusreiterin.«

Frau Blau, die in einem anderen Sessel strickte und sich nie nehmen ließ, die Mahlzeiten ihrem gelähmten Mann, von dem sie nur als »Herr Geheimrat« sprach, selber aufs Zimmer zu bringen, schnappte: »Wir alle können Dr. Graumann dankbar sein, und es ist nur recht, wenn Mrs. Hunter diese Dankbarkeit auf ihre Weise ausdrückt. Er darf zwar nicht praktizieren und Herr Geheimrat meint, es wäre an der Zeit, den Refugees Arbeitserlaubnis zu geben, aber er hat mein Knie ohne Honorar behandelt, und Mrs. Hunters Ischias ist bedeutend besser geworden, seitdem er nach ihr sieht.«

Die Frage beim Frühstück ging darum, ob die Alliierten Finnland zu Hilfe kommen würden, wie britische Zeitungen forderten. Moralisch war der Fall einer Intervention gegeben, aber sollte man die Russen vollends ins deutsche Lager stoßen, zumal im Gegensatz zu Polen kein alliierter Pakt mit Finnland bestand? Außerdem glaubte man, die Mannerheim-Linie würde den russischen Vormarsch aufhalten. Und wie könnten die Alliierten intervenieren? Zwischen ihnen und Finnland lag Deutschland oder das neutrale Skandinavien. »Geographie ist keine Weltanschauung«, knurrte unser Mitbewohner Direktor Berger und deutete an, daß man könnte, wenn man wollte, aber man will nicht.

»Dieser Krieg führt die Idee des Krieges ad absurdum«, erklärte Katzenpfötchen mit der Bestimmtheit eines preußi-

143

schen Stabsarztes und schnitt den Speck in so kleine Stücke, daß niemand bemerken sollte, er würde beim Essen kauen.

»Man wagt nicht, die Kriegsmaschinerie ernsthaft in Bewegung zu setzen und läßt es bei Seitenhieben bewenden. Finnland ist ein Beispiel, die britische Blockade ein anderes. Jeder fürchtet, der Gegner wird gerade das tun, was er selbst vermeiden möchte – einen Frontalangriff. Man schießt nicht nach vorn, weil es sinnlos ist: durch die Maginot- und Siegfriedlinien dringt keine Kugel.«

Susan saß noch am Frühstückstisch und lackierte ihre Fingernägel, als Mrs. Hunter Teller und Tassen abräumte.

»Komisch«, plapperte Susan, ohne aufzugucken, »man könnte vergessen, daß Ihr Haus in London steht. Hier ist man wie in einer Art Niemandsland.«

Mit gefrorenem Lächeln bemerkte die Hauswirtin: »Mr. Hunter pflegte zu sagen, und er hatte eine eigene Art, sich auszudrücken: ›Man lernt einen Menschen nicht kennen, bevor man mit ihm nicht am gleichen Tisch gegessen und ein Volk nicht, solange man mit ihm nicht gehungert hat‹.« Susan, die nicht daran dachte, ihr beim Abräumen des Tisches zu helfen, schwatzte weiter. »In Berlin hatten wir zwei Dienstboten, führten, ein großes Haus, und ich brauchte meine Hände nicht naß zu machen. Eigentlich könnten Sie stolz auf Ihre Mieter sein – Herr Berger war Direktor eines riesigen Unternehmens, Dr. Graumann ein bekannter Internist in Hannover und Geheimrat Blau einmal der leitende Mann im preußischen Staatsdienst.«

In diesem Augenblick bat mich Frau Blau, ihr zu helfen, das Frühstück für ihren Mann hinaufzubringen. Auf der Treppe verschnaufte sie. »Manchmal bin ich froh, daß Herr Geheimrat nicht an einem Tisch mit den anderen essen muß. Unsere große Dame Susan, mit zwei Dienstboten? Daß ich nicht lache! Zuhause hat sie ihrer Mutter im Gemüseladen geholfen und in einer Kellerwohnung gehaust. Und Direktor Berger? Herr Geheimrat kennt seinen Fall. Seine Fabrik hat bereits vor Jahren Bankrott gemacht, und er war in einen Skandal verwickelt. Das haben wir uns nicht träumen lassen,« klagte sie und stieg weiter, »daß wir alle zusammen in einen Topf geworfen werden.«

Vor der geschlossenen Zimmertür dankte sie und entließ mich. Kurz danach gab es ein pfeifendes Geräusch und einen dumpfen Fall. Gnom war das Treppengeländer heruntergeschlittert und mit lautem Satz abgesprungen. »Wo kommen Sie denn her?«, fragte er.

»Ich habe Frau Blau geholfen, das Frühstück hinaufzutragen.«

Gnom schüttelte sich vor Lachen, so daß er kaum sprechen konnte. »Zum Geheimrat? Aber der existiert doch gar nicht! Wissen Sie nicht? Er ist im Konzentrationslager umgekommen.«

Ich starrte den Kleinen an. »Das Essen! Sie bringt ihm doch alle Mahlzeiten?«

Gnom nahm einen gönnerhaften Ton an. »Sie könnten nicht zweimal essen? Wir stehen doch alle hungrig vom Tisch auf.«

»Aber Mrs. Hunter muß es doch wissen!«

»Natürlich weiß sie es, jeder weiß es, außer Ihnen. Und warum sollte man der alten Blau den Glauben nehmen? Sie redet sich ein, daß er lebt und außerdem – sie zahlt für die doppelten Portionen.« Er lachte noch immer, als er aus dem Haus lief.

Ich ging in den Salon. »Was sagen Sie zu Amerika?«, empfing mich Direktor Berger und sah grimmig drein. »Anstatt gemeinsame Sache mit den westlichen Demokratien zu machen, protestieren die Vereinigten Staaten, daß von den Alliierten deutsche Waren auf neutralen Schiffen konfisziert werden. Das nenne ich Krieg in Glacéhandschuhen.«

»Wie geht es dem Herrn Geheimrat?«, fragte ich und sah ihm geradewegs in die Augen. »Ich habe nicht gehört, daß es ihm anders geht als gewöhnlich«, und wiederholte: »Krieg in Glacéhandschuhen.«

Ich suchte nach sonderbaren Spuren im Benehmen von Frau Blau. Wahrscheinlich war Berger niemals in einen Skandal verwickelt gewesen, und Susan hatte nicht im Keller gehaust. Schließlich klopfte ich an Graumanns Tür. Es dauerte ziemlich lange, bis er öffnete.

»Entschuldigen Sie, wenn ich sofort zur Sache komme – haben Sie jemals den Geheimrat gesehen?« Der Doktor wurde mißtrauisch. »Warum fragen Sie?« – »Ich meine – lebt er überhaupt?« Graumanns Gesicht blieb unverändert. Jene seltsame Mischung von Preußentum und Katzenhaftigkeit ließ keine Reaktion erkennen. – »Ist Herr Blau im KZ gestorben? Oder hat er niemals gelebt? Sie sind doch Arzt, kann es sein, daß seine Frau noch unter einem Schock leidet, oder ist sie überhaupt gestört?«

Dr. Graumann glitt in Filzpantinen an seinen Schreibtisch. »Es ist Krieg«, sagte er, »wir alle haben Schweres durchgemacht und leben in ständiger Spannung. Nehmen Sie diese Pille abends mit einem Schluck Wasser, bevor Sie schlafen gehen.«

Wir hatten eine neue Mieterin, eine junge Frau aus Wien – Marianne. Wann immer man sie sah, war sie in ein Buch vertieft. Sie hatte in englischer Literatur promoviert, eine der wenigen Juden und Jüdinnen, die im Herbst 1938 in Wien noch den Doktortitel erhielten. Mit englischer Literatur allein war es nicht getan, sie hatte auch Griechisch und Latein studiert und im »Internationalen Psychoanalytischen Verlag« gearbeitet. Ein Blaustrumpf? »Oh Himmel, strahlender Azur«, sang Brecht. Ein Blaustrumpf war sie nicht.

Eines Morgens nahmen wir denselben Autobus zum Stadtzentrum – Marianne zum Lesesaal des Britischen Museums und ich zu einer kleinen Privatbank in der City. Das blieb nicht der einzige Morgen. Es stellte sich heraus, daß wir dabei nicht nur London, sondern einander entdeckten. Wir liebten die gleichen Autoren, hatten ähnliche literarische Erfahrungen, dachten unterschiedslos über Land, Leben und Leute, kannten dieselben Schlager, konnten gemeinsam lachen und fanden nicht nur London, sondern auch einander wundervoll.

Damals begann und endete meine Karriere als Bankier. Ich erhielt vom Innenministerium die Erlaubnis, als Volontär bei »Sanders & Rosenthal« zu arbeiten. Ich klebte Briefmarken, trug die ausgehende Post in eine Kladde ein, und als Geste des Vertrauens gab man mir dann und wann einen verschlossenen Umschlag, um ihn ins nächste Bankhaus zu tragen. Außer mir gab es noch drei Angestellte, unter ihnen den Büroleiter, einen älteren Mann. Als der deutsche Blitzkrieg über Westeuropa fegte, wurde zum ersten Mal in der Geschichte Englands, so erklärte er mir, der Bank Holiday abgesagt, ein Feiertag im Mai, an dem die Banken geschlossen sind. Die deutsche Besetzung von Norwegen und Dänemark hatte er mit einem Achselzucken abgetan, die Bombardierung von Rotterdam nahm er lediglich zur Kenntnis, der Fall von Holland und Belgien berührte ihn kaum. Nichts erschütterte ihn so, wie der Bruch der uralten englischen Tradition, der für ihn das Ende einer Zivilisation bedeutete, wie er sie kannte, »the British way of life«.

Aber noch waren wir im Dezember 1939, und das »Geheimnis von Hunters‘ Lodge« wurde durch die Seeschlacht in der La Plata-Mündung überschattet. Nach dem Donner der Geschütze begann das Katzenkonzert der Diplomaten. Kapitän Langsdorff, der die beschädigte und von den Briten eingekreiste »Graf Spee« nach Montevideo gebracht hatte, verlangte 15 Tage, um sie wieder flott zu machen. Er mußte aber nach 72 Stunden, auf Drängen der Regierung von Uruguay, den Hafen verlassen, da sie fürchtete, die Alliierten würde sie einer Verletzung der Neutralität beschuldigen. In einem dramatischen Schlußakt versenkte Langsdorff das Schiff außerhalb der Drei-Meilen-Zone in voller Sicht der Bevölkerung Montevideos und der auf ihn wartenden britischen Kreuzer.

»Ich habe immer behauptet«, schloß Dr. Graumann und suchte dadurch die anderen am Tisch von der Tatsache abzulenken, daß er Würstchen kaute, »dieser Krieg besteht aus Einzelaktionen, ohne ein zentrales Ziel.« Direktor Berger wandte sich an mich: »Künftige Historiker werden festhalten, daß die Vereinigten Staaten Mitte Dezember 1939 nichts Besseres zu tun hatten, als beleidigt zu sein, daß ihre

Schiffe über alliierte Kontrollbasen umgeleitet wurden.« Er war sichtbar zufrieden, in Amerikas Haltung die Ursache für die verworrene Weltlage gefunden zu haben, umsomehr, als die Vereinigten Staaten ihm vor einiger Zeit das Einwanderungsvisum verweigert hatten.

Den Mietern fiel auf, daß Katzenpfötchen viele Stunden außerhalb des Hauses verbrachte, unregelmäßig zu den Mahlzeiten kam, und wenn er erschien, kaum Zeit zum Essen hatte. Auch Mrs. Hunter war unsichtbarer geworden. Sie schloß sich früher als zuvor in ihr Zimmer ein, der Staub lag fingerdick im Treppenhaus und jeden Abend gab es geschmorte Pflaumen zum Nachtisch.

Plötzlich hieß es, daß Dr. Graumann ausziehen würde. Mrs. Hunter war unzugänglich, und als Susan sie endlich stellte, gab sie zur Antwort: »Warum fragen Sie ihn nicht selbst?« Aber eines Morgens wurde sie mitteilsamer. Der Doktor habe Arbeitsgenehmigung erhalten. Arbeitsgenehmigung? Das Wort schlug wie eine Bombe ein. Gnom sagte: »Wie aus amtlicher Quelle verlautet, ist es der britischen Regierung gelungen, Professor Katzenpfötchen für den alliierten Kriegseinsatz zu gewinnen.« Niemand lachte. »Einer der ersten Refugees, die ärztlich arbeiten dürfen«, brummte Direktor Berger. »Graumann ist smart. Er wird seinen Weg machen.«

Katzenpfötchen wird wieder praktizieren. Der Sprung in die Wirklichkeit.

Ich sah Frau Blau an. »Darf ich Ihnen helfen, das Essen hinaufzutragen?« Ich ließ sie vorangehen, aber als sie mir vor dem Zimmer das Tablett abnehmen wollte, hielt ich hartnäckig daran fest und ohne um Erlaubnis zu fragen, stieß ich die Tür auf.

Im Bett lag ein Männchen, der Herr Geheimrat höchstpersönlich, und sah mich erstaunt an. »Entschuldigen Sie«, stotterte ich und lief davon.

Vor Katzenpfötchens Tür standen Koffer. Ich klopfte an. Der Doktor war bereits im Mantel. Ja, er wäre froh, endlich wieder arbeiten zu dürfen, obwohl es ihm nicht gelungen war, die Erlaubnis für eine eigene Praxis zu erlangen. Vielmehr habe er sich auf Kriegsdauer für eine Anstellung in einem Krankenhaus in Surrey verpflichten müssen. Die Laufereien und Verhandlungen der letzten Wochen hätten ihn kaum noch am Leben des Hauses teilnehmen lassen. Wirklich, er werde die gemeinsamen Gespräche vermissen.

Als ich ihn zur Haustür begleitete, kam Mrs. Hunter langsam die Treppe herunter. Sie hatte ein Sonntagskleid angezogen, die blaue Seide war bereits verschossen. Im Haar trug sie ein Band und ihre Backen waren röter denn je.

Dr. Graumann dankte ihr. Sie habe wie eine Mutter für ihn gesorgt und ohne ihre Pflege wäre ihm der Sprung zurück in seinen Beruf niemals gelungen. Mrs. Hunter gluckste kokett. »Und wer wird jetzt nach meinem Ischias sehen?« Surrey wäre ja nicht weit und er versprach, sie an seinen freien Tagen zu besuchen. Damit trat er aus dem Haus. Vor der Tür standen Milchflaschen. Er wollte sie aufheben, um sie in den Flur zu stellen. Mrs. Hunter riß sie ihm aus der Hand. »Nicht, tun Sie das nicht«, wimmerte sie, »so ist mein Mann gegangen, tun Sie das nicht, verschwunden für immer, weggelaufen mit einer vom Zirkus …«

Wir anderen blieben. Und warteten. Lange hatten wir nicht zu warten. Mai 1940. Die deutschen Armeen überrannten Belgien, Luxemburg, Holland, Frankreich. Im Sommer standen sie am Kanal. England bereitete sich auf eine Invasion vor. In Frankreich hatte die »Fünfte Kolonne« Panik unter der Bevölkerung angerichtet, den Eroberern den Weg gewiesen – Spione, Saboteure, eingeschleuste Agenten. Bald ging der Ruf durch ganz England: Fünfte Kolonne, Achtung vor der Fünften Kolonne! Tolle Gerüchte kursierten von merkwürdigen Lichtern nach der Verdunkelung, so als ob irgendwelche Leute deutschen Fallschirmspringern Zeichen machten. Genug Ausländer bewegten sich frei und unkontrolliert im Land, sogar genug Deutsche. Plötzlich hieß es in allen Zeitungen: »Interniert sie! Interniert sie alle! Intern the lot!«

So geschah es denn auch. Alle männlichen Angehörigen der Feindstaaten wurden in Internierungslager überführt.

Zwei Männer fragten nach mir in »Hunters' Lodge«. Bitte mitzukommen. Bitte zu packen. Ein kleiner Koffer genügt. Alles sehr höflich, bitte, danke. Wohin geht es? Bedauern, keine Auskunft geben zu können. Marianne stand dabei. Sie half mir packen. »'s ist Krieg, 's Krieg, Oh Gottes Engel wehre ...« Wie, wo? Bedauern, keine Auskunft. Wann, Marianne?

ISLE OF MAN

Ein Polizeioffizier, an dem die Reihen der Internierten vorbeidefilierten, sagte erstaunt: »Ich wußte gar nicht, daß so viele Juden Nazis sind.« Wer Glück hatte, kam auf die Isle of Man, die Insel halbwegs zwischen England und Irland. Ich hatte Anteil an jenem Glück, nachdem ich drei Tage auf der Tribüne einer Pferderennbahn – Kempton Park – zubringen mußte. Wer Pech hatte, wurde nach Kanada oder Australien verschickt. Aber nicht alle gelangten dorthin. Ende Juni 1940 wurde die »Arandora Star« unterwegs von deutschen U-Booten torpediert, im September 1940 die »City of Benares«. An Bord war auch Rudolf Olden, ehemaliger Redakteur des »Berliner Tageblatt« und Autor einer kritischen Hitler-Biographie.

Isle of Man. Vor kurzem habe ich die Insel wiedergesehen. Ein Dampfschiff hat mich hingebracht wie damals, nur daß es diesmal komfortabler war, nicht so zusammengepfercht wie im Sommer 1940, und ohne Eskorte von Soldaten mit aufgepflanzten Bajonetten. Der Strand war voller Feriengäste. Ich nahm einen Autobus, der den Hügel hinauffuhr zum Kurort Onkan. Onkan war der Platz unserer Internierung gewesen. Eigentlich kann ich nicht behaupten, daß ich ihn wiedererkannt habe: das Meer war noch da und der Blick aufs Meer, aber anstelle der kleinbürgerlichen anspruchslosen Häuschen, in denen wir gewohnt hatten, ragten moderne Hotels in den Himmel. Wo war die Wiese geblieben, auf der wir täglich auf und ab gingen?

Ich sehe ihn noch vor mir, den für uns »reservierten« Teil von Onkan. Man hatte zwei, drei Straßenzüge evakuiert, die Besitzer hatten ihre Pensionen und kleinen Hotels verlassen müssen, und so entstand ein Lager, durch einen zweifachen Stacheldraht von der übrigen Ortschaft abgetrennt. Durch den Zaun hindurch konnten wir das Meer sehen. Einmal am Tage kam das Postschiff. Seine dünne Rauchwolke stieg am Horizont auf, lange bevor es sichtbar wurde. Auf der Straße jenseits des Stacheldrahts ging manchmal ein Matrose mit seinem Mädchen, oder ein paar Kinder liefen entlang. Nachts hörte man die Brandung ans Ufer schlagen und das eintönige Rufen der Posten. Nur wenn in einem der Häuser nach 10 Uhr abends noch Licht war, brüllten sie: »Macht das verdammte Licht aus!«

Heiß war der Sommer, in dem Frankreich zusammenbrach; warm der Herbst, in dem der »Blitz« auf London begann, und jeder hatte seine eigene Sorge, die uns nicht ruhen ließ. Die Eltern saßen in Deutschland, und ich sollte sie nie wiedersehen; Marianne saß in London, und London brannte. Würde das Postschiff einen Brief bringen, über das Meer hinweg, über die Zensur hinweg, mindestens eine Woche alt, und jede Nacht spie der Hexenkessel von London Feuer und Tod. Und wir? Ganz einfach – wir spielten mit Katzen. Die Katzen der Isle of Man, die »Manx-Katzen«, sind außerordentliche Tiere: Katzen, die keinen Schwanz haben. Das gibt ihnen ein unfertiges, verstümmeltes Aussehen, so anders wie die anderen. Arme Manx-Katzen.

Mancher von uns litt unter Platzangst schon beim Anblick des Stacheldrahts. Der eine ängstigte sich um das Schicksal seiner Familie, der andere konnte den erzwungenen Müßiggang nicht ertragen. Es gab Fälle, wo die Nerven versagten. Einer erhängte sich im Badezimmer mit Hilfe eines Handtuchs, ein anderer rannte immer wieder gegen den Stacheldraht und zerfetzte sich. Und dennoch – »Während der sieben Monate meiner Internierung am Ufer jener Insel war der ärgerlichste Tag ein Vorgeschmack der Paradieswonne, verglichen mit dem angenehmsten in Hitlers Konzentrationslagern, deren etliche ich durchzukosten Gelegenheit hatte«, schrieb Dr. Kurt Hiller.

Ich kannte Hiller als ständigen Mitarbeiter der »Weltbühne«, hatte sein frühes Werk »Die Verwirklichung des Geistes im Staat« gelesen und war froh, daß er zu den etwa zwanzig Bewohnern meines Hauses gehörte. Er war eine einzigartige Persönlichkeit – Philosoph und Lyriker, Politiker und Polemiker, Aphorist und Prosaist, groß in seinem Haß und ehrwürdig vor dem Großen, ein glühender Bejaher und fanatischer Verneiner. Es gab keinen Mittelweg. In seinem hartgeschliffenen Stil blitzte und donnerte es. Er hatte viele Freunde, aber noch mehr Feinde, und daß ich bis zu seinem Tod im Jahre 1975 zu seinen Freunden zählte, obwohl wir in vielen Dingen auf verschiedenen Posten standen, habe ich möglicherweise der Tatsache zu verdanken, daß ich nicht nur für seine vielen Fehden, sondern auch für seine Lyrik Verständnis aufbrachte, die er seinen »Südpol« nannte.

Er las mir seine noch unveröffentlichten Gedichte vor, akzeptierte gern eine Korrektur, wenn auch mit einem witzigen Aperçu, und ich nahm seine Homoerotik als gegebenes Faktum an, ohne jemals mit ihm darüber zu sprechen, es sei denn über seinen Kampf für die Freiheit aller Sexualität. Seine Prosa bewegte sich auf dem »Nordpol«, in Bezirken, wo Politik und Politologie sich mischen.

Auf unseren Wandelwegen hinter dem Stacheldraht von Onkan sprach er von der Wandlung des Begriffs der Demokratie, unermüdlich, um mir seine Neuprägung dieses Konzeptes nahezubringen. Hiller hatte das liberale Element der Demokratie von dem Prinzip der Majorität abgelöst. Das eine – Diskussion, Recht der Persönlichkeit, Maximum an Freiheit – wäre die Weiterführung der Ideen Platons; das andere – die absolute Herrschaft der Mehrheit – eine Verfallserscheinung, die immer zum Sieg der Dummheit, ja sogar der Barbarei geführt hätte.

Seine Worte aus einem Porträt von Karl Kraus kennzeichnen auch ihn selber: »kritisch-analytisch, antidumpf, die Dummheit zersetzend, erlöserisch, klar und human« – so hat er gekämpft und gestritten; kompromißlos und unkompromittiert, parteiisch, aber nicht parteilich, mit dem Mut zum Nonkonformismus und zur Unpopularität. so ist es vielleicht zu erklären, daß Hiller in Deutschland heute fast vergessen ist, obwohl einige seiner Bücher wie »Köpfe und Tröpfe« und »Ratioaktiv« nach wie vor funkeln und glitzern und ihn als einen der besten Schreiber essayistischer Prosa erweisen.

Außer dem Nazismus und Faschismus hatte er einen Feind – den Kommunismus. Die Nazis hatten ihn im Berliner »Columbia-Haus« fast zu Tode gemartert – die Kommunisten hatten ihn verleumdet und denunziert. Es waren aber nicht nur persönliche Erfahrungen, die ihn schon bei Nennung dieses Namens rot sehen ließen: ihren falschen Interpretationen des Materialismus und des ökonomischen Determinismus setzte er den »freiheitlichen Sozialismus« entgegen, in dem der menschliche Wille, die Idee, der Geist vorherrschend ist.

Im September 1940, kurz bevor ich aus der Internierung entlassen worden war, hielt er in Onkan einen Vortrag »Der Sinn des Lebens«, in dem vieles aus unseren Gesprächen mitklang. Vernünftig, so formulierte er, sei allererst Leidabwehr und Lustgewinn. Den Genuß schmähen, das Glück schlechtmachen, das sei die perverse Gewohnheit der Mucker aller Zeiten und Zonen. Im Glück etwas Niedriges zu sehen, käme der Lästerung des Lebens gleich. Das Wunder des Lebens sei die Schönheit, und nur eines überträfe an Erhabenheit den Kultus des Schönen: die Schöpfung des Schönen.

Wir hatten im Lager unsere eigenen kleinen Sensationen. Eines Tages hieß es, unter uns sei jener Erfolgsautor, der unter dem Pseudonym B. Traven weltbekannte Bestseller geschrieben hatte, allen voran »Das Totenschiff«. An einem bestimmten Nachmittag wollte er sich seinen Lagergenossen vorstellen. Eine Stunde vor der angesagten Zeit war im Speisesaal des betreffenden Hauses kein Platz mehr zu haben. Endlich kam er, der ungeduldig Erwartete, ein schwammigdicker Mann von etwa 40 Jahren und einer massiven Erscheinung, der sich Jack Bilbo nannte und unter diesem Namen zwei Erfolgsromane veröffentlicht hatte. Von einem Lagergenossen kurz eingeführt, behauptete er, wir wären Zeugen eines großen literarischen Ereignisses: zum ersten Mal verließe er das mysteriöse Dunkel seiner schriftstellerischen Existenz und enthülle seine wirkliche Identität. Anläßlich dieser Gelegenheit war sogar ein Telegramm im Lager eingegangen, adressiert an Mr. B. Traven.

Die Fortsetzung hört sich anders an. Einer der Lagerinsassen wandte sich an den Londoner Verleger von Traven und erhielt die Auskunft, es müsse sich um einen Irrtum handeln: der Autor, wiewohl in strengste Anonymität gehüllt, lebe in Mexico, wohin ihm auch die Tantiemen überwiesen würden. Und die Sache mit dem Telegramm ließe sich ganz einfach erklären: Jack Bilbo habe es durch einen Mittelsmann an sich selber aufgegeben. Das Rätsel ist inzwischen gelöst worden. Der richtige Name von Traven war Ret Marut, weit davon entfernt, mit Jack Bilbo verwandt, verschwägert, geschweige denn identisch zu sein.

Von meiner Schlafstelle, einer Matratze auf dem Boden gegenüber dem Fenster, konnte ich den Mond sehen. Noch drei andere lagen im Zimmer. Schlaf – wie Schlaf diese Männer veränderte. Bei Tage waren sie indifferent oder machten Witze, manchmal sprachen sie zuviel und manchmal schwiegen sie zu lange. Aber nachts – das Stöhnen aus ihrem Schlaf verriet sie. In Deutschland hatten sie in Konzentrationslagern gelitten und gewußt: so bekämpft ein System seine Feinde. Hier litten sie, weil sie wußten: so behandelt ein System seine Freunde. Nacht für Nacht ging das Trap Trap der Posten durch meinen Schlaf und ihr Ruf »Nr. 5 – all's well – alles in Ordnung«; »Nr. 6 – all's well«. Stunde für Stunde, von Mund zu Mund, von Posten zu Posten. Eine ungebrochene Kette von Wachtürmen, Patrouillen und Stacheldraht zwischen Gefangenschaft und Freiheit, zwischen uns und der Welt, »Alles in Ordnung« – in dieser Zeit des Chaos.

Am 10. Juli 1940 – die Luftschlacht um England hatte ihren Höhepunkt noch nicht erreicht – tobte im Parlament die Debatte um die Freilassung der Internierten. Eleanor

Rathbone, Abgeordnete für Liverpool, der man anerkennend den Beinamen »Mitglied des Unterhauses für Flüchtlinge« gegeben hatte, eröffnete die Debatte. Ihr zur Seite standen zwei weitere Gründer des »Parlamentarischen Flüchtlingsausschusses« – Oberst Victor Cazalet und Lord Wedgwood. Es war eine denkwürdige Stunde damals im Unterhaus. Draußen fielen deutsche Bomben und drinnen hatte man nichts Wichtigeres zu tun, als über die Freilassung internierter Deutscher zu debattieren. Schon zuvor hatte sich der betagte H.G. Wells mit besonderer Heftigkeit gegen den Irrtum der Internierung von Antinazis geäußert.

Ich werde ihn nicht vergessen, den Tag meiner Entlassung. Morgengrauen. Die Sterne waren noch da. Hiller und ein paar andere begleiteten mich zum Tor. Dort gebot ihnen eine zweifache Schranke von Stacheldraht Halt, eine Barriere, mächtiger als die Beziehung von Mensch zu Mensch. Ein Sergeant rief die Namen der paar Männer auf, die passieren durften. In diesem Augenblick blies eine Trompete zum Wecken, wie jeden Morgen. Der Ton entfernte sich und wurde dünner, als der Trompeter von Haus zu Haus ging, die Lagerstraße entlang, die ich unzählige Mal geschritten war. Nun stand ich auf der anderen Seite des Tores. Mein Koffer war bereits dort. Durch wie viele Tore habe ich ihn getragen, durch wie viele Bahnhöfe und Häfen, über wie viele Grenzen ins grenzenlos Unbekannte? Dieses Stück Gepäck, verschlissen und zerrissen, mit Kratzern und Beulen war mir Tisch und Schrank und Stuhl und Kissen. Hinter dem Stacheldraht winkten mir Hände zu. Dann nahm ich meinen Koffer und ging den Weg zum Hafen.

IM DIENSTE SEINER MAJESTÄT

Der Zweite Weltkrieg war ein Bürgerkrieg in internationalem Ausmaß. Die freien Franzosen haben unter de Gaulle auf alliierter Seite gegen das Frankreich des Marschalls Pétain gekämpft, die freien Tschechen, Polen und Jugoslawen gegen die Systeme in ihren Ländern. Den Juden hatten die Nazis den totalen Krieg angesagt; die deutsche Staatsangehörigkeit, selbst das Eiserne Kreuz, bewahrte sie nicht davor, in Auschwitz von ihren eigenen Landsleuten auf behördlichen Befehl vergast zu werden.

»Ich kenne das Risiko«, so lautete die letzte Zeile einer Erklärung, die ich unterschreiben mußte, bevor ich als Freiwilliger im britischen Heer angenommen wurde. Das Risiko war eindeutig: wenn einer von uns in Gefangenschaft geriete, würde er sofort erschossen werden. Das mußten wir wissen. Nach deutscher Auffassung, obwohl ausgebürgert, galten wir als Landesverräter; nach den Gegebenheiten der Zeit bildeten wir eine Klasse für sich – Verfolgte des Nazismus; nach sittlichem Gesetz handelten wir in Notwehr. Unserer Überzeugung nach kämpften wir nicht gegen Deutschland, sondern gegen das Regime; nicht gegen unsere ehemalige Heimat, sondern für sie, um mitzuhelfen, sie von der Herrschaft des Barbarismus zu befreien.

Wiederum, wie schon zuvor, war den Briten unsere Zwitterstellung nicht ganz geheuer. Um vorsichtig zu Werk zu gehen, wurden besondere Kompanien mit diesen deutschen Flüchtlingen zusammengestellt, eine Art von »Fremdenlegion« im Rahmen des Pionierkorps. Nur die Offiziere und andere Vorgesetzte waren britisch. Diese Ausländer wollte man nicht der kämpfenden Truppe zuteilen – aus zwei Gründen: um sie nicht zu gefährden, falls sie in Gefangenschaft fielen und dann, weil man ihnen vielleicht doch nicht ganz traute. Ein englisches Sprichwort verfolgte uns: »Once a German, always a German« – »Einmal ein Deutscher – immer ein Deutscher«. Unsere Bewaffnung war spärlich – auf ungefähr drei Leute kam ein Gewehr; gerade ausreichend, um sich gegen einen tollen Hund zu wehren.

Ich wurde in Ilfracombe, einem kleinen Ort in Devonshire in Südwest-England ausgebildet. Der übliche Drill, links, rechts, links, rechts. Marschieren lernten wir. Auch schießen. Allerdings mit einer kleinen Einschränkung: die

Gewehre mußten nach jeder Übung zurückgegeben werden. Eines Tages machte in der Kantine eine ältere Dame freiwillig Dienst. Sie bemerkte meinen Akzent und fragte, woher ich käme. Ich schaute mich um – Soldaten aus verschiedenen Regimentern, aus England, Schottland, Nordirland, Wales. Wenn ich sagte, ich komme aus Deutschland, könnte es einen Aufruhr geben. Vielleicht würde die Dame aufschreien, mich für einen Spion halten, für eine sinistre Gestalt aus der »Fünften Kolonne«. Das wollte ich der liebenswürdigen Helferin – und mir – nicht antun. »Ich bin aus Österreich«, antwortete ich. Österreich schien mir ein mildernder Umstand. Auf Englisch heißt Österreich »Austria«, was fast so klingt wie Australia, Australien. Und tatsächlich rief sie aus: »Australien, wie interessant!« Ich beließ es dabei.

Dann hielt man uns für voll ausgebildete Soldaten und schickte uns nach Wales, an die Küste. Wir schippten und schippten, wie damals in Richborough, mit dem Unterschied, daß wir diesmal Löcher ausgraben mußten, in die Minen gelegt wurden – falls es zu einer deutschen Invasion käme. Mir schien, daß man uns in die Verbannung der Langeweile abgeschoben hatte, weil man nichts Vernünftiges mit uns anzufangen wußte. Langeweile kann tödlich sein, eines Tages explodierte eine Mine und zerriß zwei von unseren Leuten.

Nachts mußten wir im Turnus Wache schieben. Nach langem hielt ich wieder ein Gewehr in der Hand. Es war still des Nachts, nichts war zu hören als das Rascheln der Bäume. Wenn jemand käme, hätte ich nach vorgeschriebener, uns eingebläuter Formel zu rufen: »Halt! Wer geht da? Freund oder Feind?« So weit, so gut. Nur hatte man versäumt, uns einzutrichtern, was tun, falls die höfliche Antwort lautete: »Feind!«

Unsere Kompanie wurde nach Liverpool verlegt. »Freude schöner Götterfunken!« Endlich eine Stadt, sogar Großstadt mit Kinos, Theater, Musik. Zurück in die Zivilisation. So dachten wir. Der geschäftige Hafen, einer der wichtigsten Großbritanniens, war gespickt mit Speichern, Lagerhäusern,

Depots voller Getreide, Mehl, Zucker, Reis – tristen Kästen fünf, sechs Stockwerke hoch, die man über Wendeltreppen erreichte. Nacht für Nacht hatten wir Dienst im Hafen. Am Nachmittag mußten wir in Gruppen zu je drei Mann die Wendeltreppen hinaufklettern, um die Vorratskammern Englands zu schützen. Wovor, war nicht ganz klar. Wir schliefen gleich unterm Dach auf Stroh, und wir waren nicht allein. Auf uns und neben uns huschte und wimmelte es: Ratten. Nach einiger Zeit gewöhnten sich die Ratten an uns, und wir an sie. Diese Koexistenz wurde gestört, wann immer die Sirenen vor einem deutschen Luftangriff warnten. Es kam vor, daß die Bomber am Ende ein anderes Ziel ansteuerten und Liverpool verschont blieb.

Aber manchmal brach die Hölle los. Bei jedem Alarm hatten wir uns auf das Dach zu begeben, ausgerüstet mit einem Wassereimer und einer Handpumpe, um Brände zu löschen, und bewaffnet mit je einem Gewehr, um Flugzeuge abzuschießen. Wenn die Bomben fielen und das Flakfeuer der Abwehr dazwischenfunkte, sahen wir uns in einem Hagel von Geschossen, Raketen, Kugeln, Granatsplittern. Es blieben zwei Möglichkeiten – uns flach aufs Dach zu legen, den Stahlhelm tief ins Gesicht gestülpt, oder wild die Wendeltreppen hinunterzurasen, auf die Straße. Dort ging unser Hauptmann verstört auf und ab, um die Gruppen von je drei Mann, die auf den Dächern abgeschnitten waren, einzusammeln.

Um diese Zeit plante Marianne mich zu besuchen, nicht im bombengeplagten Liverpool, sondern im etwa eine Bahnstunde entfernten Manchester. Ich erhielt 24 Stunden Urlaub. Es war Winter, und als ich am Nachmittag in Manchester ankam, war es bereits finster. Marianne erwartete mich am Bahnhof. Selbst wenn wir die Stadt gekannt hätten, die Verdunkelung hatte sie ausgelöscht. Mit Mühe erfragten wir uns einen Weg zum Hotel, offenbar einem Gasthof für Handelsreisende, wo wir eine Unterkunft gebucht hatten. Vor dem Hotel lag ein großer, leerer Platz, so schien es, denn es waren keine Häuser sichtbar, kein Café, kein Restaurant. »Nichts ist so dunkel, einst wird's offenbar«. Gerhart Hauptmanns »Armer Heinrich« hatte mehr Zeit als wir. Wir konnten nicht auf die Offenbarung warten. Wir waren ausgeschlossen von dem Draußen. Vielleicht existierte kein Draußen mehr. Zum Glück gab es im Hotel zu essen, zum Glück hatte Marianne als Reiselektüre Rilkes »Die Weise von Liebe und Tod« mitgebracht. »Reiten, reiten, durch den Tag, durch die Nacht, reiten, reiten ...« Der Rhythmus dieser Worte begleitete uns in den Schlaf wie ein Wiegenlied für verlorene Kinder. Verloren im Unbekannten, das um uns herum lauerte, verloren in der Ungewißheit vor dem Kommenden. Die Wärme, die wir einander geben konnten, wurde von einem kalten Wintermorgen verweht. Damals beschlossen wir, zu heiraten, was seinerzeit noch populär war, und bei einem meiner nächsten Urlaube unterwarfen wir uns der Zeremonie.

Noch zur Osterzeit, während des jüdischen Übergangsfestes, Pessach, war ich in Liverpool stationiert, und die jüdischen Mitglieder der Kompanie wurden eingeladen, von der Gastfreundlichkeit jüdischer Familien Gebrauch zu machen. Man mußte sich in eine Liste eintragen, und kurz vor dem Seder-Abend, dem festlichen Abendessen, an dem die Geschichte des Auszugs der Kinder Israels aus Ägypten, rezitiert, gesungen und erzählt wird, wurde mitgeteilt, wo und wann jeder von uns sich einzufinden hätte. Ich erforschte rechtzeitig, wo die Straße meiner Gastgeber gelegen war, putzte die Knöpfe meiner Uniform, die Gürtelschnalle, die Stiefel. Dann war es soweit. Gestriegelt und gebügelt läutete ich an der Tür einer Villa, um an einem gedeckten Tisch den Geschichten und Melodien meiner Kindheit zuzuhören. Ich läutete noch einmal. Eine Dame öffnete, offenbar die Hausfrau, und sagte: »Ich bedaure sehr, aber mein Sohn ist plötzlich gekommen«, und schlug die Tür wieder zu.

Nach alter Sitte sind an jenem Abend jüdische Häuser für Gäste offen, jeder ist willkommen, an der traditionellen Feier teilzunehmen. Der allgemeine Brauch half mir nicht. Ich stand vor einem geschlossenen Tor und konnte nur darüber nachdenken, warum gerade in jenem Hause, das mir unbekannt war, für einen Soldaten kein Stuhl am gedeckten Tisch frei war. Der Zwischenfall hätte mich kaum berührt, wenn ich nicht damals zu subfebrilen Temperaturen geneigt hätte, ich wollte nicht zur Kompanie zurück, fühlte mich verraten, und die Fragen nach dem Verlauf des Abends wären mir lästig gewesen. So ging ich durch die Straßen, zwei Stunden, drei Stunden, und ich fühlte nicht nur den Ärger, sondern das Fieber in mir steigen. Am nächsten Morgen stellte der Arzt fest, daß ich in eine Militär-Heilstätte, Pepworth bei Cambridge, eingeliefert werden müßte. Die Tb war aufgeflackert und die nächsten Wochen verbrachte ich im Liegestuhl auf einer Veranda. Es ergab sich, daß um dieselbe Zeit Marianne sich auf ihre Lehramtsprüfung in Cambridge vorbereitete. Wir konnten uns öfter sehen, und nach einigen Monaten befanden die Ärzte, es wäre besser für meinen Gesundheitszustand und besser für die Armee, wenn ich ins Zivilleben zurückkehren würde, wobei sie außer acht ließen, daß man nur dorthin zurückkehren kann, woher man kommt, und von einem Zivilleben in England konnte in meinem Fall kaum die Rede sein. »Er war ein guter Soldat während seiner Dienstzeit«, bestätigte mir das Zeugnis meiner Entlassung.

»BOMBENERFOLG«

Als demobilisierter Soldat brauchte ich keine besondere Arbeitserlaubnis. Was ich brauchte, war Arbeit. »Kreuz der Straße, ist dies das End?«, fragte Stefan George. Ich stand am Kreuz der Straße. Aber es war ein Beginnen. Ob ich die richtige Wahl traf, weiß ich bis zum heutigen Tage nicht. Ich konnte mich bei der deutschen Abteilung der BBC bewerben, die während des Krieges eine wichtige Rolle spielte, und alle Zeichen sprachen dafür, daß meine Chancen nicht schlecht waren. Aber Freunde aus Berlin, inzwischen im zionistischen »Establishment« in London groß geworden, redeten mir zu, mich um eine Stelle in der Aufklärungsarbeit der Vereinigten Zionistischen Fonds zu bemühen, und es dauerte nicht lange, bis ich ihre Informationsabteilung übernahm. Unser Büro lag in der Southampton Row, benachbart dem Hauptquartier der Zionistischen Weltexekutive in Great Russell Street, wo Dr. Chaim Weizmann, später erster Präsident von Israel, und Mosche Sharett, später Israels erster Außenminister, ihren Sitz hatten, sowie viele andere, die nach 1948 die Führung des jüdischen Staates übernehmen sollten.

Da die jüdische Bevölkerung Palästinas, das unter britischer Mandatsverwaltung stand, kein Recht hatte, Steuern zu erheben, war die Erweiterung ihrer landwirtschaftlichen und industriellen Basis ganz auf private Initiative gestellt. Die halbe Million palästinensischer Juden konnte das finanziell nicht bewältigen, und so war es die Aufgabe der zionistischen Fonds, Gelder für Einwanderung und Ansiedlung, Landurbarmachung und Schaffung einer ökonomischen Infrastruktur mittels Spenden in Amerika und Großbritannien aufzubringen. Um die Gebefreudigkeit jüdischer Menschen anzuregen, mußte das Aufbauwerk in Palästina in einer Weise dargestellt werden, die ihre humanitären und sozialen Gefühle ansprach, insbesondere wenn es darum ging, Flüchtlingen aus Europa eine Heimat zu verschaffen. Wir hielten uns jedoch von der Aura der »Wohltätigkeit« fern und appellierten an ihren Stolz, an einem konstruktiven Werk des Aufbaus einer Gemeinschaft mitzuhelfen, deren jüdische Identität offen zutage lag. Damals war die Idee eines jüdischen Staates noch kontrovers und kam in unserer Werbearbeit nicht zum Ausdruck.

Ich begann meine Tätigkeit zu einer Zeit der Spannung zwischen der britischen Regierung und den Zionisten, die sich von Jahr zu Jahr verschärfte, bis zur Gründung Israels 1948.

Überall, wo sich Juden frei äußern konnten, löste die restriktive Einwanderungspolitik der Mandatsverwaltung und des britischen Kolonialministeriums, um die Gunst der Araber bemüht, tiefe Ressentiments aus. Zehntausende jüdischer Flüchtlinge, die auf seeuntüchtigen kleinen Schiffen ohne Visa die Küste Palästinas zu erreichen suchten, wurden von der britischen Flotte aufgebracht und zurückgewiesen – in Lager auf Zypern verschleppt oder auf die Insel Mauritius deportiert. 2000 solcher Menschen kamen dabei ums Leben. Am denkwürdigsten war 1942 der Untergang der »Struma« im Bosporus mit dem Tod aller Passagiere – 786.

Während Weizmann, Ben Gurion und nichtjüdische Freunde des jüdischen Volkes gegen diese tödliche Politik protestierten, beließen es Gruppen der palästinensischen Judenheit nicht bei Protesten. Sie wollten, im Gegensatz zur mehrheitlichen Meinung, die Briten mit terroristischen Mitteln zum Abzug aus Palästina zwingen. Damit stand die britische Judenheit zwischen Hammer und Amboß. Solange sie die Politik ihrer Regierung als inhuman brandmarkte, konnte sie sich mit Recht als Sprecher für menschliche Werte und Maßstäbe fühlen. In dem Augenblick, da jüdische Gruppen in Palästina selber inhuman wurden und mit mörderischem Terror gegen die Briten vorgingen, sah sie sich in die Verteidigung gedrängt.

In Palästina wurden britische Polizeistationen angegriffen, britische Soldaten entführt, der britische Repräsentant im Nahen Osten, Lord Moyne, ermordet. Obwohl sich die zionistische Führung immer wieder von den Extremisten distanzierte und ihre Untaten verdammte, antwortete die Mandatsverwaltung mit nicht weniger grausamen Mitteln – jüdische Terroristen wurden erhängt, erschossen, auch Unbeteiligte verloren ihr Leben, und über ganze Ortschaften wurde das Standrecht verhängt. Den Höhepunkt erreichte der jüdische Terror mit der Sprengung des »King David Hotel« in Jerusalem, Juli 1946, dem Sitz der britischen Geheimdienste und Zivilverwaltung, die 91 Opfer forderte – Briten, Araber und Juden.

Auf britischer Seite überschritt man die offiziellen Strafmaßnahmen. Unter einem Captain Farran bildete sich eine britische Terrortruppe, die Chaos im jüdischen Teil Jerusalems anrichtete – Bomben im Geschäftsviertel legte, das Gebäude der Zionistischen Organisation sprengte und das Haus der Tageszeitung »Jerusalem Post« zerstörte ... Terror von beiden Seiten.

Aber wegen einer fanatischen Minderheit durfte die jüdische Bevölkerung Palästinas in ihrer Mehrheit nicht im Stich gelassen werden, auch wenn sich die Formen unserer Arbeit kaum mit der Realität sowohl hier wie drüben vereinen ließen.

Die jüdischen Bürger Englands, deren eigene Söhne an allen Kriegsfronten standen, ließen sich trotzdem nur in einem komfortablen Ambiente ansprechen, und wenn man Spenden erwartete, mußte man im Savoy, Dorchester oder Grosvenor, den Luxushotels Londons, ein entsprechendes Dinner anbieten und einen prominenten Gast einladen, um die Notwendigkeit für die finanzielle Unterstützung des jüdischen Palästina zu unterstreichen. Es kamen Persönlichkeiten aus Amerika und Palästina, Kanada und Südafrika, Australien und natürlich in erster Linie britische Redner, um sich dieser Aufgabe mit Elan und Überredungskraft zu unterziehen, wie z.B. General Smuts aus Südafrika, Golda Meir und Levi Eshkol – künftige Ministerpräsidenten Israels – aus Palästina, Lord Samuel, der erste britische Hochkommissar Palästinas, und bekannte Schriftsteller und Künstler aus Amerika. Galabälle mit Tombolas wurden veranstaltet, Theater im Westend für besondere Aufführungen gemietet – der Gegensatz zwischen Krieg und Opfermut: Terror und Grausamkeit, und der Art und Weise der Spendenaufbringung war eklatant – und manchmal peinlich.

Selbst in der Wochenzeitschrift, die ich herausgab, ließ sich diese Diskrepanz nicht mehr übertünchen. Die beiden Ehrenvorsitzenden der Fonds, Simon Marks (später Sir Simon) und Israel Sieff (später Lord Sieff), die Direktoren des Marks & Spencer Konzerns, denen wir wöchentlich Bericht zu erstatten hatten, waren sich dieser Widersprüchlichkeit bewußt, und bestanden dennoch darauf, im Einvernehmen mit Chaim Weizmann, mit diesem Appell an die Gewissen der jüdischen Menschen fortzufahren – es gab keinen anderen Weg, hohe Summen aufzubringen, und zuviel stand auf dem Spiel, um in jenen Stunden der Entscheidung mit der bewährten Routine zu brechen.

Der Gegensatz zwischen Form und Substanz, zwischen Weg und Ziel unserer Arbeit war nicht die einzige Diskrepanz. Weizmann setzte in seiner Politik nach wie vor auf die britische Karte, trotz aller Rückschläge und Enttäuschungen verlor er nicht seinen Glauben an die britische Fairness. Ben Gurion dagegen war um eine Loslösung von der britischen Bevormundung bemüht und forderte bereits 1942 in einer New Yorker Konferenz die Errichtung eines jüdischen Staates. Diese Rivalität schwächte die zionistische Sache, wenn auch in England nicht unmittelbar spürbar: die britische Judenheit, auf verlorenem Posten, hielt bis zum bitteren Ende zu Weizmann. Wie läßt sich die Situation umreißen? Auf der einen Seite stand Roosevelt, der nicht hielt, was er versprach, und auf der anderen Seite Britannien, das nichts versprach und sich daran hielt.

Wir hatten eine Wohnung in Hampstead gemietet, nicht weit von Finchley Road, eine Gegend, die von jüdischen Emigranten aus Deutschland bevorzugt wurde und wo man kontinentale Cafés und Restaurants finden konnte. 1944 wurde das Jahr unseres größten privaten Erfolges – unser Sohn Michael wurde geboren, heute Politologe in Oxford und Autor viel zitierter Werke der politischen Theorie, nicht nur Wissenschaftler, sondern ein Sohn, der mit uns beiden eng verbunden ist.

1944 war auch in anderer Beziehung ein Jahr der Sternstunden. Im Februar hatte es noch schwere Bombenangriffe auf London gegeben; im März schwenkten die Deutschen um und setzten ihre Luftwaffe gegen die englische Südküste ein. Es gab keinen Fliegeralarm in der Stadt, aber an Schlaf war nicht zu denken. Nacht für Nacht vibrierten die Häuser von unaufhörlichen Geleitzügen, die die Straßen entlang rollten, von Norden nach Süden, immer von Norden nach

Süden, Wochen und Monate hindurch. Wenn man spät abends nach Hause kam, konnte man sie sehen, jene gespenstischen Karawanen, die sich nur im Dunkeln bewegten, tiefe Löcher in den Asphalt reißend, mit amphibischen Ungeheuern und Phantasie-Maschinen, wie man sie noch nie erblickt hatte. In den nächtlichen Straßen, nur vom Mond beleuchtet, ging eine unheimliche Drohung von ihnen aus. Ihr Weg führte nach Süden. Und über der Südküste hatten die Deutschen ihre Bomber konzentriert.

Die alliierte Invasion des europäischen Kontinents stand bevor. Jeder wußte es. Nur das Wo und Wann waren unbekannt. Man betrachtete das Wetter und sagte: Vielleicht. Man vergewisserte sich der Gezeiten von Ebbe und Flut, und dachte: Vielleicht. Man studierte das Auf und Ab des Mondes und mutmaßte: Vielleicht. Wie auf geheime Verabredung verschwand die Invasion als Gesprächsthema. Immer daran denken, nie davon sprechen.

Die deutsche Propaganda, die wir in englischer Sprache über den Rundfunk hörten, betonte zwei Momente: den Atlantikwall, der als undurchdringlich dargestellt wurde; und eine furchtbare Geheimwaffe, die Hitler rücksichtslos gegen London einzusetzen drohte, sollten die Alliierten es wagen, vom Westen her den Kontinent anzugreifen.

In den Zeitungen mehrten sich die Nachrichten, kurze lakonische Kommuniqués, daß die Royal Air Force ausgeschickt wurde, um »Installationen« an der französischen Küste zu attackieren. Installationen? Das Wort wiederholte sich ominös. Hier und da erschienen in der Presse Meldungen über die große Überraschung, die Hitler als Antwort auf eine etwaige Invasion plane.

Schon seit Mitte Mai hatte man tagtäglich gedacht, heute geht's los mit der Invasion. Als die ersten Nachrichten ihres Beginns am 6. Juni durchkamen, hatten sie deshalb etwas an dramatischer Schlagkraft eingebüßt – bis sich das Gesamtbild jener gewaltigen Expedition abzeichnete. Der Himmel war schwarz von Maschinen, die Welle auf Welle Bomben, Soldaten und Material hinübertrugen, und vom Westen eilten mächtige alliierte Flotteneinheiten in den Kanal. Niemand konnte an jenem Sommertag ahnen, daß ihm noch elf Monate blutigen Ringens folgen würden – Caen und die Ardennen, Arnheim und der Rhein. In London blieb alles ruhig. Fünf Tage lang.

In der Nacht vom 10. zum 11. Juni heulten nach längerer Zeit zum ersten Mal wieder die Sirenen. Man hörte jedoch nicht das Geräusch der deutschen Motoren, man hörte keine Bombeneinschläge, und kaum Luftabwehr. Allerdings gab es auch kein »All Clear«, keine Entwarnung. In einer so ruhigen Nacht kümmerte sich niemand darum und ging schlafen.

Am nächsten Morgen suchte mich der Schriftsteller Ralph L. Finn im Büro auf, um mir seinen neuesten Roman – den neunten – zu überreichen, »The Lunatic, The Lover and The Poet«. Ich bat ihn um eine Widmung, aber sein Schweigen irritierte mich.

»Was sagen Sie zur vergangenen Nacht?«, fragte er, als er mir das Buch signiert zurückgab.

»Jemand hat vergessen, das Entwarnungssignal zu geben«, antwortete ich.

Finn sah blaß und unausgeschlafen aus. »Die ersten pilotenlosen Flugzeuge«, sagte er. »Die meisten sind runtergegangen, bevor sie die Stadtgrenze erreichten, aber in einigen südöstlichen Vorstädten hat es Schaden gegeben.« Das also war Hitlers Geheimwaffe, dachte ich und fühlte so etwas wie Erleichterung – wenn das alles ist!

Es war aber nicht alles.

Die erste Nacht war nichts als ein Experiment. Die Deutschen hatten noch nicht den richtigen Radius gefunden und nur wenige Maschinen hinübergeschickt, um sich einzuschießen. Im Lauf der nächsten zwei Tage war die Schlacht gegen London bereits in vollem Gange, die zweite Schlacht. Diese hier war unheimlicher als der »Blitz« von 1940: die ferngesteuerten Roboter, die »V 1«, die »Fliegenden Bomben«, die Tag und Nacht, Nacht und Tag über London kreisten, hatten dem Luftkrieg das letzte »Menschliche« genommen, nämlich den Piloten, der ebenso Nerven hat wie die

166

Menschen unten, die er bombt. Jene Höllenmaschinen, von Düsen getrieben, die wie rote Fackeln am Himmel hingen, sahen aus wie Erscheinungen aus der Apokalypse.

Die Londoner verfolgten die Fortschritte der Alliierten Armeen mit besonderem Interesse: wann würde es ihnen gelingen, an die Kanalküste vorzustoßen und die Basen der »Fliegenden Bomben« zu zerstören? Es vergingen darüber Wochen und Monate, und nach dem ersten Schock gewöhnte man sich daran, nachts im Luftschutzkeller zu schlafen und tags zu versuchen, mit heiler Haut davonzukommen. Je mehr Zeit verstrich, desto weniger gelang es den Robotern, nach London durchzudringen. Denn inzwischen hatte sich die britische Abwehr auf die verhältnismäßig langsam fliegenden Höllenmaschinen eingeschossen, und ihr roter Schweif erleichterte auch bei Dunkelheit das Zielen.

Endlich kam der langersehnte Augenblick, da die Alliierten die französische Küste mit ihren ominösen »Installationen« eroberten. Aber in gewisser Hinsicht kam er zu spät. Er brachte keine Erleichterung für die geplagte Stadt. Denn inzwischen hatte Hitler seine zweite »Wunderwaffe« eingesetzt, die vom Harz abgeschossen wurde: »V 2«, die Raketenbombe. Vom Harz waren die Alliierten noch weit entfernt. Die Raketen waren wesentlich gefährlicher als die »Fliegenden Bomben«. Ihre Überschallgeschwindigkeit machte Luftwarnungen unmöglich, sie rasten in einer Höhe von zigtausend Metern durch die Luft und kamen dann so steil herunter, daß die damals konventionelle Abwehr sich gegen sie als wirkungslos erwies. Ihr Zerstörungsradius war darüberhinaus weit größer.

Der Organismus einer Stadt und eines Menschen gewöhnt sich an alles: nach den ersten Tagen der Unruhe schien es durchaus an der Ordnung, wenn plötzlich irgendwo eine furchtbare Detonation erfolgte. Das Haus erzitterte, die Scheiben sprangen, man stellte fest, daß man lebte – und ging zur Tagesordnung über. Man hatte mindestens wieder eine bis zwei Stunden Leben vor sich – das waren die Abstände, in denen die Raketen fielen.

Das Bombardement Londons durch die »Fliegenden Bomben« und durch die Raketen dauerte von Juni 1944 bis März 1945. Ungefähr 50.000 seiner Einwohner wurden getötet, hunderttausende verletzt, und fast die Hälfte seines gewaltigen Häusermeeres beschädigt oder zerstört. Aber genau so wenig wie der »Atlantikwall« standhielt, konnten sich die »Wunderwaffen« behaupten. Der damalige Innenminister Herbert Morrison hatte bereits nach den ersten Tagen der »Fliegenden Bomben« vorausgesagt, daß die Heimsuchung viele Monate dauern würde und allen, deren Anwesenheit nicht notwendig war, geraten, die Hauptstadt zu verlassen. Die Evakuierung erfolgte in weit kleinerem Umfang als jene erste in den Herbsttagen 1939. Marianne und das Kind waren bei Bekannten in Cambridge untergekommen, wo ich sie am Wochenende besuchte.

Die Fabriken arbeiteten weiter, die Büros – auch unsere – hallten wider vom Geknatter der Schreibmaschinen, die Geschäfte blieben offen, die Theater und Kinos spielten, und die Nachtlokale waren überfüllt – während der neun Monate ununterbrochener Bombardements. Denn Hitler hatte nicht gewußt, daß es noch eine andere Wunderwaffe gab, jenseits der Bomben und Raketen – die Moral und Entschlußkraft eines freien Volkes, das seine Nerven nicht verliert.

SEELENWANDERUNG

Drei Seelen wohnten, ach! in meiner Brust und keine wollt' sich von den andern trennen – für England habe ich mich geschlagen, mit dem Judentum schlug ich mich herum und in Deutschland wäre ich erschlagen worden, hätte ich es nicht rechtzeitig verlassen. Ich fuhr zwar vom Anhalter Bahnhof in Berlin nach England ab, aber Eisenbahn und Schiff sind Verkehrsmittel, nicht eine Weltanschauung. Nun schrieb ich Englisch, im Büro für die Zionisten, und zu Hause an einer Novelle und einem Roman. Die Novelle war bereits in Deutschland erschienen, hieß ursprünglich »Kant hat Nein gesagt«, mußte damals umbenannt werden in »Der Tod des Salomon Maimon«, da ein Jude den Namen Kant nicht in den Mund oder in die Feder, bestimmt nicht in die Schreibmaschine nehmen durfte.

Nachdem ich ein Kapitel daraus in der »Gruppe Unabhängiger Deutscher Autoren« (GUDA) – trotz allem betrachtete ich mich noch immer als deutscher Autor – in London vorgelesen hatte, sagte mir Bernhard Menne, später Chefredakteur der »Welt am Sonntag«: »Das klingt wie aus einer anderen Welt. Sie leben auf einer Insel.« Salomon Maimon war ein Zeitgenosse von Moses Mendelssohn, kam aus dem Osten, und als ihm, ermutigt von Goethe, der Durchbruch in die deutsche Kultur fast gelungen war, wurde er von Kant zurückgewiesen.

Kurt Hiller hatte die GUDA geschaffen, weil der »Freie Deutsche Kulturbund« in London ein Instrument der Kommunisten geworden war und sein Vorsitzender Oskar Kokoschka nichts dagegen tat – andere, wie Alfred Kerr, waren ausgetreten, nachdem rote Funktionäre das Unternehmen an sich gerissen hatten. Die GUDA konnte mit dem Apparat des Deutschen Kulturbundes nicht konkurrieren, wir zählten kaum mehr als ein Dutzend Mitglieder, aber wir waren unabhängig, fern vom Gewimmel und Gefimmel der Parteien und Intrigen, jeder konnte an den etwa 40 Abenden, die diese Gruppen veranstaltete, sein Bestes, oder was er dafür hielt, einem kleinen Publikum vortragen. Außer Menne, Hermann Sinzheimer, Hans Jäger, Irmgard Litten ist mir noch der früh verstorbene Dosio Koffler in Erinnerung, dessen bemerkenswertes Stück »Deutsche Walpurgisnacht« nach dem Krieg in Deutschland noch einmal aufgelegt wurde.

Im März 1942 führte ich im Rahmen der GUDA mit Kurt Hiller ein öffentliches Streitgespräch über die Judenfrage, die für Hiller eine Randfrage war. Kaum jemals hat er in seinen Schriften zu ihr Stellung genommen, aber dieser Mangel an publizistischen Äußerungen läßt nicht auf seinen Mangel an Interesse schließen. Die Judenfrage beschäftigte ihn mehr, als er sich mit ihr beschäftigte – zumindest literarisch.

Wir waren uns einig in der Ablehnung des Assimilantentums. Er war für die Absorbierung der Juden in den Ländern ihrer Wahl, ich für eine nationale Sammlung in Palästina, nicht weil ich das für eine ideale, sondern für eine realistische Lösung hielt. Ich habe niemals die Achtung für seinen Standpunkt verloren; er hat sie mehr und mehr im Laufe der Jahre für meinen gewonnen. Unsere Freundschaft wurde durch diese Meinungsverschiedenheit nicht erschüttert, obwohl wir mit scharfen Degen aufeinander losgingen. Niemals ist in unserem jahrelangen Briefwechsel die Nahostfrage und die Problematik Israels ganz verschwunden. Noch in seinem letzten Brief, August 1972, zwei Monate vor seinem Tode, drückte sich seine Sorge um den jüdischen Staat aus. Es ist ihm erspart geblieben, die Periode Israels zu erleben, in der eine häßliche Mischung aus Nationalismus und Fundamentalismus die Idee eines humanistischen Zionismus verzerrt haben. So starb er, voller Sympathie für das kleine Land mit seinen großen Konflikten.

Durch Zufall ist mir vor kurzem ein Exemplar des »New Chronicle« – das Londoner Blatt existiert nicht mehr – in die Hände gefallen, mit dem Datum vom 8. Mai 1945. Quer über die erste Seite zog sich in fetten Lettern die Meldung: »Heute Nacht um 2.41 Uhr unterzeichnete Generaloberst Jodl die bedingungslose Übergabe Deutschlands in dem kleinen, roten Schulhaus bei Rheims, dem Hauptquartier General Eisenhowers. Für Großbritannien und die Vereinigten Staaten gegenzeichnete General Bedell-Smith; für die Sowjetunion General Iwan Suslaparow und für Frankreich General Francois Sevez. Szenen im Londoner Westend nahmen fantastische Ausmaße an«, fügte der Lokalreporter hinzu. »Mit Einbruch der Dunkelheit sandten hunderte von Freudenfeuern ihren roten Schein in den Himmel, der die Bombenangriffe auf London in die Erinnerung zurückrief. Auf den Straßen wurde getanzt und gesungen, und auf dem Trafalgar Square drängten sich zehntausende von Menschen, umarmten und küßten einander, einige kletterten auf die Nelson-Säule, andere sprangen in das Wasserbecken der großen Fontäne.«

Es war schwer, ohne Vorbehalte in den Jubel einzustimmen. Dankbarkeit für die Erlösung von einem Alpdruck mischte sich mit dem furchtbaren Wissen um die jüdische Tragödie, deren Umfang sich in den vorangegangenen Monaten bereits abgezeichnet hatte. Wer könnte jene Stunden vergessen, da Kinder nach ihren Eltern suchten, Eltern nach ihren Kindern, Jung und Alt Schlange standen vor den Listen mit den Überlebenden, hoffend und harrend, daß die Ihren darunter seien.

Aber, so will es die dubiose Tradition der Kriegsführung, kein Sieg ohne Parade. Als sich der allgemeine Jubel gelegt hatte, wartete man auf die Ankündigung, wann die offizielle Siegesfeier stattfinden solle. Ministerpräsident Clement Attlee und seine Kollegen im Labour-Kabinett ließen sich Zeit. Zuerst hieß es, man wolle das Ende des Krieges im Fernen Osten mit einbeziehen, aber auch nach Hiroshima und Nagasaka blieb alles still. Den Menschen war nicht mehr nach Feiern zumute.

Dazu kam, daß die Rationierung der Lebensmittel verschärft wurde. Jetzt erst machten sich die ungeheuren Verlust an Produktionskraft in ihrem ganzen Ausmaß fühlbar. Ein Ei pro Woche war schon ein Luxus, es fehlte an Fleisch und Obst, sowie an Kleidung und Behausung – man hatte nicht einmal Pläne, den Bombenschaden wieder gutzumachen.

Es waren aber nicht nur Rationierung und die zerstörten Städte, die ein Bedürfnis nach Festlichkeiten nicht aufkommen ließen. Ein unheimliches Gefühl des wachsenden Konfliktes mit der Sowjetunion erweckte Zweifel an der Beständigkeit des eben erst gewonnenen Friedens. Aus Ost- und Südost-Europa sickerten beunruhigende Nachrichten durch. In Polen konnte sich das aus Mitgliedern der Londoner Exilregierung gebildete Kabinett nicht halten; in Prag präsidierte Benesch, während auf der Straße russische Truppen marschierten und neben ihm am Regierungstisch der Kommunistenführer Gottwald saß, der ihn bald ablösen sollte; in Griechenland wütete ein Bürgerkrieg zwischen den von den Westmächten unterstützten Monarchisten und den Kommunisten, die Hilfe aus Moskau erhielten; in Bulgarien rief Georgi Dimitroff, 1933 vom Reichsgericht im Reichstagsbrand-Prozeß freigesprochen, eine Volksrepublik aus; Ungarn folgte, und Stalin kündigte den Nichtangriffspakt mit der Türkei.

Die ersten Besprechungen zwischen Washington und Moskau über die Kontrolle der Atom-Energie flogen auf, und in Kanada wurde ein Netz sowjetischer Atomspione entdeckt. Winston Churchills militante »Fulham-Rede« (Missouri, USA), in der er ganz offen eine gegen Rußland gerichtete Militär-Allianz zwischen Großbritannien und den Vereinigten Staaten forderte, tat das ihre, um die ohnehin geladene Atmosphäre weiter anzuheizen.

Daß die Siegesparade dennoch stattfand, ein Jahr später am 8. Juni 1946, als die psychologische Motivation dafür längst vorbei war, gehört zu den vielen Absurditäten der neueren Geschichte. Die britische Regierung lud Moskau zur Teilnahme ein, aber die Einladung wurde nicht einmal einer Antwort gewürdigt. Erst nach mehrfachen diplomatischer Anfragen erfolgte im letzten Moment die Absage. Auch Polen lehnte ab, genau wie Moskau lakonisch und ohne jede Erklärung.

Ein neuer drohender Weltkonflikt warf seine Schatten auf die militärische Schau. Man vermißte die französischen Maquis, die jugoslawischen Guerillas, die griechischen Partisanen des ELAS, die 1944 die deutschen Besetzer vertrieben hatten und inzwischen zu tausenden in Gefängnissen saßen. Krieg oder Frieden – Millionen von Fremden waren nach London geströmt. Einen Tag vor der Parade mußten die Hausfrauen schon um 5 Uhr morgens vor den Bäckereien Schlange stehen, um Brot zu bekommen. Drei Stunden später waren die Regale leer und die Läden geschlossen. Wenn man Glück hatte, erwischte man noch irgendwo im letzten Augenblick ein Kilo Kartoffeln. Bei den Römern hieß es, ein Volk brauche »panem et circenses«, Brot und Spiele – aber in London hatte das Brot Vorrang. Eine Extra-Ration von Fleisch und Butter wäre die schönste Siegesfeier gewesen. Man verstand auch nicht, warum Bauarbeiter Tribünen und aufwendige Dekorationen errichten mußten, solange Arbeitskräfte für die Instandsetzung beschädigter Häuser fehlten.

Und dann begann es. Alles war vergessen – die Weltkrise und die Wohnungsnot und die Rationierung: donnernden Beifall spendeten die Zuschauer den britischen Kommandos und Fallschirmjägern, den amerikanischen Marines, den »Aussies« und Gurkas, de Gaulles »Freien Franzosen« und den Bag-Pipers der Schotten. Allerdings richtete sich der Applaus nicht immer nach dem Verdienst, sondern nach dem malerischen Aussehen der vorbeiziehenden Truppe. So kam es, daß die exotisch gekleideten Einheiten von Ägypten, Irak und Transjordanien stürmischen Beifall ernteten. Nur wenige erinnerten sich der zweifelhaften Rolle dieser Länder in den Kriegsjahren.

Palästina hatte seinen Platz innerhalb des »Colonial Empire« zwischen der Polizei von Nordborneo und dem Regiment von St. Helena und war durch 15 Polizisten (sieben Briten, vier Juden und vier Araber) und einer Einheit des palästinensischen Regiments – acht Juden und acht Araber – vertreten. Sieben der Araber waren bereits demobilisiert und mußten schnellstens einberufen werden, um die gleiche Stärke wie die Juden aufzuweisen. Das Absurde der Situation wurde noch durch den Vorbeimarsch von 22 Mann der »Jüdischen Brigade« unterstrichen. Sie trugen das blauweiße Banner mit dem Davidstern zu einer Zeit durch die Londoner Straßen, als in Palästina der jüdische Widerstand gegen das britische Regime seinem blutigen Höhepunkt entgegenging und Außenminister Ernest Bevin in Whitehall alles tat, um zu verhindern, daß jene Flagge jemals zum Symbol eines jüdischen Staates würde. Aber als ich von einem Fenster in der Charing Cross Road hinunterschaute, war mir, als ob hinter ihnen unsichtbar alle jene schritten, die ein Recht hatten, an jenem historischen

173

Tag anwesend zu sein – die Gettokämpfer und Partisanen, die Überlebenden von Auschwitz und den anderen Lagern … das Heer der unbekannten Märtyrer.

Mit Beendigung des Krieges durften die Flüchtlinge aus Deutschland einen Antrag auf Naturalisierung stellen, in erster Linie die demobilisierten Soldaten. Von jenem Vermerk im Reisepaß »For Transit Only« war nicht mehr die Rede. Der Krieg und alles, was dazwischen lag, hatte ihren Status geändert. Wer wünschte, erhielt die britische Staatsbürgerschaft. Da mußte man ein recht gewichtiges Dokument unterzeichnen und vor einem Notar einen Eid leisten: »Ich schwöre beim Allmächtigen Gott, daß ich Seiner Majestät, König George dem Sechsten, seinen Erben und Nachfolgern Treue und Gehorsam leisten werde, wie es dem Gesetz entspricht.«

Im Jahre 1941 hatten sich ein paar deutsch-jüdische Flüchtlinge zusammengetan und die »Association of Jewish Refugees« gegründet, die »Vereinigung jüdischer Flüchtlinge« in Großbritannien. Tausende schlossen sich ihr an, um ihre Wünsche und Forderungen geltend zu machen – Aufenthaltserlaubnis, Arbeitsgenehmigung, Naturalisierung. Auch heute nach mehr als 50 Jahren besteht diese Vereinigung und nennt sich nach wie vor »Association of Jewish Refugees«, obwohl ihre Mitglieder längst britische Staatsbürger sind und ihre Kindeskinder nicht wissen, daß ihre Vorfahren einmal aus Deutschland vertrieben wurden. Möglicherweise ist die Bezeichnung »Refugees« in diesem Fall zu einem Ehrentitel geworden, so wie die französischen Hugenotten in Deutschland niemals ihre Herkunft verleugnet hatten. Ich spürte, daß das Band zwischen der Vereinigung und ihren Mitgliedern nicht stark genug war und schlug die Gründung einer Monatsschrift vor, die ich »AJR Information« nannte. Zur Erwägung meines Projektes arbeitete ich die Thematik, Form und Funktion einer solchen Zeitschrift aus, und nachdem mein Vorschlag angenommen wurde, war ich bis zu meiner Übersiedlung nach Israel ihr Ko-Redakteur.

Im Juni 1945 lud mich Alfred Kerr ein, in seiner Eigenschaft als Präsident des deutschen PEN-Clubs im Exil, an einer Thomas-Mann-Feier zum 70. Geburtstag des Autors teilzunehmen. Ich sollte mich zu Manns Moses-Kapitel äußern, mein Standpunkt wäre ihm »wissenswert« und würde sicherlich zu einer Aussprache führen.

Als ich meine Aufzeichnungen an Thomas Mann nach Kalifornien sandte, schrieb er mir in einem Brief vom 30. August 1945 (unveröffentlicht): »Vielen Dank für Ihre interessanten Bemerkungen zu meiner Moses-Geschichte. Sie ist ein kleines Lied von der menschlichen Gesittung, von ihrer heiligen Einrichtung, endend mit einem Fluch auf ihre frechen Lästerer und Zerstörer. Dem Moses habe ich die Züge des Michelangelo gegeben – nicht die seines Moses, sondern seine eigenen, um die kolossale Bemühtheit des Mannes anzudeuten. Wenn er Mund und Bart mit der Hand (breitem Gelenk) bedeckt, sieht er aus wie der Prophet Jeremiah in der Sistina. Es ist viel Spiel und Anspiel und auch Jux in der Geschichte, aber im Grunde war es mir ernst und die Judenheit sollte sich nicht, wie es zu meinem Bedauern vorgekommen ist, durch meine Darstellung gekränkt fühlen, wenn ich auch hier vielleicht noch mehr als im ›Joseph‹ dazu neige, das Jüdische im Allgemein-Menschlichen aufgehen zu lassen.

Ich finde, es war ein sehr guter Gedanke, einer solchen Geburtstagsfeier einmal den Charakter einer kritischen Diskussion zu geben. Da, wie ich irgendwo las, auch mein alter Mißgönner A. Kerr sich an der Erörterung beteiligt hat, wird es an erfrischender Teufelei nicht gefehlt haben …«

Zwanzig Monate später betrat Thomas Mann zum ersten Mal nach dem Krieg wieder europäischen Boden. Daß es gerade in England geschah, erschien ihm symbolisch. England, so sagte er, habe Europa und die Welt im Jahre 1940, als es mutterseelenallein gegen das Nazi-Riesenreich stand, für die Demokratie gerettet, und nur ein demokratisches Volk wie die Engländer wären imstande gewesen, dem jahrelangen Ansturm von Bomben und Entbehrungen standzuhalten.

Thomas Mann weilte nur ein paar Tage in London, mit Frau Katja und Tochter Erika, bevor er zum PEN-Kongreß in die Schweiz fuhr. Er sprach zweimal – bei einem Empfang in Savoy, den seine englischen Verleger gaben, und in der großen Aula der Londoner Universität. Selbst ein zweiter Saal, in den der Vortrag mit Lautsprechern übertragen wurde, genügte nicht für die vielen Hunderte, die vergebens Einlaß suchten.

Das Publikum, ein guter Durchschnitt des intellektuellen London, wies »Studenten« aller Alter und Farben auf – vom Nußbraun der Inder bis zum tiefen Schwarz der Zentralafrikaner, vom Bloomsbury-Bohemien bis zum arrivierten Akademiker und viel gelesenen Literaten. Thomas Manns Haltung war aufrecht wie je, der Gang elastisch, die Stimme tragend und energisch. Er sprach Englisch, ohne amerikanischen Akzent, ein schönes, korrektes Englisch, obwohl es nicht immer die brillanten Nuancen seines Deutsch hatte. Er sprach mit der Präzision und dennoch Fremdheit eines deutschen Oberlehrers, der Englisch im Gymnasium unterrichtet.

Zwanzig Jahre zuvor hatte ich ihn zum ersten Mal lesen hören, auch damals an einer Universität, in der Großen Aula in München, als er aus dem noch unvollendeten Werk »Joseph und seine Brüder« ein Kapitel der Öffentlichkeit mitteilte. Diesmal las er einen Essay über Friedrich Nietzsche, und der Bürger nahm das Wort gegen den Anti-Bürger, der Demokrat gegen den Individualisten, der Mann der Vernunft gegen den Mann des Instinktes. Es war eine fulminante Anklage – ohne daß der Angeklagte Gelegenheit hatte, sich zu verteidigen.

Die Zeit nach dem Krieg brachte Begegnungen mit Totgeglaubten, Verschwundenen, Überlebenden. Über meinen Besuch bei Wisten habe ich in anderem Zusammenhang bereits berichtet. Noch ein Wiedersehen dürfte erwähnenswert sein, mit Rabbiner Dr. Leo Baeck, dem einstigen Präsidenten der »Reichsvereinigung der Juden in Deutschland«. Bedrängt und bedroht von der Gestapo hatte er in ständiger Lebensgefahr in Berlin ausgeharrt, bis er 1943 nach Theresienstadt deportiert wurde. Nichts hatte sich verändert in seinem Aussehen, in der Lebhaftigkeit seiner Bewegungen, als er mir an

einem Sommermorgen im Garten eines Londoner Vorstadt-
häuschens gegenüber saß.

Wir sprachen nicht über die Jahre der Hölle in Berlin,
nicht über die Deportation seiner Gemeinde, nicht über sein
eigenes Schicksal, nicht über Theresienstadt. Nur eine einzige Episode erzählte er. Es war an einem Winterabend im Lager, die Gassen waren stockdunkel, kein Insasse hatte eine
Taschenlampe. Die Lagerleitung hatte ihm erlaubt, einen
Vortrag zu halten, in einem Bodenraum, wo es so zugig war,
daß sein Manuskript mehrfach fortflatterte. Es gab keine
Stühle, keine anderen Sitzgelegenheiten. Zusammengedrängt
auf den feuchten Bohlen standen in dichten Reihen etwa
700 Zuhörer, 700 Menschen, die der Dunkelheit, der Kälte,
der Anstrengung des Stehens trotzten, um Dr. Baeck über
Platons Staatsidee und den Gerechtigkeitsgedanken von
Kant sprechen zu hören.

Es war gut, meinte er lächelnd, als wir im sommerlichen
Garten saßen, daß die SS nicht gebildet genug war, um die
Grundideen dieser beiden Philosophen zu verstehen. Aber
das Erlittene hatte ihn nicht ungerecht gemacht. Dr. Baeck
war sich bewußt, daß er ohne die Hilfe von Deutschen, die
ihr eigenes Leben riskierten, nicht überlebt hätte. Trotzdem,
so schloß er, gäbe es kein Zurück für die Juden: das Jahrhunderte alte Band mit Deutschland sei zerschnitten.

Ende 1950, kurz bevor ich meinen Wohnsitz nach Jerusalem verlegte, schrieb er mir in seiner klaren, markanten
Handschrift: »Oft habe ich an Sie gedacht und im stillen
auch Ihnen gedankt. Aber als einer, der so viel von hier ab-
wesend und, wenn er hier ist, sich gern in sein Zimmer
einschließt, habe ich Sie lange nicht gesehen ... überall haben Sie den eigenen Platz sich bereitet, auf dem Sie auch für
andere standen; nun werden Sie ihn zu einer Erfüllung in Israel schaffen, für sich und für andere ...«

Herbst 1946. In einer kleinen Dakota-Maschine ging's auf eine Informationstour nach Palästina – der Flug dauerte nicht wie jetzt drei bis vier Stunden, sondern zwei Tage. Die erste Zwischenlandung machten wir in Nizza, die Nacht verbrachten wir in Valetta, der Hauptstadt von Malta. Zerstörte Häuser und hohläugige Kinder, die sich Jahre in Felshöhlen versteckt hatten, um den deutschen und italienischen Fliegern zu entgehen. Am nächsten Tag flogen wir über die libysche Wüste, über Trümmerfelder abgeschossener Flugzeuge und verbrannter Panzer. Damals näherte sich der 4. Jahrestag der Schlacht von Alamein. In Tobruk, wieder einer Zwischenlandung, wurde uns von deutschen Kriegsgefangenen ein Imbiß serviert. Als wir schließlich im Flughafen Lydda ankamen, war ich erleichtert zu sehen, daß trotz aller dramatischen Nachrichten Juden und Araber Hand in Hand arbeiteten.

Der Gang am Abend durch die Straßen Tel Avivs erschien wie ein Besuch beim reichen Onkel. Das Licht, das am Tage so grell war, erlosch auch nicht am Abend. Die Schaufenster waren erleuchtet – ungewohnter Anblick, nachdem in England es an Kohle für solchen Luxus fehlte und jeden Tag die elektrische Stromversorgung wegen Treibstoffmangels unterbrochen wurde. Kleiner Ausflug ins Schlaraffenland – Phantasiegebilde in Bäckereien und Konditoreien (in England gab es Brotkarten und nur dunkles Brot), Würste, Rinder, Lämmer und Geflügel in den Metzgereien (zuhause reichten die Fleischportionen nur für zwei Mahlzeiten die Woche und die Geflügelration für eine einzige im Jahr – zu Weihnachten). In den Modegeschäften konnte man ohne »Coupons« in Waren wühlen und in der Fülle der Schokoladenläden sich den Magen verderben, was einem in London mit einem Maximum von 300 Gramm pro Monat kaum gelang. Endlich wieder einmal Straßen, deren Häuserreihen nicht durch Bomben weggerissen waren.

Man spürte, der Krieg war an Palästina vorbeigegangen, auch wenn seine Soldaten an vielen Fronten gekämpft hatten. Die Menschen waren jung, vital und ungeduldig, Energien hatte sich aufgestapelt, die nach einem Ventil suchten – und solch ein Ventil war Gewalt und Terror.

Nicht so bei den 60.000 deutschen Juden, die zwischen 1933 und 1940 eingewandert waren. Ihr Los war ein anderes. Man hat sie nicht mit offenen Armen empfangen, womit ich nicht die Briten meine, die ihnen administrative Schwierigkeiten in den Weg legten. Unter der jüdischen Bevölkerung lautete die bissige Frage: »Kommen Sie aus Überzeugung oder aus Deutschland?« Tatsächlich waren die meisten nicht gekommen, weil sie wollten, sondern weil sich nicht genügend Länder bereit fanden, den Strom der tödlich Bedrohten aufzunehmen. Die Vorurteile, die sich bei den Ostjuden seit langem gegen sie aufgespeichert hatten, konnten sich endlich Luft machen. In jedem Einwanderungsland gibt es eine gesellschaftlich und politisch herrschende Schicht, und im jüdischen Sektor Palästinas stammte diese Schicht aus Osteuropa, was sich noch nach der Staatsgründung fühlbar machte. Von den sieben Regierungschefs bis zum Jahr 1991 kamen sechs aus Polen oder Rußland, und der einzige, der im Lande geboren war, hatte osteuropäische Eltern.

Um die Reaktion der Ostjuden auf die Einwanderung aus Deutschland zu verstehen, die komplex und ambivalent war, muß man ein paar Jahrzehnte zurückgreifen. Viele der Juden in Polen, in den westlichen Randstaaten Rußlands und in den östlichen Gebieten der ehemals habsburgischen Monarchie waren sprachlich und bildungsmäßig der deutschen Kultur verbunden. Es war deshalb nur natürlich, daß sie nach Deutschland wanderten, wenn in ihren Heimatländern der wirtschaftliche und politische Druck zu stark wurde. Deutschland bedeutete für sie das Tor zur westlichen Welt, die Flucht aus dem Getto, größere ökonomische Möglichkeiten, der Einstieg in die europäische Zivilisation, die Freiheit des Lernens und der Forschung.

Die in Deutschland ansässigen Juden betrachteten diesen Vorgang mit gemischten Gefühlen. Die einen hatten Angst, daß dieser Zuzug den Antisemitismus schüren würde; die anderen nahmen sich der Neuankömmlinge an, wenn auch nur zu oft mit einem Schuß »Philanthropie«. Die Ostjuden wollten wie die deutschen Juden sein, aber dennoch waren sie ihnen nicht gewogen – wegen ihrer Arriviertheit, wegen ihres deutschen Patriotismus, wegen ihrer weltweiten Offenheit.

In Palästina kehrte sich plötzlich das Verhältnis um, und nun konnten sie endlich ihr lange verkapseltes Unterlegenheitsgefühl kompensieren. Die Einwanderer aus Deutschland kamen zum großen Teil mit Berufen, die sich für das Land nicht eigneten, den ganzen Ballast der europäischen Kultur im Koffer. Sie kannten Goethe und Lessing und waren mit der Musik Beethovens und Mozarts aufgewachsen, aber in der Auslegung der Heiligen Schrift waren viele nicht bewandert, von jüdischer Geschichte wußten sie weniger als vom Dreißigjährigen Krieg, und obwohl manche von ihnen in der Schule Latein oder Griechisch gelernt hatten, zum Hebräischen hatte es nicht immer gereicht.

Ein Viertel von ihnen kam in bestehenden Dörfern unter, oder sie errichteten ihre eigenen Ansiedlungen. Die Mehrzahl ging in die Städte. Wer Geld hatte, konnte es schnell verlieren. Auf die Frage, wie man hier zu einem kleinen Vermögen gelangen könne, antwortete man mit Galgenhumor: Indem man ein großes Kapital mitbringt.

Deutsch war seinerzeit eine Art Geheimsprache. Es war nicht möglich, einen Vortrag, zu dem Hunderte strömten, auf den Anschlagssäulen zu plakatieren, weil der Redner, auch wenn er noch so bekannt war, etwas tat, was man damals nicht tun durfte – er sprach deutsch zu den Einwanderern aus Deutschland. In seiner »Geschichte der Exilliteratur« schrieb Professor Walter Berendsohn: »Die ungeheure, ständig wachsende Erregung über die Judenpolitik des Dritten Reiches machte sich um die gleiche Zeit bei den jüdischen Nationalisten Luft im Kampf gegen den öffentlichen Gebrauch der deutschen Sprache in Palästina.«

Der hebräische Schriftsteller Avigdor Hameiri wandte sich 1940 gegen die Tendenz, »mit der Peitsche hebräische Kultur zu erzwingen«, während der Ortsrat einer Vorstadt

von Haifa, obwohl sie von deutschen Juden gegründet worden war, sich weigerte, den Gemeindesaal für eine Veranstaltung zur Verfügung zu stellen, weil ein Vortrag in deutscher
Sprache stattfinden sollte. »Warum durch Fanatismus Menschen abstoßen, von denen ein großer Teil schon auf dem
Wege zur hebräischen Sprache ist?«, fragte das Hausorgan
der Vereinigung deutscher-jüdischer Einwanderer.

Die Tel-Aviver Stadtverwaltung verbot 1940 die einzige
deutschsprachige Tageszeitung als eine »politische Gefahr für
die jüdische Sache«, ungeachtet der Tatsache, daß über zehn
Prozent der jüdischen Bevölkerung des Landes deutschspra-
chig waren, und als das Blatt später in anderer Form wieder
erscheinen durfte, wurden seine Druckmaschinen zerstört.
Die »Jüdische Weltrundschau« von Dr. Robert Weltsch – in
Nachfolge der »Jüdischen Rundschau«, Berlin – durfte im
Lande nicht verbreitet werden, und »Der Orient«, eine Zeitschrift von Arnold Zweig und Wolfgang Jorgau, mußte ihr
Erscheinen einstellen. Erst in den letzten zwanzig Jahren hat
sich das Ressentiment gegen die deutsche Sprache gelegt.

Ich fuhr den Karmelberg hinauf zum Haus von Arnold
Zweig, der einmal zu den bedeutenden Romanciers in
Deutschland gezählt hatte. Er war immer Zionist gewesen,
hatte sich dazu in Schriften bekannt und deshalb seine Zu-
flucht in Palästina gesucht. Ich fand ihn enttäuscht, nieder-
geschlagen, vereinsamt und verbittert: man nahm von dem
einst Gefeierten keine Kenntnis. 1948 kehrte er nach
Deutschland zurück, wurde Präsident der Akademie der
Künste (Ostberlin) und erhielt 1950 den Staatspreis der
DDR.

Die Organisation der Einwanderer aus Deutschland, in
erster Linie eine Selbsthilfe-Organisation, hatte noch die Tradition der einstigen zionistischen Vereinigung für Deutschland, zum Teil auch das Personal behalten. Sie bildete den
Kern einer neuen politischen Partei, der »Alijah Chadaschah«
(»Neue Einwanderung«), die nach erfolgreichen Wahlen in
einigen Stadträten vertreten war. In ihrem Programm sprach
sie sich gegen die Errichtung eines jüdischen Staates aus und

suchte nach einem Weg des Zusammenlebens mit den Palästinensern. Als ich 1949, ein Jahr nach der Gründung Israels, das Land wieder besuchte, war sie in einer neuen politischen Gruppierung, der »Progressiven Partei« aufgegangen, die staatsbejahend, wenn auch kritisch, ihren Einfluß im Parlament geltend zu machen versuchte.

Inzwischen hatte sich die gesellschaftliche und soziale Struktur der deutschen Juden verändert. Kein anderer Sektor der Bevölkerung verfügte über so viele qualifizierte Kräfte, um eine Staatsmaschinerie in Gang zu setzen. Nicht wenige hatten verantwortliche Positionen im deutschen Staatsdienst innegehabt und reiche Erfahrung im Verwaltungswesen. Selbst die Rechtsanwälte, die bisher als Kellner oder auf dem Bau gearbeitet hatten, wurden plötzlich gesuchte Fachleute für das Justizwesen und andere Ministerien – Israels erster Justizminister stammte aus ihren Reihen, und das Oberste Gericht hatte eine Majorität ehemals deutscher Juristen. Es ist kein Zufall, daß die ersten beiden Chefs des Rechnungshofes ebenfalls deutsche Juden waren.

Nun konnten viele Akademiker, die in fremde Berufe abgewandert waren, sich wieder der Forschung und Medizin zuwenden. Der Baustil ihrer Architekten gab den Städten ein neues Gesicht, die Häuser, die Ladenfronten, die Schaufenster erhielten einen »New Look«, und mit dem modernen Aussehen änderte sich auch das Niveau der Produktion, stieg die Qualität der Erzeugnisse, und die pharmazeutischen Artikel des Landes errangen bald Weltruf.

Man darf jedoch nicht vergessen: die deutsche Judenheit war bereits vor ihrer Auswanderung überaltert, ein Schicksal, das sich in Israel vollendete. Sie hat zwar Bleibendes geschaffen, aber ihre Präsenz im Lande war transitorisch. Ein Geschlecht des Übergangs ohne geistige Erben, denn die ihr folgenden Generationen können ihre kulturellen Erfahrungen nicht mehr nacherleben. Wenn man noch einstige deutsche Juden in Israel sehen will, muß man sie in Altersheimen, Elternheimen, Seniorenheimen aufsuchen, kaum noch in Amtsstuben: sie sind fast alle pensioniert; kaum noch in ihren Läden: die Inhaber haben sich zur Ruhe gesetzt; kaum noch in ärztlichen Sprechstunden. »Wir sind am Aussterben«, sagte der Doktor, einer der letzten noch Praktizierenden. Nur wenige kann man noch in ihren Wohnungen finden – aber dann öffnet die Witwe die Tür oder der allein gebliebene Mann. Ein Kapitel ist zum Abschluß gekommen.

Mai 1949. Ich saß auf der Terrasse eines Cafés in der Jarkonstraße Tel Avivs mit einem Freund aus den Berliner Tagen. Gerade hatte der Militärsprecher über die letzten Entwicklungen berichtet. Der Krieg um die Unabhängigkeit Israels war beendet. Die Armeen von sechs arabischen Staaten hatten den am 15. Mai 1948 ausgerufenen jüdischen Staat mit seinen 650.000 Menschen von Süden, Osten und Norden angegriffen. Jerusalem war belagert worden, Tel Aviv in die Schußweite der Ägypter gerückt, Haifa von den Syrern bedroht. Am Ende, wenn auch unter schweren Opfern, wurden sie alle zurückgeworfen – fast alle: den Jordaniern war es unter britischer Führung gelungen, die Jerusalemer Altstadt zu erobern und das Westufergebiet des Jordanflußes zu besetzen.

Israels Verteidigung war eine grandiose Improvisation – es fehlte an Waffen, an Soldaten, an Planung, an Geld, an Lebensmitteln; und eine grandiose Improvisation war damals, 1949, der ganze Staat. Es gab keine Bürokratie, keine Präzedenzien, keinen Verwaltungsapparat, es gab nur Hoffnung und ein Gefühl unendlicher Befreiung – von dem Bürgerkrieg unter den Briten und der Invasion sechs arabischer Armeen.

Ich saß auf der Caféterrasse in Tel Aviv, die Luft war warm und prickelnd, vom Meer her kam ein leichter Wind, alles war im Werden: das Grün der Bäume und das Leben der Menschen. »England ist müde«, sagte mein Freund, »Europa ist festgefahren, hier beginnt der erste Tag der Schöpfungsgeschichte.«

Am nächsten Morgen fuhr ich ins Kinderdorf En Karem bei Jerusalem. Ehe ich ihn traf, wußte ich nicht, daß Montag der Name eines Jungen sein kann. Der kleine Kerl mit dem mausfarbigen Haar und dem wässrig-blauen Augen trug seinen Namen mit einer Art von Stolz. Man wollte nicht glauben, daß er an etwas so Ungewöhnlichem festhalten würde, selbst auf die Gefahr hin, von anderen Kindern ausgelacht zu werden. Er war gerade aus Schweden gekommen und wenn man ihn zum Sprechen brachte – was nicht leicht war –, sprach er über Malmö. Die Zeit in dem südschwedischen Lager war das einzige Stück Vergangenheit, das in seinem zwölfjährigen Kopf haftengeblieben war. Da war die Ostsee, in der er schwimmen lernte, da gab es volle Schüsseln und freundliche Menschen. Das war für ihn Schweden.

Natürlich war er nicht dort geboren. Daran erinnern unzusammenhängende Bilder des Durcheinanders der Evakuierung, lange Märsche mit Bomben über die mit Elend gefüllten Straßen. Zuerst verschwand sein Vater, dann wurde er von der Mutter und dem jüngeren Bruder getrennt. Der einzige Tag, in sein Gedächtnis eingeprägt, war ein Montag im Februar 1944, als er von einer Patrouille gefunden wurde. Er hatte keine Familie, kein Heim, keinen Namen. Da nannten sie ihn Montag. Ein Jahr später bot die schwedische Regierung einer Anzahl Flüchtlingskinder Obdach an, und Montag wurde vom Roten Kreuz in ein Lager bei Malmö gebracht. Zum ersten Mal in seinem Leben erfuhr er, daß man Essen bekommen kann, ohne zu stehlen; daß ein Mensch, den man auf der Straße trifft, nicht auf ihn schießen will; daß es ein Möbelstück gibt, das man Bett nennt und in dem man schlafen kann. Nach weiteren vier Jahren wurde er nach Israel geschickt.

»Dein Name ist Montag?«, fragte ihn eine Wohlfahrtsbeamtin, eine mütterliche Frau, nach seiner Ankunft. »Möchtest du nicht einen schöneren Namen haben?« Er schüttelte den Kopf. – »Große Männer haben ihre Namen geändert, Künstler, Schauspieler, Dichter und die meisten Einwanderer nannten sich in ihrer neuen Heimat anders.« Der Junge schüttelte den Kopf. – »Warum möchtest du nicht einen biblischen Namen, etwa Amos oder David oder Daniel, viele Jungens hier heißen so.«

Endlich sagte er etwas. »Man gab mir den Namen Montag, als man mich fand. Das ist das einzige, was ich besitze, und ich möchte es nicht verlieren.« – Die Beamtin gab nicht auf. »Aber der Name gehört in die Vergangenheit«, versuchte sie ihn zu überreden, »er ist ein Rest des Krieges, der vielen Scheußlichkeiten. Jetzt bist du hier, alles das liegt hinter dir und dein Leben hat neu begonnen.«

Zum ersten Mal lächelte er. Er machte einen Schritt näher zur Frau und flüsterte in ihr Ohr: »Der Tag an dem ich hier angekommen bin – war auch ein Montag.«

ZAPFENSTREICH

Im Mai 1948 war ich auf einige Tage zu einer Vortragsreihe in Holland eingeladen, und als ich mich ein paar Stunden in der Sonne am Strand von Scheveningen ausstreckte, hörte ich, daß Ben Gurion in Tel Aviv den jüdischen Staat ausgerufen hatte. Ich nahm das erste Flugzeug nach London.

Man spürte, die »Wehen«, die der Geburt Israels vorangegangen waren, hatten die Beziehungen zwischen Juden und Engländern so belastet, daß die jüdische Begeisterung über den neu gewonnenen Staat mit einer antijüdischen Stimmung der britischen Bevölkerung kollidierte. Ich war es satt, seit meiner Kindheit von einer Konfliktsituation in die andere geworfen zu werden – in Posen als Deutscher, in Deutschland als Jude, in England anfangs als Deutscher und jetzt als Zionist. Vielleicht hätte ich mich doch um einen Posten in der deutschen Abteilung der BBC bewerben sollen und womöglich säße ich in der britischen Zone Deutschlands, um bei der Neuorganisierung des Rundfunkwesens zu helfen. Aber so schnell der Gedanke aufgetaucht war, so schnell verflog er, und der Anlaß war eine kleine Episode im Zug auf der Strecke nach Köln. Zwei Mitreisende, die annahmen, ich verstünde kein Deutsch, ein Kaufmann aus Kassel und ein Spediteur aus Bochum, unterhielten sich. Sie machten ohne

Zweifel Hitler für die Zerstörung ihrer Städte verantwortlich, mit der sie nicht fertig werden konnten. Aber für eines waren sie ihm dankbar: daß sie durch ihn die Juden losgeworden waren. Sie stimmten nicht mit seinen Methoden überein, die dem deutschen Ruf im Ausland geschadet hätten, sie sprachen auch über Wiedergutmachung, und erkannten an, daß in vielen Fällen Zahlungen berechtigt wären. Nur wiederkommen sollten sie nicht, die Juden. Jene zwei biederen Kaufleute hatten Angst vor der jüdischen Konkurrenz, die sich wieder auftun könnte. Ihre Städte lagen in Trümmern, sie hatten für diese Trümmer einen hohen Preis gezahlt. Das Einzige, was sie dafür erworben hatten, war die Abwesenheit der Juden. Sie waren entschlossen, an diesem Handel festzuhalten.

Als Dr. Abraham Granot, Vorsitzender des Direktoriums eines der beiden zionistischen Fonds, des Jüdischen Nationalfonds, zu einem Besuch nach London kam, lud er mich ein, im Zentralbüro in Jerusalem die Informationsarbeit für die englisch-sprachigen Länder zu übernehmen. Ich mußte an den Morgen auf einer Caféterrasse in Tel Aviv denken, als die Luft warm und prickelnd war und vom Meer ein leichter Wind wehte. »Hier beginnt der erste Tag der Schöpfungsgeschichte«, hatte mein Freund gesagt, aber dann verblaßte das verführerische Bild. Wieder einmal auswandern? Ich erbat mir Bedenkzeit, und es dauerte fast zwei Jahre, bis ich das Angebot akzeptierte.

Inzwischen machte sich eine Delegation von britischen Zionisten auf, um Dr. Weizmann, dem eben gewählten Staatspräsidenten von Israel, ihre Glückwünsche zu überbringen. Weizmann, auf dem Weg nach Israel, war in Paris mit seiner Frau Vera in einem kleinen, exklusiven Hotel in der Nähe der Champs Elysees abgestiegen. Damals schon fast blind, machte er einen gebrechlichen Eindruck, seine Stimme war schwach, aber jede seiner Formulierungen saß präzis wie immer.

Am Abend, beim festlichen Empfang, sagte er: »Ich lasse mich nicht davon abbringen, daß Juden und Araber eines

Tages eine gemeinsame kulturelle und wirtschaftliche Basis finden werden ... Über ein Jahrzehnt hat das jüdische Volk von seinen Verfolgern Tod und Qualen erlitten. Das Feuer hat uns damals zu Asche verschlungen. Aber das Feuer, das jetzt in uns brennt, soll zu einer Flamme geistigen Schaffens und schöpferischer Kraft auflodern.«

1946 lernte ich Karl Marx kennen – nicht den großen Autor des »Kapital«, sondern seinen Namensvetter, den – von Gestalt – kleinen Journalisten, von dem eine Aura der Energie, Unternehmenslust und Schaffensfreude ausging, der man sich nicht entziehen konnte. Er war auf »einen Sprung« nach London zurückgekehrt, um Mitarbeiter für seine eben gegründete Wochenschrift in Düsseldorf zu suchen, das »Jüdische Gemeindeblatt für die Nordrhein-Provinz«, dessen Lizenzträger er geworden war. Er hatte bewegte Jahre hinter sich – im Saarland geboren, arbeitete er mit Willy Münzenberg am »Braunbuch«, um die Hintergründe des Reichstagsbrandes aufzudecken, floh 1935 nach Frankreich und Italien, wo er sich als freier Journalist durchschlug. 1939 wurde er verhaftet und sollte nach Deutschland ausgeliefert werden, als ihm die Briten verhalfen, nach Tanger zu entkommen, offenbar in seiner Eigenschaft als Agent ihrer Nachrichtendienste. 1942 fahndete die Gestapo nach ihm, und die Briten schleusten ihn über Gibraltar nach London. 1946 kehrte er nach Deutschland zurück, wie er behauptete, als erster Emigrant. Ein Jahr später verwandelte er das Gemeindeblatt in die »Allgemeine Zeitung der Juden in Deutschland«, die noch heute, lang nach seinem Tode, besteht.

1949 hatte er ein Gespräch mit Dr. Adenauer, in dem der Bundeskanzler sich zum ersten Mal zur moralischen und materiellen Wiedergutmachung bekannte, sowohl für den Staat Israel wie individuell für die jüdischen Geschädigten. Bereits 1945 trat Marx gegen die These der Kollektiv-Schuld auf und übernahm die Formulierung von Bundespräsident Heuss der »Kollektiv-Scham«. Karl Marx hatte – ich nehme an, außer seiner Frau und Mitarbeiterin Lilli – zwei große Lieben: Deutschland und Israel, und in einem Drahtseil-Akt, der ihn und seine Kräfte erschöpfte, versuchte er die seinerzeit entgegengesetzten Pole zu verbinden. Er verwickelte sich dabei in scheinbare Widersprüche: einerseits stand er für die Wiederherstellung jüdischer Existenz in Deutschland, für den Neuaufbau der Gemeinden, andererseits tat er alles, um das zionistische Leben zu reaktivieren, wovon man damals in Jerusalem nichts wissen wollte: das jüdische Blut auf deutscher Erde war noch nicht getrocknet. Daß dennoch 1953 eine Zionistische Vereinigung in der Bundesrepublik gegründet wurde, ist sein Verdienst.

Seine »Diplomatie«, wenn er nicht zwischen Israel und Deutschland hin und her pendelte oder sonst auf Reisen war, spielte sich am Telefon ab. Alle Linien und Drähte standen ihm offen – zu Ministerien, zu Ämtern, zu Redaktionen. Nach Düsseldorf legten, mit ihm als Mittelpunkt, alle damals entstehenden jüdischen Institutionen und Organisationen ihre Zentralen. Daß seine Zeitung florierte und an Einfluß wuchs, hatte allerdings noch einen anderen Grund: deutsche Firmen glaubten sich »weißwaschen« zu können, wenn sie in der »Allgemeinen« inserierten – und offenbar spürten hunderte, wenn nicht tausende das Bedürfnis nach einer »weißen Weste«. Bei meinen Besuchen wohnte ich gewöhnlich in seinem Hause, aber als das einmal nicht möglich war und er mich nicht in dem fensterlosen »Bunker-Hotel« unterbringen wollte – andere Hotels waren noch im Bau –, ließ er mich in ein Einzelzimmer der gynäkologischen Abteilung eines Krankenhauses legen. Meine Furcht, irrtümlich operiert zu werden, erwies sich als unbegründet – die einzige Krankenschwester, die ich zu Gesicht bekam, brachte mir kein Thermometer, sondern ein leckeres Frühstück.

In welchem politischen Klima Marx gearbeitet hat, ging aus einem Artikel der Tel Aviver – liberalen – Tageszeitung »Haʿarez« hervor, »Wir und die Deutschen«, in dem ihr Herausgeber G. Schocken anregte, man solle israelischen Staatsbürgern grundsätzlich verbieten, ihren Wohnsitz in Deutschland aufzuschlagen oder Deutschland auch nur zu besuchen. Jeder Jude, so hieß es im Dezember 1949, der nach Ablauf einer gewissen Frist noch in Deutschland wohnhaft sei, sollte das Recht verwirkt haben, nach Israel einzuwandern. Gesellschaftliche Beziehungen zwischen israelischen und deutschen Staatsbürgern, einschließlich des Briefwechsels, sollten unzulässig sein. Andere Vorschläge betrafen die Ungültigkeitserklärung israelischer Pässe für Deutschland. Schocken, inzwischen verstorben, hat später seine Meinung gründlich revidiert und gehörte zu den Befürwortern deutsch-jüdischer Beziehungen.

Jedesmal, wenn ich ihn traf – was meistens bei Empfängen der deutschen Botschaft geschah –, winkte er mir zu: »Ich weiß, ich weiß, ich habe Ihnen zum Bundesverdienstkreuz verholfen.« In diesem Scherz lag ein Kern Wahrheit. Am 19. Januar 1950 schrieb ich in der »Neuen Zeitung«, München, in Erwiderung auf seine fulminanten Thesen: »... Es ist selbstverständlich Sache der israelischen Regierung, über die künftigen Beziehungen zwischen Israel und Deutschland zu entscheiden. Sie wird sich dabei fragen müssen, ob es im engen Rahmen der internationalen Zusammenarbeit überhaupt möglich ist, einen anderen Staat einfach zu ignorieren. Die israelische Regierung muß sich darüber klar werden, ob sie Vorschläge annehmen oder zurückweisen will, die die individuellen Rechte ihrer Staatsbürger einschränken müßten. ...

Die Frage hat aber einen Aspekt, der jeden Juden, wo er auch leben mag, angeht: Es ist der Gedanke, Juden, die in Deutschland wohnen, ihrer Rechte zu berauben. Ausgehend von dem Grundsatz, daß jeder Mensch das Recht haben soll, seinen Wohnsitz selbst zu bestimmen, muß man sich entschieden gegen jede erzwungene Auswanderung nach Israel wenden ... Wer sich aus persönlichen Gründen entschließt, in Deutschland zu bleiben, muß mit der gleichen Achtung behandelt werden, wie ein Einwanderer nach Israel. Ob jemand ein guter Jude ist oder nicht, kann nicht danach entschieden werden, welches Land er zum Wohnsitz wählt. Das Recht der Freizügigkeit gehört zu den anerkannten jüdischen Werten von der Würde des Menschen. Es ist Ansichtssache, ob die Juden und ein jüdisches Gemeindeleben in Deutschland eine Zukunft haben, es muß aber ein Grundprinzip bleiben, die Argumente des Nazismus nicht in die Gestaltung unserer eigenen Beziehungen zu unserem Volk oder zu fremden Völkern aufzunehmen.«

Der Artikel wurde in verschiedenen Blättern nachgedruckt und hat dazu beigetragen, daß ich als einer der ersten in Jerusalem von Bundespräsident Gustav Heinemann für meine Bemühungen um die deutsch-israelische Verständigung ausgezeichnet wurde, »schon zu einer Zeit, als dies in Israel noch wenig Verständnis finden konnte«, hieß es in dem Dokument.

Ich hatte an anderer Stelle vorgeschlagen, der Frage nachzugehen, warum gewöhnlich vor Ausbruch von Kriegen das Wetter so schön ist. Man sollte ebenfalls untersuchen, welchen Einfluß das Frühstück auf das Geschick von Staaten und Menschen hat; ob ein zu hart gekochtes Ei einen Premier in so schlechte Laune versetzt, daß eine Regierungskrise droht; ob eine zu stark geröstete Scheibe Toast zu einer Ehescheidung führen kann; ob das Frühstück, gut oder schlecht, den Rotstift des Zensors lenkt.

Als in den Nazi-Jahren der »Jüdische Kulturbund« meine Erzählung »Ein Schiff unterwegs« dem Büro des Reichskulturwalters Hinkel vorlegte, wurde sie mit dem Vermerk »Verboten« zurückgeschickt. Als zwei Wochen später mein Verleger dieselbe Erzählung noch einmal einreichte, wurde sie ohne Streichung zur Veröffentlichung freigegeben.

Daß gerade das Organ der britischen Kommunisten »Daily Worker« meinen Roman »Grist to God's Mill« uneingeschränkt pries, konnte nur einem vorzüglichen Morgenimbiß des Kritikers zu verdanken sein. Der »Manchester Guardian« war freundlich, andere Zeitungen reagierten lauwarm.

Ich sprach darüber mit Gustaf Gründgens, als ich ihn eines Abends im Haus von Karl Marx in Düsseldorf traf. Auch er hatte einiges über Einfälle, Reinfälle und Zufälle theatralischen und literarischen Schaffens zu berichten. Aber nichts übertraf das kleine Meisterstück, das er uns vorspielte – nämlich wie er Staatsrat wurde: Seine Stimmbänder bedurften wieder einmal einer Behandlung, und er befand sich gerade im Sprechzimmer eines jüdischen Hals-Nasen-Ohren-Arztes namens Meyer, als man hörte, daß ein Auto vor dem Haus hielt. Der Doktor lugte durch die Gardinen und sah SS-Leute aus dem Wagen steigen. Einige Tage zuvor hatte der »Völkische Beobachter« Gründgens' »Hamlet« als jüdisch-zersetzerisch bezeichnet und ihn mit gröbsten Schimpfwörtern belegt. Es war ihm klar, sie waren gekommen, um ihn zu holen. Bleich und stumm saß er im Ärztestuhl, die Lippen aufeinander gepreßt, was kam es jetzt noch auf Stimmbänder an, sollen sie sein Schreien hören oder nicht, wenn man ihn foltert. Und wirklich, schon näherten sich die schweren Tritte von Stiefeln auf der Treppe. An Entkommen war nicht zu denken. Die Wohnung hatte nur einen Ausgang. Da stürzte die Haushälterin ins Zimmer und schrie: »Ich gratuliere!« Gründgens und der Arzt sahen sich verständnislos an. »Ich gratuliere«, stammelte die aufgeregte Frau, »im Rundfunk wurde eben durchgegeben, daß Sie Staatsrat geworden sind.« Die SS kam, um das persönliche Schreiben von Göring zu überreichen.

Um jene Zeit durften jüdische Ärzte keine Nichtjuden behandeln, aber wir hörten so gebannt zu, daß dieses Argument gar nicht aufkam. Man mußte eben ein Gründgens sein, um eine Geschichte so dramatisch darzustellen, daß alle Zweifel zur Seite geschoben wurden.

Ich hatte Dachau seit meinen Studententagen nicht gesehen. Es war eine verrückte Stimmung damals an jenem Abend in der Schwaige gewesen, als wir leise, belanglose Worte hin und her warfen wie einen Fangball und Fries eine Ode »An Gina« dichten wollte. Was war aus Gina Falckenberg geworden? Was aus Fries?

Gegenüber dem inzwischen ominös gewordenen Bahnhof gab es Läden, einen Friseur, einen Bäcker, ein Textilgeschäft. Mein Blick wanderte auf die Gleise zurück: sie mußten von den Zügen gewußt haben, die mit ihrer menschlichen Fracht hier angerollt kamen. Ich fragte einen ältlichen Mann nach der Richtung des ehemaligen Konzentrationslagers. Er begleitete mich ein Stück. »Natürlich wußten sie, was hier vorging«, beantwortete er meine Frage. »Genug SS-Leute hatten ihre Mädchen in der Stadt, und wenn ein neuer Transport von Gefangenen durch die Straßen getrieben wurde, kamen die Kinder, spuckten auf sie oder warfen mit Steinen. Heute will es niemand gewesen sein.«

An den Toren des Lagers, erst seit 1965 eine »Gedenkstätte«, stand amerikanische Militärpolizei. Nachdem ich mich ausgewiesen hatte, ließ man mich hinein. Noch konnte man sich keiner »Führung« anschließen, aber ein Pole, der drei Jahre im Lager interniert gewesen war und jetzt Gartenarbeit machte, bot sich an, mir das Gelände zu zeigen.

Die Straßen hatten amerikanische Bezeichnungen – »Louisiana Drive«, »Times Square«, »Cole Road« – hier und da lugten unter den neuen Schildern die alten heraus wie etwa die »Straße der KZ-Väter« mit ihren stattlichen Villen. Ein hohes finsteres Gebäude, das noch das Wahrzeichen der SS trug und der Lagerpolizei als Kaserne gedient hatte, war zu einer Schule für amerikanische Militärmusiker umfunktioniert worden. Es wurde gerade geprobt und der forsche Klang einer Tuba mischte sich mit dem Lachen von Kindern, die zwischen schmucken Gärten spielten – ein Sektor der Baracken war Vertriebenen aus den deutschen Ostgebieten zugewiesen worden.

Am Eingang zum »Todesviertel« stand eine Ehrenwache. Eine riesige Aufschrift mahnte: »Denkt daran, wie wir starben«. Etwa 300.000 Menschen waren hier zugrunde gegangen – italienische Partisanen, belgische Widerstandskämpfer, deutsche Sozialisten und russische Soldaten, ungarische Gefangene und polnische Arbeiter, alliierte Fallschirmspringer und Juden, immer wieder Juden. Selbst nach der Befreiung durch die amerikanischen Truppen starben noch viele Wochen hindurch an die hundert Insassen täglich – soweit hatten Krankheit, Erschöpfung und Hunger sie ausgehöhlt.

Die Galgen standen noch, auf denen Saboteure gehängt wurden, jetzt von Löwenzahn und Rosenbeeten umfriedet.

Ein fünf Meter langer Graben, in dem Gefangene mit Genickschüssen umgelegt wurden, war von sauber gestutztem Gras bedeckt. Die Tuba probte nicht mehr allein, ich konnte ihren Schall nicht mehr von anderen Blasinstrumenten unterscheiden.

Alle Bäume trugen saftiges Grün, nur einer war kahl. »Was ist mit dem Baum?«, fragte ich. – »Haben Sie das Schild gesehen?« Ich trat ein paar Schritte näher. »Die Galgentanne.« – »Wenn die Galgen nicht mehr ausreichten, mußte der Baum herhalten.« – »Warum ist er kahl?« – »Verstehen Sie was von Bäumen? Er stirbt langsam ab. Da gibt es so etwas zwischen Mensch und Natur. Tod ist ansteckend.«

Ich wollte gehen, aber er hielt mich zurück. »Wenn Sie interessiert sind, in meiner Kammer habe ich einen Zettel, da hat jemand was draufgeschrieben, einer, der hier war.«

Ich wartete, er kam zurück und steckte mir ein Stück Papier in die Hand. Ich las:

»Die grauen Vögel der Vernichtung / Flattern über den Hof. / Ich höre ihren Flügelschlag / Im heiseren Rufen der SS. / Ich war einmal ein Kind, / Und meine Mutter küßte mich. / Ich hatte Freunde / Und sie spielten mit mir. / Auf dem Hofe steht ein Baum / Die Blätter haben ihn verlassen. / Er trägt keine Frucht. / An seinen Zweigen hängt ein Mensch.«

ISRAEL – WELCHES ISRAEL?

KATZENJAMMER

Die Geschichte begann mit einem Dackel, einem braunen und noch dazu langhaarigen Dackel. Er wäre nicht weiter aufgefallen, hätte ich ihn nicht in Jerusalem spazierenge-führt, und zwar nicht heute, da Hunde zum Straßenbild gehören, sondern Ende 1950, die Zeit, da wir nach Israel übersiedelten.

Hunde galten im Orient als unrein, und wo es welche gibt, gleichen sie mehr den Schakalen, mit denen sie ver-wandt sind, als den Schoßhündchen der westlichen Welt. Im jüdischen Sektor Jerusalems hatte das damals noch eine an-dere Bewandtnis: Juden aus Osteuropa, insbesondere Überle-bende des Holocaust, sahen in Hunden immer noch die Be-stien ihrer ehemaligen Peiniger – die Doggen der russischen Polizei, die Schäferhunde der SS. Einen Dackel hatten die wenigsten gekannt. Und so wurde ich sofort zu dem gestem-pelt, der ich war: ein Jude aus Deutschland.

Wir hatten eine Wohnung in einem westlichen Viertel gemietet, in einem Zwei-Familien-Haus. Der Klempner, der Elektriker, der Maler, der Tischler waren in Deutschland an-gesehene Kaufleute gewesen, die ihren neuen Beruf mit großer Gewissenhaftigkeit gelernt hatten. Obwohl man im Jahre 1950 aus England nur Sachen im Werte von nicht mehr als 600 Pfund Sterling ausführen durfte, brachten wir einen Ford Anglia mit, dessen Fabrikpreis 250 englische Pfund betrug. Nur noch eine einzige Familie in unserer Straße leistete sich einen Wagen. Die Tatsache, daß wir einen elektrischen Kühlschrank und ein Telefon hatten, machte uns des Reichtums verdächtig. Allerdings blieb unsere Tele-fonrechnung niedrig: nur wenige Privatleute waren an das

Fernsprechnetz angeschlossen und Gelegenheiten, zu telefonieren, beschränkt.

Wir standen nicht mit den anderen auf der Straße, um den Eismann abzupassen, der mit einem Eselskarren kam und große Eisstücke verkaufte; die Kunden mußten die triefenden Blöcke die Treppen hinauf in die Küche tragen. Im Winter jedoch blieb uns das Warten nicht erspart – auf einem Handwagen wurde das Petroleum für die Heizöfen geliefert. Ein Mann läutete mit einer Glocke, unterstützt von lauten Rufen, die die Straße entlanghallten, um seine Ankunft zu verkünden. Nicht lange nach unserem Einzug rußte einer der Petroleumöfen und schwärzte nicht nur die frisch gestrichenen Wände, sondern auch Gardinen, Vorhänge und was sonst noch im Zimmer stand oder lag. Ins Büro zu fahren, war eine Sache von Minuten, da es in ganz Jerusalem etwa 700 Privatwagen gab und man überall parken konnte, auch auf den Hauptstraßen, direkt vor dem Haus, in das man gehen wollte. Wenn Marianne am Steuer saß, liefen die Kinder hinterher und riefen: »Eine Frau fährt! Eine Frau fährt!«

Der Milchmann kam mit schweren Trögen, aus denen er die Milch in Töpfe goß, unsterilisiert, und wir mußten sie kochen. Die Haut, die sich darauf bildete, war in unserem kleinen Haushalt nicht beliebt, nur Topsy, der Dackel, schlürfte sie. Als Topsy, obwohl gut genährt, Rattengift auf der Straße fraß, schafften wir uns einen neuen Hund an, Rover, einen Dobermann. Rover aß kein Rattengift, sondern riß die aufgehängte Wäsche unserer Nachbarn von der Leine und verzehrte sie genüßlich. Sie war nicht giftig, aber vergiftete unsere Beziehungen zu allen Anrainern, so daß wir uns entschlossen, ihn als Geschenk der Grenzpolizei zu vermachen. In den frühen fünfziger Jahren drangen Banden von Fedayeen weit ins israelische Gebiet ,und mit Anbruch der Dunkelheit von Jerusalem nach Tel Aviv zu fahren, war nicht ungefährlich. Ob die Suezkampagne von 1956 oder der Einsatz von Rover und seinesgleichen die Sicherheitslage verbessert haben, müssen die Militärhistoriker entscheiden.

Wie in London nahm ich unseren Sohn Michael auch in Jerusalem mit zur Schule, aber nicht immer gelang es zur rechten Zeit: manchmal wurde von »drüben« geschossen .Die jordanische Grenze zog sich mitten durch die Stadt, und die Polizei sperrte ein paar Straßenzüge. Wann, wo und warum geschossen wurde, hing von der bereits erwähnten Kardinalsfrage des Frühstücks ab, das nicht nur auf Politiker, Kritiker und Zensoren seinen Einfluß geltend machte, sondern offenbar auch auf die örtlichen Kommandeure der arabischen Legion.

Ich machte einen Antrittsbesuch bei Gershon Agron, dem Gründer und Chefredakteur der »Jerusalem Post«, den ich in London als einen der Gastredner kennen gelernt hatte. »Ist es wahr, daß ein Komiker, der an einem hebräischen Kabarett-Abend teilnahm, eine symbolische Geldstrafe erhielt, weil er Witze auf jiddisch erzählt hatte?«, fragte ich. – »Sie müssen das nicht so ernst nehmen, ein Witz ist ein Witz, auch wenn der Zensor ihn macht.«

Als ich in Tel Aviv den Schriftleiter einer deutschsprachigen Wochenschrift traf, die mir nicht lange zuvor den 1. Preis in einem Kurzgeschichten-Wettbewerb verliehen hatte, sah er mich an, als ob ich ein Gespenst wäre. »Was machen Sie denn hier? Zu einer besseren Zeit hätten Sie wohl nicht kommen können. Der Bariton Hermann Shey hat gerade eine Konzerttour abgesagt, weil ihm nicht erlaubt wurde, Schuberts ›Winterreise‹ in der Originalsprache zu singen. Die Genehmigung für ein Gastspiel von Albert und Else Bassermann wurde im letzten Moment rückgängig gemacht. ›Die Gefühle mancher Besucher würden beim Hören der deutschen Sprache verletzt‹, hieß die Erklärung des Zensors. Die Dunkelmänner haben das letzte Wort.«

In der zeitlichen Rückschau schoß diese Bemerkung am Wesentlichen vorbei. Zwar gab es seit je einen düsteren Nationalismus in gewissen Kreisen der Zionisten, innerhalb und außerhalb Palästinas, aber die sozialdemokratische Regierung, wenn auch mit orthodoxem Anhang, wußte im Grunde zwischen Zwang und Freiheit zu unterscheiden und lastete der Sprache Goethes nicht das heisere Schreien Hitlers an. Zwei Tageszeitungen und vier Wochenschriften in deutscher Sprache durften erscheinen.

Israel hatte andere als linguistische Sorgen. Auf die Euphorie der Staatsgründung war der Katzenjammer gefolgt. Eine moralische und eine wirtschaftliche Krise suchten das Land heim. Die Massen von Einwanderern aus den orientalischen Ländern, in Zelten und Wellblechbaracken notdürftig untergebracht, verdammten jede Planung zum Scheitern. Im Jahre 1946 erschien mir aus London kommend ein Besuch in Palästina wie ein Besuch beim reichen Onkel; aus dem reichen Onkel war inzwischen ein abgerissener, elender Verwandter geworden. In den ersten vier Jahren nach 1948 strömten mehr Juden nach Israel, als im Lande gelebt hatten, und die Frage tauchte auf : wer absorbiert wen? Die Veteranen die Neuankömmlinge, oder würde die Sturzflut der Einwanderer die Struktur der bestehenden Gesellschaft überschwemmen?

Genauso wie die Juden aus Ost- und Mitteleuropa die Kultur ihrer Ursprungsländer mitbrachten, brachten die Juden aus dem Jemen und Irak, aus Marokko und Iran, aus den Atlasbergen und Kurdistan ihre Gebräuche und Überlieferungen. Sie waren aus der Tradition der patriarchalischen Familie herausgerissen worden und in eine ihnen fremde, moderne, demokratische Gemeinschaft verpflanzt. Eine Zeitlang sprach man von einem »Zweiten Israel«, das in den Auffanglagern eine schattenhafte, proletarische Existenz führte. Allerdings sollte es noch Jahre dauern, bis sich das politische Bewußtsein der orientalischen Einwanderer kristallisierte, aber sie haben dem »Establishment«, damals von der Sozialdemokratie repräsentiert, jene Elendszeit nie vergeben und entscheidend zum Sieg eines rechts-konservativen Regimes beigetragen.

Die Wirtschaftslage war einem Zusammenbruch nahe. Richter drohten mit einem Massenrücktritt; für einen Dollar mußte man 1500 israelische Pfund zahlen – noch zwei Jahre zuvor war es dem Pfund Sterling gleichwertig –; es herrschte

Mangel an Wasser und an Autoreifen, Zeitungen erschienen auf grünem und rotem Papier, ohne Anspielung auf ihre politische Ausrichtung, da die Papierzuteilung nicht alle Bedürfnisse deckte. Die Fleischer streikten, die Hausfrauen protestierten vor den Regierungsämtern, der schwarze Markt florierte und selbst der Bürgermeister von Tel Aviv, Rockach, gab Anweisung, Materialien für ein dringend benötigtes neues Krankenhaus auf dem schwarzen Markt zu kaufen. Der Stromverbrauch wurde eingeschränkt, Taxis fuhren ohne Taxameter, weil die nicht zu beschaffen waren, Kinder von Neueinwanderern zeigten Symptome der Unterernährung, auf die Schuhgeschäfte erfolgte ein Ansturm, nachdem das Gerücht kursierte, die »Schuhpunkte« würden entwertet werden. »Dollar-Läden« entstanden, wo man für Dollar-Gutscheine, von Freunden oder Verwandten aus dem Ausland geschickt, sich eindecken konnte. Selbst aus dem noch unter Rationierung stehenden England trafen Geschenkpakete ein. Die Regierung trat zurück, die Koalition blieb, Neuwahlen brachten kaum eine Änderung. Im Juni 1951 wurde König Abdallah auf dem Jerusalemer Tempelplatz, im jordanischen Teil der Stadt gelegen, von arabischen Nationalisten ermordet. Die Zahl der Grenzzwischenfälle stieg.

Ich ging zum kleinen Lebensmittelhändler, nicht weit von unserem Haus, um ein Brot zu kaufen. Misrachi, der Inhaber, war vor zwei Jahren aus dem Irak gekommen. Hätte ihm seine Familie nicht geholfen, die schon im Lande war, säße er noch im Zeltlager. Umständlich schnitt er den Brot-Coupon aus der Rationskarte, packte den Laib in schon gebrauchtes Zeitungspapier ein, und da ich nicht die passende Summe auf den Tisch legte, gab er mir den Rest in Notgeld der Autobuskooperative zurück, obwohl ich kaum Autobus fuhr. Es war ein Stück aufgeweichter Pappe mit einem Stempel.

»Warum drucken Sie nicht Ihr eigenes Notgeld?«, fragte ich. Misrachi zuckte die Achseln. »Jijeh Tow – Es wird gut sein«, sagte er. Zuhause legten wir das Brot in den aus England stammenden elektrischen Ofen, um es rasch zu desinfizieren. Sollten wir das Notgeld auch in den Ofen legen?

Im Hauptbüro des Jüdischen Nationalfonds war von alledem nichts zu spüren. Dort plante man Bäume zu pflanzen, Bergböden zu entsteinen, Wanderdünen zu verankern, den Lauf von Flüssen zu korrigieren, Sümpfe zu trocknen, des Wüsten-Sandes Herr zu werden. Ich wurde freundlich empfangen, Dr. Granot begrüßte mich herzlich: ein neuer Mann, eine neue Feder, der Nationalfonds war kein staatliches Unternehmen, lebte von Spenden, die größtenteils aus der westlichen Welt kamen.

Um Spenden mußte geworben werden, nur keine Zeit verlieren, Urbarmachung und Bewaldung konnten nicht warten, die Menschen hier konnten nicht warten, sie brauchten Arbeit, Boden unter den Füßen, ein Stück Grün zum Atmen.

Also los: Ich wurde kreuz und quer durch das Land gefahren, nicht immer auf Straßen, oft über verkarstete Bergrücken oder verdorrte Ebenen, manchmal ging es mit dem Jeep nicht weiter und wir kletterten über Felsen oder sanken tief in Sand. Dort wird jenes entstehen, erklärte man mir, und hier dieses. Man muß Phantasie haben, um Realist zu sein. Städte werden nicht jeden Tag geboren, und bestimmt nicht in der Wüste. Auf der Chaussee von Beersheba nach Sodom (Oh, Gomorrha) prophezeite ein großer Wegweiser optimistisch »Zum Zentrum des Arad-Gebietes«. Dort bogen wir ab, verließen die Straße – und damit die Zivilisation. Eingehüllt von Staubwolken rüttelte und schüttelte der Jeep auf der Wegspur, die seit der Zeit der Römer nicht mehr benutzt worden war. Auf einer Anhöhe von 600 Metern stand in biblischen Zeiten die Festung des Königs Arad, der davon lebte, Tribut von den Karawanen einzukassieren. Dort, auf jener Anhöhe würde eine Stadt entstehen von 10.000 Einwohnern, die ihr Glück im »Wilden Süden« suchen. Die Stadt ist entstanden, viele haben ihr Glück gefunden, ich weiß nicht, ob alle zehntausend.

Ein Hafen? Wie macht man einen Hafen? Haifa im Norden genügte nicht mehr für den ständig wachsenden Verkehr und Warenumschlag. Man benötigte einen Tiefseehafen im Süden. Mitten in Sanddünen stiegen wir aus. Hier, sagte der

Spezialist, würde das Gelände für den Hafen geplant. Warum gerade hier? Ein Hafen muß verkehrstechnisch gut gelegen sein und ein industrielles und landwirtschaftliches Hinterland haben. Nichts war an diesem Ort zu sehen als ein paar Holzbaracken, Aluminiumhütten, Sand und ein Schild »Ashdod«. Ein Hafen braucht eine Stadt. Heute ist Ashdod eine Stadt von 50.000 Einwohnern. Dimona? Nein, ich meine nicht den Atommeiler – sondern die Stadt Dimona, voller Menschen, Autos, Industrie: ich war dabei, als der Grundstein gelegt wurde, im Nichts.

Als ich 1946 zum ersten Mal im Huleh-Gebiet war, im Norden des Landes, warnte eine Tafel »Lagern verboten, Malaria-Gefahr!« Hinter den Dünsten, die von den Sümpfen aufstiegen, lauerten Krankheit und Verfall. Die Totenstille wurde nur durch das Blöken der Wasserbüffel unterbrochen, die durch den Morast wateten, und von den dünnen Stimmchen arabischer, von Krankheit ausgezehrter Kinder, die Matten aus getrocknetem Papyrus feilboten. Weg mit den Sümpfen! Gigantische Bagger fuhren auf, um das Terrain zu drainieren, und wo einst der Moskito den Zugang sperrte, wird heute Mais, Baumwolle und Weizen geerntet.

Über Geröll und Gestein, über Lehm und Löß, über Sand und Schotter, über Dünen und Disteln, von Grundstein zu Grundstein – für Städte, Dörfer, Farmen, Gärten, Parks.

Ich versuchte, das einzufangen: in Dokumentarfilmen, Hörspielen, Broschüren, einer illustrierten Monatsschrift und in Vorträgen. Später wurden meiner Abteilung Sektionen in anderen Sprachen angegliedert – Französisch, Spanisch, Portugiesisch, Jiddisch, Deutsch – ja, auch Deutsch. Es fehlte nicht an Ressentiments von Kollegen, die nicht einsahen, wozu man dafür einen Import aus England brauchte, da sie selber den Ehrgeiz hatten, meine Position zu füllen. Jeder wollte einen Platz an der Sonne, obwohl es in Israel Sonne in Übermaß gibt.

Als ich eines Mittags aus dem Büro nach Hause kam, fand ich im Postkasten einen Brief aus Argentinien. »Marian-.

ne«, rief ich, »ein Brief aus Buenos Aires, von Rudi und Vera.« Wir hatten sie in London kennen gelernt. Nett, daß sie von sich hören ließen, besorgt, wie es uns im neuen Land erginge. Ich steckte den Brief in den Umschlag zurück und las auf dem Rücken des Kuverts: »Gruß, Rubinstein.«

»Wer ist Rubinstein?«, fragte ich. Marianne dachte nach. »Das muß Victor Rubinstein sein, sein Vater hatte ein Herrenartikelgeschäft, ich glaube, in der Maria-Hilfer-Straße …« – »Wann hast du ihn zum letzten Mal gesehen?« – »Ich weiß nicht, vielleicht vor 15, 18 Jahren …« – »Und plötzlich läßt er uns grüßen?« Marianne dachte wieder nach. »Es kann sein, daß Werner Rubinstein, der Mann von Lotte …« – »Halt«, rief ich, »das ist natürlich Max, mein ehemaliger Klassenkamerad aus Kassel, Max Rubinstein, er wanderte nach Südamerika aus.« – »Nach Peru«, unterbrach Marianne. »Alle Einwanderer nach Peru landen schließlich in Argentinien«, entgegnete ich. »Ist nicht der alte Rubinstein am Zionsplatz sein Onkel?« – »Wenn du willst, kann ich ihn fragen«, bot Marianne an. Sie griff zum Telefon, aber der alte Rubinstein wußte von nichts. Das letzte Mal hatte er von seinem Neffen vor einem Jahr aus Peru gehört. Von Buenos Aires war nicht die Rede gewesen, aber er hatte geklagt, daß er das Klima nicht vertragen konnte.

Das war es. Max hatte das Klima nicht vertragen können, und jetzt war er in Buenos Aires. Der alte Rubinstein war rechtschaffen froh, das zu hören, er hatte sich um seinen Neffen gesorgt und dankte uns herzlich.

Nach ein paar Tagen kam ein Brief aus den Vereinigten Staaten, aus Chicago, von Mariannes Schwester Luise. Zufällig sahen wir später auf der Rückseite des Kuverts die Zeile »Gruß, Rubinstein«.

»Was für ein merkwürdiges Zusammentreffen«, meinte Marianne, »Max muß nach Chicago gefahren sein, Luise besucht haben und gerade als sie schrieb …« – »Ausgeschlossen«, sagte ich, »das muß ein anderer Rubinstein sein. Es gibt schließlich genug Rubinsteins in den Vereinigten Staaten und sie brauchen keinen aus Argentinien zu importieren, um

uns Grüße zu schicken.« – »Es ist aber die gleiche Handschrift«, bohrte Marianne. – »Das kann täuschen.«

Es war die gleiche Handschrift und sogar der gleiche Tin-
tenstift. Ich begann in einem Bücherregal zu suchen. »Was
suchst du?«, fragte Marianne. – »Ich will in unserem Atlas
feststellen, wieviele Kilometer ein Mensch von Buenos Aires
nach Chicago fliegen muß, um von dort Grüße an uns zu
schicken.«

Marianne wurde nachdenklich. »Bist du sicher, daß es
nicht doch Victor Rubinstein ist, der aus dem Herrenartikelgeschäft …« Wir ließen die Sache und Rubinstein auf sich
beruhen.

Am nächsten Morgen, als ich ins Auto einsteigen wolle,
kam der Briefträger. Ein neuer Mann. Briefträger wechselten
oft. »Shalom«, sagte er. – »Shalom«, antwortete ich in Eile. –
»Erkennen Sie mich nicht?«, fragte der Mann. »Da war doch
der Autobusstreik, ich stand an der Haltestelle und dachte,
vielleicht kommt doch einer, es kam aber kein Bus, und Sie
nahmen mich halbwegs nach Hause.« – »Natürlich, ich erinnere mich«, sagte ich, ohne es wirklich zu tun, »und jetzt
sind Sie in unseren Bezirk versetzt worden?« – »Das wissen
Sie doch, ich habe Ihnen ja geschrieben.« – »Sie haben mir
geschrieben?« – »Haben Sie nicht meine Grüße gesehen?« –
»Wie heißen Sie?« – »Rubinstein.«

BESUCHER

Es kamen Besucher aus Deutschland, die in unserem Hause
willkommen waren – Probst Heinrich Grüber aus Berlin, der
wegen seiner Hilfe für die Juden drei Jahre im KZ verbüßen
mußte; Dr. Gertrud Luckner aus Freiburg, eine der führenden Persönlichkeiten des Deutschen Caritas-Verbandes, die
ein ähnlich schweres Schicksal erlitten hatte und in ihrer
Rettungsarbeit für jüdische Menschen nicht nachließ. Der
»Freiburger Rundbrief« erschien viele Jahre hindurch nach

dem Kriege und trug zum Verständnis für Judentum und Israel bei; Dr. Jutta Bohnke-Kollwitz, Leiterin der »Germania
Judaica« in Köln und Nichte der Malerin und Bildhauerin
Käthe Kollwitz, und Fritz Kortner, mit dem ich ein öffentliches Gespräch führte. »Sie wissen mehr über mich als ich selber«, rief er aus. Wir sprachen nicht nur über die Bretter, die
die Welt bedeuten, sondern auch über die Bretter, die die
Welt vernageln.

»Wenn man durch Israel fährt, hat man das Gefühl,
durch ein Gemälde zu reisen«, sagte der 82jährige Dichter
Arnim T. Wegner, auf seinem letzten Besuch im jüdischen
Staat. »Buntheit, Farbigkeit, gewundene Straßen – auf der
anderen Seite das Gefühl, etwas von Menschen Geschaffenes
zu sehen, nicht etwas ›Gewordenes‹«. 1932 erschien sein
Palästinabuch »Jagd durch das tausendjährige Land«, das eigentlich »Jakobs Kampf um die Erde« heißen sollte, aber
vom Verleger aus Angst vor den Nazis umbenannt wurde –
ohne daß es dadurch ein Jahr später seinem Verbot entging.
»Als ein Selbstvertriebener fühle ich mich hier zu Hause«, gestand er, »hier ist in manchen Kreisen reiner und tiefer das
erhalten, was einmal zu den besten Eigenschaften der Deutschen zählte. Ich bin alt und die Menschen sind mir fremd
geworden. Wenn ein großes Leid ein Volk befällt, so nennt
man es ›Heimsuchung‹: ob das deutsche Volk in seiner Gesamtheit heimgefunden hat, darüber bin ich im Zweifel.«
Immer wieder hatte es ihn durch Palästina getrieben. »Vielleicht, weil ich ein Nachkomme von Kreuzfahrern bin«,
meinte er lächelnd und zeigte seinen Siegelring mit dem von
einem Schwert durchstochenen Halbmond.

Im Ersten Weltkrieg sah er die Austreibung der Armenier
mit eigenen Augen. er war der erste, der in der Weltpresse
die Leiden dieses Volkes an die Öffentlichkeit brachte. Noch
einmal erhob der erfolgreiche Schriftsteller, dessen Rußlandbuch »Fünf Finger über Dir« und dessen Kinderroman »Noni oder die Welt von unten« Bestseller in vielen Sprachen
wurden, seine Stimme für die Menschlichkeit, was sein jahrzehntelanges Schweigen zur Folge hatte: nach dem Boykott-

tag am 1. April 1933 mahnte er Hitler in einem Brief, die deutsche Ehre nicht durch die Verfolgung der Juden zu beflecken.

Folterung durch die SS im berüchtigten Columbiahaus in Berlin und ein Leidensweg durch Konzentrationslager waren die Antwort. Als im Jahre 1947 Ricarda Huch in Berlin die Gedenkrede auf die von den Nazis umgebrachten deutschen Dichter hielt, erschien der Name Arnim T. Wegner auf der Totentafel. Obwohl er in Italien überlebt hatte, blieb er in Deutschland verschollen: die Erlebnisse hatten ihn verstummen lassen.

Dieses Schweigen währte zwanzig Jahre, bis er wieder zum Wort zurückfand, mit Hilfe seiner Gattin, die wie seine erste Frau, die in Jerusalem verstorbene Dichterin Lola Landau, Jüdin war.

Im Januar 1964 machte Papst Paul VI. eine Pilgerfahrt ins Heilige Land. Die damit verbundenen politischen Komplikationen erhellten die Absurdität einer vom Vatikan selbst geschaffenen Lage. Der Heilige Stuhl hatte bekanntlich 1948 die Internationalisierung Jerusalems gefordert, in das sich zur Zeit der Papst-Reise Israel und Jordanien teilten; die Forderung der Internationalisierung war niemals modifiziert und Israel niemals de jure anerkannt worden. Daraus ergaben sich Situationen, die man nicht ernst nehmen kann.

Den einzigen Übergang zwischen Jordanien und Israel, zwei sich im Kriegszustand befindlichen Staaten, bildete damals eine Straße im geteilten Jerusalem, das Mandelbaum-Tor – so genannt nach einem Haus, das einem Herrn Mandelbaum gehörte. Eine andere Verbindung gab es nicht und so wurde erwartet, daß Paul VI. an dieser Stelle israelisches Gebiet betreten würde. Das wäre jedoch einer indirekten Anerkennung der israelischen Souveränität über Westjerusalem gleichgekommen und deshalb wählte der Papst, den jüdischen Staat durch die Hintertür anzusteuern, nämlich über eine alte Chaussee von Jordanien nach Haifa, seit 1948 gesperrt, von Dornen, Gras und Kakteen überwuchert. Regen und Sturm hatten den Asphalt aufgebrochen und zehn Kilometer mußten neu gelegt werden, um die Landstraße wieder befahrbar zu machen. Als Treffpunkt wurde die 3000 Jahre alte Festung Megiddo gewählt, nach der Apokalypse das symbolische Schlachtfeld Armageddon, wo am Ende der Zeiten der letzte Kampf zwischen den Mächten des Guten und Bösen ausgefochten wird, offenbar schon deshalb ein passender Ort.

Aber nun erhoben sich protokollarische Fragen. Wer sollte den Papst beim Eintritt nach Israel begrüßen? Der Staatspräsident residiert in Jerusalem. Mußte er die Hauptstadt verlassen und den Hohen Gast an dieser obskuren Wegkreuzung begrüßen? Eine hitzige inter-parteiliche Diskussion entstand. Es sei gegen die Würde eines Staatsoberhauptes, die Begrüßungszeremonie statt in Jerusalem an einem eigens geschaffenen Grenzübertritt vorzunehmen, meinten die Rechtskonservativen und schlugen vor, man müsse den Oberrabbiner hinschicken. Andere waren konzilianter und meinten, der Regierungschef solle nach Megiddo fahren. Schließlich siegte die politische Vernunft über den Nationalstolz, und Staatspräsident Schazar begab sich an den mystischen Ort des letzten Gefechts.

Gut, daß Israel die Szenen erspart blieben, die sich im jordanischen Ost-Jerusalem abspielten. Das Geschrei und Getöse jenseits der nahen Grenze drang bis in unser Haus. »Via Dolorosa«, die Straße der Passion von Jesus, wurde zu einem Leidensweg auch für den Papst. Den jordanischen Sicherheitskräften war es nicht gelungen, eine hysterische Menge von 80.000 in Schach zu halten, die sich auf den Papst stürzte, um seine Hand zu küssen oder sein Gewand zu berühren. »Sie werden den Papst töten«, gellten Schreie von Franziskanern, und die Gewehrkolben von Soldaten retteten ihn nur im letzten Augenblick. An der sechsten Leidensstation, wo Veronika das Antlitz von Jesus mit einem Taschentuch getrocknet haben soll, mußte Paul VI. für fünfzehn Minuten Zuflucht im Torbogen einer Kapelle nehmen, sein Gesicht wachsbleich. Der Ansager des jordanischen Rundfunks gab zu: »Das historische Ereignis wird zu einem historischen Chaos.«

Dann schon lieber Megiddo.

_____

DRAHTSEILAKT

Als ich 1950, aus London kommend, zum ersten Mal in Frankfurt am Main auftauchte, war die Stadt noch still, ohne Hochhäuser und Untergrundbahn, noch nicht zum Finanz- und Messezentrum der Bundesrepublik geworden: trotz der Wunden und Narben des Krieges lag etwas von der Beschaulichkeit früherer Zeiten auf ihr. Ich hatte eine Empfehlung an Arno Rudert, zusammen mit Karl Gerold Gründer und Chefredakteur der »Frankfurter Rundschau«. Die Redaktion befand sich neben der Druckerei, es war alles noch sehr unsicher, sehr neu, sehr klein. Ich ahnte nicht, daß ich mich mit diesem Besuch in eine Löwengrube begab. Damit sind nicht die freundlichen Kollegen gemeint, sondern die Folgen dieses Schrittes für vier Jahrzehnte meines Lebens. Je mehr sich meine innere Bindung zu dem Nationalfonds in Jerusalem lockerte – aus dem Sturm und Drang der Schöpferzeit war ein schwerfälliger bürokratischer Apparat geworden –, desto mehr geriet ich in den Sog eines berichtenden Zeitzeugen, besonders für deutsche Medien. Ich wußte damals nicht, was es bedeutet, Israel einem deutschen Publikum verständlich zu machen, mit all seinen Konflikten und Konvulsionen, aber auch in seiner Einzigartigkeit: es gibt keinen zweiten jüdischen Staat in der Welt.

Damals konnte sich die »Frankfurter Rundschau« noch keinen eigenen Korrespondenten in Israel leisten. Den ersten Artikel, den ich nach meinem Frankfurter Besuch schrieb, war nicht für die »FR«, sondern über sie, damals eine neue Stimme in der Bundesrepublik. Als ich nach einiger Zeit die Funktion ihres Korrespondenten übernahm, mußte ich meine Berichte mit Eilpost schicken, die bis zu einer Woche unterwegs waren, so daß sich der außenpolitische Redakteur Hans-Herbert Gaebel beschwerte, ich käme immer zu spät. Als ich auf Telex übergehen durfte – Ferngespräche waren zu teuer –, legte er mir ans Herz, nur in dringenden Fällen davon Gebrauch zu machen. Das änderte sich mit den Jahren. Was sich nicht änderte, war die deutsche Leserschaft.

Als ich 1988 als Berichterstatter über aktuelle Ereignisse ausschied – meine gelegentliche Mitarbeit ging noch drei Jahre weiter –, schrieb Chefredakteur Werner Holzer in der Ausgabe vom 14. April: »... Hat Herbert Freeden doch, als Jude, der in Deutschland geboren wurde, über fast vier Jahrzehnte hinweg in großer Unabhängigkeit deutschen Lesern über Entwicklung, Hoffnungen, Krisen und Kriege des jüdischen Staates, über Israels Selbstverständnis und über das Verhältnis zu den arabischen Nachbarstaaten berichtet. Es sei ihm manchmal schwergefallen, so gab er zu, ausgerechnet einem deutschen Leserpublikum ein unabhängig kritisches Bild der Realität des Konfliktes im Nahen Osten zu geben. Wer weiß, unter welch bedrohlichen Verhältnissen Herbert Freeden in der Zeit nationalsozialistischen Rassenwahns in Berlin leben mußte, ehe ihm 1939 die Flucht nach Großbritannien gelang, wird dies gut verstehen. Doch seine eigenen bedrückenden Erinnerungen haben ihn niemals daran gehindert, als Analytiker, Kommentator und Berichterstatter zu mehr Verständnis zwischen Deutschen und Israelis beizutragen und trotz der Vergangenheit auch die Zukunft zu sehen. Das sachkritische Urteil Herbert Freedens wird uns in der täglichen Arbeit oft fehlen ...« Einer von vielen Leserbriefen, die mich zu jener Zeit erreichten: »Wie es Ihnen gelungen ist, die schwierige Balance zwischen Betroffenheit und Sachlichkeit zu halten, die andere Seite zu zeigen, ohne den eigenen Standpunkt zu verwischen, die emotionalen Linien zwar nicht auszumalen, aber ihren Verlauf anzudeuten ... Ich meine auch oft in Ihren Texten zu erkennen, daß Sie die Empfindlichkeit und Bedenken der deutschen Linken genau kennen und sie argumentativ abfangen ...«

Das Schöne an meiner Mitarbeit war, daß sie sich über ein breites, buntes Spektrum erstreckte. Unter meinen über zweitausend Beiträgen fanden sich Leitartikel und Reportagen, Kommentare und Glossen, Kurzgeschichten und Buchbesprechungen, Dokumentationen und Erlebnisberichte aus der Nazizeit. Im Laufe der Zeit luden mich andere Blätter ein, zusätzlich auch ihr Israel-Korrespondent zu sein, und meine Tätigkeit für die »Badische Zeitung«, »Stuttgarter Nachrichten«, »Kieler Nachrichten«, den Züricher »Tagesanzeiger« waren nicht weniger produktiv, wenn auch von der gleichen Problematik bestimmt, wozu noch eine erfreuliche Mitarbeit am »Deutschlandfunk«, Köln, kam.

Nachdem 1983 im deutschen und israelischen Fernsehen die auf Lion Feuchtwangers Roman basierende Serie »Die Geschwister Oppermann« ausgestrahlt wurde, rief mich der Norddeutsche Rundfunk an, um zu hören, was meine Reaktion und überhaupt die in Israel auf dieses Fernsehspiel war. Die erste Frage des jungen, wohlmeinenden Reporters lautete: »Warum haben sich die deutschen Juden nicht gewehrt, warum haben sie sich alles gefallen lassen und nicht zurückgeschlagen?« Ganz gegen meine Gewohnheit mußte ich mit einer Gegenfrage antworten. »Wo war 1933 die deutsche Sozialdemokratie mit dem ›Reichsbanner Schwarz-Rot-Gold‹, wo waren die Kommunisten mit ihrem Rotfrontkämpferbund, wo die mächtigen Gewerkschaften, die nicht einmal einen einzigen Tag gestreikt haben? Sie alle hatten die Hälfte der deutschen Bevölkerung hinter sich und trotzdem hat keine dieser militanten, bewaffneten, straff strukturierten Organisationen etwas gegen ihre eigene Auflösung unternommen, nichts gegen die Verhaftung ihrer Führer, gegen die Mißhandlungen ihrer Parteigenossen, gegen die Ermordung ihrer Kameraden.«

Seit 1953 besuchte ich Deutschland fast jedes Jahr, und von den Kollegen wurde ich in Frankfurt, Freiburg, Stuttgart, Kiel und Köln gastlich aufgenommen. 1979, bevor ich in Berlin einen Vortrag halten sollte, sah ich im Kino »Die Blechtrommel« nach dem Roman von Günter Grass.

Meine vielen Jahre in Jerusalem haben mich gegen israelische Abwegigkeiten äußerst kritisch gemacht, aber ich hatte zu lange in Deutschland gelebt, um nicht noch als deutscher Jude zu fühlen. In der Darstellung von jüdischen Gestalten in deutschen Filmen, Theatern und Kabaretts bin ich von der Empfindlichkeit eines elektronischen Auges. Es nimmt Vibrationen auf, die mit dem bloßen Blick nicht zu erkennen sind.

Gewiß machte es einen Unterschied, ob man der netten, hilfreichen Person des Herrn Markus im Buch begegnet, oder ob dieser Jude mit den Mitteln eines Massenmediums einem nicht diskriminierenden Publikum vorgestellt wird. Die Mehrzahl der Juden in Deutschland sprach zur Zeit der von Grass dargestellten Ereignisse entweder hochdeutsch (manche schrieben es sogar vortrefflich) oder sie glichen sich der Mundart ihrer Umgebung an, im vorliegenden Fall der Danziger. Markus hingegen mauschelte. Mauscheln, eine Verballhornung des Jiddischen und eine Verzerrung des Deutschen, liegt halbwegs zwischen beiden Sprachen und läßt sich leicht imitieren. Man braucht nur an der Wortstellung eines Satzes etwas zu ändern, etwa das Verbum in die Mitte nehmen, die Stimme ein bißchen singen zu lassen, und schon ist der Sprecher als Jid gekennzeichnet. Seit dem »Jud Süß« von Veit Harlan habe ich gegen diese Art der Darstellung eine Allergie entwickelt.

Wenn der gutherzige Markus die Mutter des Blechtrommlers Oskar zu überreden versucht, Danzig zu verlassen und dem Sinne nach etwa sagt: »Meine Leit in London werden uns schon helfen«, so weckt das peinliche Assoziationen an die »Weisen von Zion« und die Allmacht der international verfilzten und zusammenklebenden Juden. Wenn gegen Ende des Films Danzig in Schutt und Asche versinkt und über die Straßen, die aus der Stadt führen, sich ein deutscher Flüchtlingsstrom wälzt, öffnet ein Mann mit Bart und Käppchen, der Kopfbedeckung frommer Juden, eine Glastür zu seinem Laden, offenbar die einzige in Danzig, die heil geblieben ist, auf der in dicken Lettern der Name Fayngold steht.

Mein zufälliger Nachbar im Kino flüsterte seiner Begleiterin nur ein Wort zu: »Fayngold«. Das sagt alles. Was wollte der Film damit andeuten? Daß die Deutschen zu Flüchtlingen wurden und die Juden wiederkamen? Daß am Ende die Opfer dennoch die Sieger blieben? Weder kamen sie zurück, wenn man nicht an die Auferstehung der Toten glaubt, noch blieben sie die Sieger, es sei denn »sub specie eternitatis« – in einer Perspektive der Ewigkeit. Aber das, so schien mir, war nicht die Botschaft der »Blechtrommel«.

Mangel an Nuancen, an Takt, an Feingefühl – so sah es im »besseren« Deutschland von Günter Grass und Volker Schlöndorff aus; Mangel an Wissen und Geschichtskenntnis beim aufgeschlossenen, gutwilligen Reporter des Norddeutschen Rundfunks. Da sich in Israel die gesellschaftliche Struktur zu ihrem Nachteil verschoben hatte und Kräfte ans Ruder gekommen waren, mit denen ich mich nicht identifizieren konnte, wurde meine journalistische Arbeit mehr und mehr zu einer Art von Drahtseilakt.

ERRATISCHE BLÖCKE

Schalom Ben Chorin schlug mir vor, in die deutschsprachige Loge des B'nai Brith-Ordens einzutreten. Warum ich es tat, weiß ich nicht mehr, aber ich tat es. Danach lasen Ben Chorin und ich in einer öffentlichen Veranstaltung, jeder von uns aus eigenen Arbeiten. Danach hielt ich Vorträge über Vorträge, einen davon über das Alter. Er erschien in der Schriftenreihe der Loge unter dem Titel »Lobrede auf das Alter – Revision eines Vorurteils«.

Die Idee zu dieser Lobpreisung kam mir in einem T.E.E. (Trans-European–Express) auf dem Weg von Zürich nach Frankfurt. Im Abteil saß ein junges Mädchen und draußen war Frühling, das richtige Ambiente, um an Sein oder Nichtsein zu denken. Alt werden oder jung sterben – es gibt keine Alternative, aber wenn es die nicht gibt, so sollte man das Alter glorifizieren. Alt sein – beneidenswert! Sie sehen phantastisch aus, wie ein Hundertjähriger, wie haben Sie das nur gemacht, Sie können doch höchstens 90 sein? Großartig, alle Achtung!

Was haben die Neger getan? Sie haben ihre dunkle Hautfarbe, die sie so oft gestört hat, in ein stolzes Attribut verwandelt. »Black is beautiful – Schwarz ist schön.« Einige jüdische Gruppen haben es ebenfalls versucht. »Jewish is beautiful – Jüdisch ist schön.« Es wäre an der Zeit, zu sagen: »Old is beautiful – Alt ist schön«. Wir sollten uns den Begriff der Schönheit nicht von der Kosmetik-Industrie aufschwatzen lassen. In den letzten Jahrzehnten hat die Konsumgesellschaft den Teenager als Verbraucher entdeckt, aber die Gesetze der Schönheit sind nicht die der Kundenwerbung. Der Abend ist nicht weniger schön als der Morgen. Aus Rembrandts Bildnissen alter Männer leuchtet mehr Schönheit als aus den Fotos kalifornischer Schönheitsköniginnen. Gesichter sind beschrieben oder leer. In der Miene und Haltung eines alten Menschen spiegelt sich eine breite menschliche Landschaft. Wir tragen unser Leben im Gesicht und auf dem Rücken. Das ist von höherer Schönheit als das Reklamebild für eine Hautcreme.

Um diese Zeit, Ende der Sechziger, erschien Karl Gerold in Jerusalem, nach Ruderts Tod alleiniger Chefredakteur. Er war ein süddeutscher Liberaler alter Schule, eine längst ausgestorbene Gattung, Einzelgänger, der zwar der »Frankfurter Rundschau« seinen Stempel aufdrückte, aber Team-Arbeit nicht gerade förderte. Er trank gern und schrieb Gedichte, von denen er mir eines, »Der erratische Block«, in die Hand drückte. »In diesem Alter, den Jahren des erlebten Wissens, / geprägt von dem Anblick des vielfachen Todschlags / und dessen Runen im inneren Antlitz, / bleibt aber meine Hoffnung unerschrocken, / daß alle, die nach uns kommen, erkennen / die Mahnung an unsere Taten und Übeltaten / im Sinnbild des Daseins / als erratischen Block.«

Als ich ihn auf das Altersproblem ansprach, winkte er ab. »Bernard Russell hat noch in seinen neunziger Jahren Bücher

211

geschrieben, Verdi komponierte mit 80 seinen ›Falstaff‹, Picasso, Kokoschka, Chagall malten wie eh und je mit 90, Bernhard Shaw schockierte mit 94 seine Leserschaft, Clemenceau übernahm mit 77 das Amt des Regierungschefs – was wollen Sie?« Dann blinzelte er listig. »Wissen Sie den Unterschied zwischen ›kann‹ und ›muß‹? Ein junger Mensch kann, ein Alter muß – nämlich sterben.« Wir luden ihn zum Dinner ein, und mitten beim Essen rezitierte er Lyrik, während seine Frau im Nebenzimmer auf dem Klavier musizierte. Es ging etwas erratisch zu. Nach Gerolds Tod übernahm Werner Holzer 1973 die Chefredaktion.

Am 11. April 1961 wäre ich beinahe verhaftet worden, nicht daß ich mir nicht schon lange verdächtig vorgekommen wäre. Aber der Anlaß war ernst – der Eröffnungstag des Eichmann-Prozesses. Ich saß mit hunderten anderen im ad-hoc-Gerichtssaal, als ein Polizeioffizier auf mich zukam und mich ersuchte, den Saal zu verlassen. Draußen vor der Tür verlangte er meinen Ausweis, ließ nicht von seinen mißtrauischen Blicken ab und nur durch weitere Fragen sich davon überzeugen, daß meine Pressekarte echt war. Daß dieser Polizeioffizier der Sohn eines Logenmitglieds war, mich in Begleitung seines Vaters schon einige Male gesehen hatte, ließen Zweifel an der Loge aufkommen (niemals an den israelischen Sicherheitsdiensten).

In unserem Hause fanden sich manche der deutschen Korrespondenten zusammen, die über den Prozeß berichteten. Ich erinnere Conrad Ahlers, Klaus Bölling, Bernd Nellessen, auch den Wiener Herbert Schiff vom »Neuen Österreich«, für das ich eine Zeitlang arbeitete. Als wir Ahlers in seinem schönen Heim im Taunus besuchten, erklärte er spontan, uns für den folgenden Abend Karten für die Bayreuther Festspiele zu besorgen, die man gewöhnlich lange zuvor buchen muß, und wir sahen den »Fliegenden Holländer« in einer erregenden Inszenierung von Wieland Wagner. Ich blieb mit Ahlers noch lange in Verbindung, als er von der »FR« zum »Spiegel« wechselte, wo er 1962 der Mittelpunkt der Franz-Josef Strauss-Affäre war; als er Regierungssprecher wurde; als er nach Hamburg ging, wo er starb. Ein junger Mensch kann sterben, ein alter muß es.

Um jene Zeit trat ich in Beziehung zum Leo Baeck Institut, das sich zur Aufgabe gemacht hat, die geistige Erbschaft des deutschen Judentums zu bewahren und in Forschungsarbeiten alle Aspekte seiner Geschichte zu beleuchten. Bereits in den fünfziger Jahren hatte Dr. Robert Weltsch, der damals das Leo Baeck Institut in London leitete, mich aufgefordert, für das erste Jahrbuch einen Beitrag über den Jüdischen Kulturbund zu schreiben. Erst später kam mir der Gedanke, dem Phänomen einer jüdischen Theater-Organisation im Nazireich systematisch nachzuspüren und mich nicht, wie im Aufsatz für das Jahrbuch, auf meine eigenen Erlebnisse zu verlassen.

Ich legte dem Leiter des Jerusalemer Leo Baeck Instituts, S. Adler-Rudel, meinen Vorschlag vor. Er bat um eine Synopsis, Gliederung und Zergliederung meines Themas, bevor er mein Projekt dem wissenschaftlichen Ausschuß zur Beratung einreichen könne. Es dauerte lange, bis das Grüne Licht kam, etwa 1961, und die Sammlung und Sichtung des Materials, in Israel, England und Amerika, nahm weitere zwei Jahre in Anspruch. 1964 erschien das Buch in Tübingen. Es löste insofern eine Überraschung aus, als der Jüdische Kulturbund nicht nur zur Zeit seines Wirkens unter Ausschluß der deutschen Öffentlichkeit existierte, sondern daß seine Existenz überhaupt aus dem Studium deutscher Historiker der Nazizeit ausgeklammert war, daß auch jüdische Forscher sich nicht mit ihm beschäftigt hatten, und daß der deutsche Leser schlechthin nichts davon wußte und niemals gewußt hatte.

Für die deutschen Medien war das ein Fund, und über 50 Besprechungen gaben diesen »Enthüllungen« breiten Raum. 1985 erschien es auch als Taschenbuch bei Ullstein. Es traf sich, daß gerade zum Zeitpunkt der Neuauflage eine Konferenz der Leo Baeck Institute von New York, London und Jerusalem zum ersten Mal auf deutschem Boden, in Berlin stattfand, mit dem Thema »Die Juden im Nationalsozialistischen Deutschland«. Viele Medien nahmen das gerade auf den Markt gelangte Buch zum Anlaß, auf die Konferenz hinzuweisen, die von Bundeskanzler Kohl eröffnet wurde. Obwohl ich nur einer von 25 Referenten war und einen periphären Platz in der Konferenz einnahm, wurde ich durch das Buch in einen Strudel von Rundfunk-Interviews und Pressegesprächen gezogen, in denen sich das Interesse am jüdischen Theater der Nazizeit mit dem der großen Berliner Konferenz mischte.

Meine Zusammenarbeit mit dem Leo-Baeck-Institut setzte sich auch in den folgenden Jahren fort, unter Adler-Rudels Nachfolger Professor Dr. Joseph Walk und, nachdem er sich auf eine beratende Tätigkeit zurückgezogen hatte, unter Schlomo Mayer. Ein zweites Buch, »Die jüdische Presse im Dritten Reich«, 1987 in Frankfurt erschienen und 1992 in englischer Überarbeitung in Oxford erwartet, war ein weiteres Ergebnis dieser Zusammenarbeit.

Über die Einsamkeit deutschsprachiger Autoren in Israel ist viel nachgedacht worden. Welchem Kulturkreis gehören sie an? Wenn Sprache Heimat ist – wo sind sie zu Hause? Eine befruchtende Wirkung des Landes, in dem sie leben, auf ihre Werke ist, von Ausnahmen abgesehen, nicht festzustellen: sie arbeiten in einer Beziehungslosigkeit zu ihrer Umgebung, ein insularer, verlorener Haufen. Max Brod, bis zu seinem Tode in Tel Aviv überzeugter Zionist, schrieb sehr viel; aber in seiner literarischen Produktion spielte Israel kaum eine Rolle. Arnold Zweigs »De Vriendt kehrt heim« entstand, bevor der Autor nach Israel übersiedelte, das er so bald es ging verließ. Arthur Koestler, der einige Jahre in Palästina lebte, schrieb zwar zwei Bücher über das Land, aber kehrte bald darauf nach Europa zurück. Erich Fried wanderte nicht nur nach England aus – er wurde zum militanten Antizionisten. Andere deutsch-jüdische Schriftsteller kamen und gingen, ohne eine Spur zu hinterlassen – Leo Perutz, Wolfgang Hildesheimer, Otto Zarek. Else Lasker-Schüler starb 1945 vereinsamt in Jerusalem und Werner Kraft erhielt zu seinem 85. Geburtstag nicht den Bialik-Preis (Ch.N. Bialik war einer der »klassischen« hebräischen Dichter), sondern die Goethe-Medaille.

Im »Verband deutschsprachiger Schriftsteller in Israel« taten sich unter dem Vorsitz von Meir Faerber die Außenseiter zusammen, und bei einer Anzahl von Anthologien, die unter ihrer Ägide entstanden – herausgegeben von Meir Faerber, Alice Schwarz-Gardos, Dr. Margarita Pazi –, auch bei einem von Ilse Wolff edierten Sammelbuch des PEN-Club im Exil arbeitete ich mit; 1984 erschien mein Roman »Der Vorhang fiel im November«, den ich genau so recht und schlecht in Timbuktu hätte schreiben können, vorausgesetzt, man würde mich dort nicht behelligt haben.

Mich läßt nicht ruhen, daß ich das Alter gelobt habe. Natürlich hat Cicero recht, wenn es bei ihm heißt: »Der Tod junger Menschen kommt mir vor, wie wenn die Kraft der Flamme mit einem Schwall von Wasser gelöscht wird; der Tod alter Menschen aber ist wie ein Feuer, das sich von selbst verzehrt.« Natürlich gibt es Vorurteile, die schon Kindern in Bilderbüchern vorgesetzt werden, und nicht alle Alten sind Stereotypen der Karikatur – zahnlos, voller Runzeln und Falten, keifend und drohend, mit Stock und Fistelstimme, griesgrämig an Krücken hinkend. Aber eines läßt sich trotz aller Beschönigungen nicht aus der Welt schaffen: Alter ist die terminale Phase. Unheilbar.

UMSTRITTENES DEUTSCHLANDLIED

Im Jahre 1965 lag die Residenz des Staatspräsidenten noch im Jerusalemer Stadtviertel, umgeben von Wohnhäusern, Vorgärten und einem kleinen Park. Am 19. August sollte der erste deutsche Botschafter in Israel, Dr. Rolf Pauls, sein Beglaubigungsschreiben dem Staatsoberhaupt überreichen. Es war seit langem klar, daß seine Akkreditierung von heftigen Protestkundgebungen begleitet sein würde. Die Regierung wollte diese Demonstrationen nicht verbieten, nicht nur weil

Israel zu jener Zeit im Wahlkampf stand, sondern auch, um Deutschland und der Welt ein unverfälschtes Bild der Volksstimmung zu geben.

Die Proteste richteten sich gegen die Aufnahme diplomatischer Beziehungen mit der Bundesrepublik, gegen die Person des Botschafters, der ein hoher Offizier der Wehrmacht und Ritterkreuzträger war, und gegen die geplante Intonierung der deutschen Nationalhymne. Man hatte Tag und Stunde der Zeremonie bekannt gemacht und erklärt, kein Jota vom üblichen Protokoll abzuweichen. Alle Zugangsstraßen waren gesperrt, überall standen die Bereitschaftswagen der Polizei, nur Anwohner und Journalisten durften passieren. Als ich eine Stunde vor Beginn auf dem kleinen Park vor der Residenz des Präsidenten ankam, war die Ehrenwache schon aufgezogen – 48 junge Soldaten eines Panzerregiments unter Befehl eines Obersten. Ein Offizier und ein Feldwebel gingen noch einmal den Drill durch. Etwas näher zum Haus war das Polizeiorchester plaziert. Die Noten des Deutschlandliedes waren in aller Eile noch einmal kopiert worden, nachdem sie zwei Tage zuvor einem Brand zum Opfer gefallen waren.

Durch die Vorgärten hindurch sah ich einen Wall von Menschen und einen Wald von Plakaten »Wir wollen keine Deutschen in Jerusalem«, »Der Weg zur Hölle führt nicht über die Heilige Stadt«, »Nazi – raus«. Die Spannung steigerte sich, als es 11.30 Uhr wurde, der Augenblick, da die Zeremonie beginnen sollte – sie begann mit einem ohrenbetäubenden Lärm und Gebrüll: die Wagen des Botschafters und seiner Entourage näherten sich; zuerst ein Wagen der Polizei, dann vier Polizisten auf Motorrädern, schließlich der schwarze Chrysler mit Dr. Pauls, auf der linken Seite des Kühlers die Standarte des Staatspräsidenten Israels, auf der rechten Seite die schwarz-rot-goldene Flagge, gefolgt von einem Konvoi von Sicherheitsbeamten und Beamten des Außenministeriums.

Dr. Pauls, begleitet vom israelischen Protokollchef, stieg aus. Das Kommando ertönte, die Ehrenwache stand stramm, gleichzeitig stimmte das Orchester das Deutschlandlied an. Lauter und lauter wurden die Sprechchöre der Demonstranten. Für zahllose Juden war die Deutschlandhymne zur Todeshymne geworden: hier in Jerusalem wurde sie von der israelischen Polizei intoniert und die Ehrengarde des Panzerregiments »präsentierte Gewehr«. Die Sprechchöre wurden dringlicher und schriller, als die Töne verklungen waren und Dr. Pauls auf dem Wege zum Präsidenten langsam die Ehrengarde abschritt.

Kaum hatte er das Haus erreicht, als es einigen hundert Demonstranten gelang, über Vorgärten und Kellertreppen die Polizeisperre zu umgehen, und plötzlich erschienen sie johlend und schreiend etwa zwanzig Meter von dem kleinen Park entfernt, in dem Ehrenwache, Orchester und Journalisten standen. Gleichzeitig brachten es andere Demonstranten fertig, die Eisenzäune der Vorgärten niederzureißen und die Sperre zu durchbrechen. Es war ein atemraubender Augenblick. Um den Wagen des Botschafters zu schützen, mußte berittene Polizei eingesetzt werden, Pferde trampelten auf Menschen, Gummiknüppel wurden gezogen, Verletzte in Ambulanzen abgeschleppt. Dazwischen regnete es Tomaten und Eier, mehrten sich die Verhaftungen.

Während drinnen im Präsidentenhaus die Zeremonie ordnungsgemäß vor sich ging, prüfte draußen der Protokollchef nervös, ob Dr. Pauls gefahrlos zu seinem Wagen zurückkehren könne. Die Kapelle spielte die israelische Hymne, wieder schritt der Botschafter die Ehrenwache ab, aber diesmal schneller, und zu den Rufen »Nazi – raus« bedankte er sich beim Protokollchef, beim Obersten des Panzerregiments, beim Dirigenten des Orchesters. Schließlich setzten sich die Wagen in Bewegung, und Dutzende von Sicherheitsbeamten liefen mit, um den Botschafter von beiden Seiten abzuschirmen.

Am nächsten Tag erhielt ich einen Anruf. Dr. Pauls wollte mich sprechen. Ich fuhr nach Tel Aviv in die noch provisorisch untergebrachte Botschaft, er stellte mich seinen Mitarbeitern vor, und dann kam er zur Sache. Die Demonstrationen hätten ihn nicht beunruhigt, aber alle Bemühungen einer Annäherung würden vergeblich sein, wenn nicht der gute Wille auf beiden Seiten vorhanden wäre. Und dabei könnten die israelischen Vertreter der deutschen Medien eine Rolle spielen. Seitdem hat sich ein enger Kontakt zwischen ihm und allen seinen Nachfolgern mit den Korrespondenten entwickelt in persönlichen Gesprächen, in Zusammenkünften von Gruppen, in schriftlichen und mündlichen Informationen, womit auch ein kollegiales Verhältnis unter den Journalisten entstand.

Nach einem Jahr gelang Dr. Pauls der politische Durchbruch. Als er seinen ersten Empfang in Jerusalem gab, kam das israelische »Establishment« ostentativ als Gast. Denn inzwischen hatte die geduldige Arbeit des Botschafters sich durchgesetzt. Die Handelsbeziehungen waren intensiviert worden, deutsche Firmen fanden in Israel einen lohnenden Absatzmarkt, und die Bundesrepublik wurde Europas zweitgrößter Abnehmer für den israelischen Export. Gruppen von Politikern und Gewerkschaftlern, von Vertretern der Kommunalverwaltung und der Wissenschaft und Kunst kamen aus Deutschland, um Israel kennenzulernen, und ähnliche Delegationen reisten aus Israel in die Bundesrepublik. Besonders lag Dr. Pauls daran, den Jugendaustausch zu fördern, damit die junge Generation der beiden Völker einander näher käme. Allerdings war etwas geschehen, das jenseits aller diplomatischen Bemühungen lag – die deutsche Öffentlichkeit hatte in der kritischen Zeit des Sechstagekrieges im Juni 1967 spontan ihre Freundschaft für Israel bewiesen. »Das war kein Beifall für den Sieger, sondern Sorge um Israels bedrohte Existenz«, erklärte Dr. Pauls, und es ist bezeichnend, daß die deutsche Botschaft als einzige diplomatische Vertretung in Israel ihre Staatsangehörigen damals nicht zur Evakuierung aufgefordert hatte.

Kurz vor dem 20. Jahrestag des Sechstagekrieges hatten israelische Militärs und Geheimdienstler enthüllt, daß dieser Krieg praktisch auf einem Irrtum beruhte. Die Sowjets hatten Ägypten und Syrien mit falschen Informationen gefüttert. Im Mai 1968, als niemand an eine Konfrontation dachte, ließen sie Kairo und Damaskus wissen, daß Israel zwölf Divisionen im Süden und Norden mobilisiert habe, was den Tatsachen nicht entsprach. Ob die Russen wissentlich oder irrtümlich die Falschmeldungen weitergaben, ist bis heute nicht geklärt.

Jedenfalls sperrte Ägyptens Präsident Nasser die Meerenge von Tiran und schnitt damit Israels östliche Verbindungslinien ab. Diesen Schritt hatten die israelischen Geheimdienste nicht erwartet – sie waren darauf vorbereitet, daß Nasser eines Tages seine Streitkräfte in den Sinai schicken und der dort stationierten UN-Friedenstruppe den Laufpaß geben würde. Der falsche Alarm der Sowjets lieferte ihm den Anlaß. Am 26. Mai verlangte er den Abzug der unter dem Befehl des indischen Generals Indar Jit Rikhe stehenden internationalen Truppe, der Generalsekretär der Vereinten Nationen, U Thant, gab der ägyptischen Forderung nach, und im Augenblick der Brandgefahr zog die Feuerwehr ab. Die voll mobilisierten ägyptischen und syrischen Armeen hatten an ihren Grenzen Aufstellung genommen. Jordaniens König Hussein, eben noch mit Nasser verfeindet, flog am 31. Mai nach Kairo, um sich zu versöhnen und einen Militärpakt einzugehen. Der Ring um Israel hatte sich geschlossen.

Ich erinnere mich, als ob es gestern gewesen wäre. Jerusalem glich einer Gespensterstadt. Die Straßen waren leer, Männer kaum zu sehen. Privatwagen waren mobilisiert worden, öffentliche Verkehrsmittel verschwunden: die Autobusse hatten Menschen und Material an die Fronten gebracht. Überall sah man Jungen und Mädchen, Frauen und Alte Sandsäcke füllen, um ihre Häuser und die öffentlichen Gebäude zu schützen. Es gab keine Bunker, keine Luftschutzkeller. Schwarzes Papier zur Verdunkelung war bald ausverkauft, der Vorrat an Mehl, Reis und Konserven erschöpft.

Die jordanische Grenze ging mitten durch die Stadt, die Ostfront, durch ein schmales Niemandsland getrennt, war hundert Meter entfernt. Den israelischen Truppen von 275.000 Mann standen über 600.000 der feindlichen Armeen gegenüber; den 1050 israelischen Panzern 2400 arabische; den 350 israelischen Flugzeugen 1031 arabische Kampfmaschinen.

Aber es geschah nichts. Die Nerven waren zum Zerreißen gespannt. Das normale Leben war zum Stillstand gekommen. Jeder hoffte auf ein Wort der Regierung. Doch die Regierung, wie das ganze Land, schien erstarrt: sie suchte, vergebens, eine Intervention der Westmächte. Da Ministerpräsident Levi Eschkol zugleich Sicherheitsminister war, konnte er sich nicht länger dem Ruf widersetzen, dieses Amt Mosche Dayan zu übertragen. Ich saß in meinem Büro im Zentrum Jerusalems, als am 5. Juni die ersten Granaten der jordanischen Artillerie in der Stadt einschlugen. Wir suchten Schutz unter dem Treppenabsatz nahe dem Straßenausgang, aber dahin hatten sich bereits Passanten geflüchtet. Ich rannte zum Parkplatz, zu meinem Wagen. Ein Hilfspolizist versuchte, mich aufzuhalten – es war verboten, während des Alarmzustandes Auto zu fahren –, aber ich sauste los, nach Hause, um nach meiner Familie zu sehen. Die saß bei Nachbarn im Parterre und harrte der Dinge, die da kommen sollten.

Wir brauchten nicht lange zu warten. Mit jeder der stündlichen Rundfunksendungen über den galoppierenden Vormarsch der israelischen Truppen in den Sinai sowie in die Gebiete des Westufers und Gazastreifens mehrten sich die Warnungen Moskaus, Israel müsse sich zurückziehen. Am dritten Kriegstag liefen die Gerüchte den Nachrichten voraus: eine israelische Division hatte die arabische Altstadt Jerusalems eingekreist, die nach schwerem Ringen erobert wurde.

Am folgenden Tag fand eine Pressetour statt. Damals stand die Klagemauer, heute Westmauer genannt, eingekeilt von arabischen Häusern inmitten von Schutt und Gerümpel. Das jüdische Viertel in der Altstadt war ein einziger Trümmerhaufen. Ein paar Soldaten und wir Journalisten standen vor den gefurchten Steinen der uralten Mauer, und einige legten behutsam zwischen die Risse der verwitterten Quadern kleine Zettel mit Wünschen und Gebeten.

Wie es geschah, weiß ich nicht mehr. Die Gruppe hatte sich von mir entfernt oder ich von der Gruppe, ich hatte sie aus den Augen verloren und versuchte allein meinen Rückweg in die Weststadt zu finden. Gestern war hier noch Feindesland, weiße Fahnen hingen an den Häusern, kein Mensch war zu sehen, mir schien es, ich ginge im Kreise, ich fühlte mich umstellt – von den Toten, die hier gefallen waren, von dem Haß, der hinter geschlossenen Fensterläden brodelte, von der Stille, die laut in meinen Ohren pochte, von den Straßen, die den Eindringling nicht hergeben wollten. Endlich kam ein Jeep mit Soldaten und nahm mich mit.

Am 27. Juni 1967 fielen die Barrieren, die Jerusalem fast zwanzig Jahre geteilt hatten. Eine Völkerwanderung von Neugierigen setzte ein . Juden strömten in den Ostteil der Stadt, Araber in den Westteil. Nach zwei Jahrzehnten trafen sich alte Bekannte wieder, begrüßten einander, umarmten sich. Eine Illusion. Moskau blockierte alle Zugänge zu Friedensgesprächen, füllte schnellsten die Waffenarsenale am Nil, veranstaltete eine demonstrative Flottenschau in Port Said und schleuste über eine Luftbrücke Rüstungsmaterial nach Damaskus.

Trotz alledem kursierten damals zwei Versionen von Friedensplänen, und heute ist es interessant festzustellen, daß sie Israel akzeptabel erschienen. Der erste Vorschlag ging dahin, einen Palästinastaat in einem Großteil des Westufers zu errichten, der wirtschaftlich und administrativ selbständig, in Sachen der Sicherheit und Außenpolitik jedoch von Israel vertreten werden sollte. Der zweite Plan sah die Rückgabe des Westufers nach gewissen Grenzberichtigungen an König Hussein vor.

Wir fuhren nach Hebron, wo es das berühmte Glas gab, zu den Teichen Salomos, wo Störche nisteten, tranken Tee hinterm Jaffator der Altstadt und betrachteten Keramik im Bazar der Davidstraße. Samie hatte seine Schneiderwerkstatt in Ostjerusalem. Seit der Vereinigung der Stadt konnte man sich »drüben« einen Anzug aus englischem Stoff machen lassen, der noch aus der jordanischen Periode stammte. Samies Laden lag in einer schmalen Gasse, die man nur über steile Treppen erreichen konnte.

Samie war ein schlanker, sorgfältig gekleideter Mann in den Dreißigern, urban, mit stets freundlichem Lächeln. Wenn man die Tür öffnete, drehte er das Radio leiser, das auf Amman eingestellt war. »Aaah«, begrüßte er mich in passablem Englisch, »was für ein wunderbarer Tag, da Sie gekommen sind.« Wir tauschten Höflichkeiten aus, erkundigten uns wechselseitig nach dem Befinden der Familien. Dann gab er seinem Gehilfen einen Wink, türkischen Kaffee zu holen. Man mußte Zeit haben, um Samies Schneiderkunst zu genießen. Obwohl mein Anzug bereit zur Probe hing, wäre es beleidigend gewesen, so schnell auf den eigentlichen Anlaß meines Besuchs zurückzukommen.

Samie erzählte, daß er bis vor kurzem vier Gehilfen gehabt habe, um sich lediglich auf das Zuschneiden zu konzentrieren. Aber seine Assistenten waren nach Jordanien geflohen ,und nun mußte er selber wieder nähen. Sein Bruder, mit dem zusammen er ein Haus auf dem Wege nach Ramallah bewohnte, war Leiter eines Reisebüros, das seine Klienten in arabischen Ländern hatte – und wo waren sie nun?

Wir tranken langsam Kaffee. Samie hatte ein Auto gehabt. Auch sein Bruder war Autobesitzer gewesen. Benzin war in Strömen aus Kuweit geflossen – gratis. Aber es war nicht nur das Benzin. Die reichen Nachbarländer hatten auch die Rechnungen des jordanischen Staates beglichen – mit anderen Worten, Samie und die Seinen hatten keine Steuern gekannt.

In seiner Erzählung wurde die Vergangenheit zu einem Märchen aus 1001 Nacht, er hatte die Streiks und Unruhe,

die Korruption und Spannungen vergessen, an denen Jordanien krankte. Er dachte nur daran, daß er zuschneiden konnte, ohne selbst zu nähen.

Samie behielt sein akkomodierendes Lächeln. Er hatte
den Krieg nicht gewollt. Er konnte nicht einmal mit einem
Gewehr umgehen. Aber das Radio flüsterte unentwegt Reden aus Amman – oder war es diesmal Kairo? Dann sprach
er von einer ernsten Sorge. Sein Haus, auf dem Wege nach
Ramallah, lag etwa 15 Kilometer von seinem Laden in Ostjerusalem entfernt. Was würde geschehen, wenn Israel das Gebiet außerhalb der Stadt an Jordanien zurückgäbe und Ostjerusalem in israelischer Hand bliebe? Dann müßte er
entweder sein Geschäft aufgeben oder sein Haus.

MAUERN

Die Mauer war gefallen, die Zweiteilung der Stadt geblieben.
Was man zwanzig Jahre nicht wahrhaben wollte und mit
bombastischen Erklärungen verkleidete, war geschehen: wiederum trennt eine Mauer die Ost- und Weststadt, nur ist sie
diesmal unsichtbar – ohne Stacheldrahtverhau, ohne Ze-
ment. Man kann ungehindert ein und ausgehen. Aber die
psychologische Barriere ist schwerer einzureißen als Stein
und Mörtel. Die Koexistenz ist gescheitert. Teddy Kollek
wollte das nicht wahrhaben, 1988 nach Beginn der arabischen Revolte, der »Intifada«. Seit 1965 stand er als Bürgermeister von Jerusalem einer wechselnden Folge von Regierungen gegenüber, die, wie er sagte, große Worte machten,
ohne sich um die Probleme Jerusalems ernsthaft zu kümmern. »Man muß sich nicht lieben, um miteinander leben zu
können«, meinte Kollek, der aus seinem Traum einer geein-
ten Stadt mit zwei gleichberechtigten Bevölkerungsgruppen
offenbar noch nicht erwacht war.

Obwohl die Araber abgelehnt hatten, aktiv an der Stadtverwaltung teilzunehmen, tat er alles, um ihre Gleichberech-

tigung praktisch durchzusetzen. Er begann mit der Infrastruktur der moslemischen und christlichen Viertel, die bis auf das fünfte Jahrhundert zurückgeht. Er bemühte sich um den Bau von Schulen, um die Erweiterung der Wasserversorgung, um Wohnbauprojekte, gegen die das zuständige Ministerium immer wieder Einspruch erhob. Er verschaffte einem palästinensischen Theater die Konzession, ließ das Steinpflaster der Altstadtstraßen wiederherstellen, die Telefonkabel unter die Erde legen, die Fassaden der Häuser verschönern und die Kanalisation modernisieren. Die Leserschaft der arabischen Stadtbibliothek wuchs von 600 auf 16.000 und, um das historische Bild der Altstadt zu wahren, veranlaßte er, den Wald der Fernseh-Antennen auf den Dächern durch Gemeinschafts-Antennen auszuwechseln.

Als das von den Jordaniern zerstörte alte jüdische Viertel wieder aufgebaut wurde, wollte Kollek gleichzeitig die anderen Bezirke restaurieren, was die Regierung ablehnte.

Seit je hatte Teddy Kollek davor gewarnt, die religiöse Sensibilität der Moslems zu verletzen, wie es mehrfach durch demonstrative Besuche jüdisch-nationalistischer Gruppen auf dem Tempelberg geschah, der Stätte der El Aksa Moschee und des Felsendoms. Man hatte nicht auf ihn gehört, und es kam zu blutigen Zwischenfällen. Einen vergeblichen Kampf führte er auch gegen jüdische Hausbesitzer im moslemischen Viertel, wo sich zwei Talmudakademien aufgetan haben und sich seit 1987 das Haus von Arik Scharon, bekannt für seine nicht gerade freundlichen Haltung gegenüber den Arabern, befindet. »Was kann man tun?«, meinte Kollek. »Obwohl die Unruhen mit dem ostentativen Einzug von Scharon begonnen hatten, läßt sich heute sagen, daß sie auch ohne diese Provokation ausgebrochen wären. Wir können uns mit den Dingen nur auf einer tagtäglichen Basis beschäftigen. Warum sind die Menschen so ungeduldig und wollen schon heute eine Antwort? Warum wurden solche Fragen nicht während all der vergangenen Jahre gestellt, als ich mehr Schulen, mehr Wohnraum und bessere Dienstleistungen für unsere arabischen Bürger haben wollte? Ich weiß nicht, ob das Ergebnis nicht das gleiche gewesen wäre, auch wenn wir das Bestmögliche getan hätten, aber wir haben ihm keine faire Chance gegeben.«

In den sechziger Jahren, als es noch die »Progressive Partei« gab, die dann mit den »Unabhängigen Liberalen« verschmolz – nicht zu verwechseln mit den »Liberalen«, die heute diesen Namen zu Unrecht tragen –, bot man mir die Redaktion der Halbmonats-Zeitschrift »Hakidma« (Fortschritt) an, später »Liberale Rundschau« betitelt. Damals existierte noch ein großer deutschsprechender Kreis, der eine interessierte Leserschaft bildete und im Parlament mit zwei Abgeordneten vertreten war.

Einmal wöchentlich fuhr ich nach Tel Aviv, wo sich das Büro befand, sichtete das eingelaufene Material, hielt »Sprechstunde« und zweimal im Monat machte ich in der Druckerei den Umbruch.

Wir waren ein militantes Blatt, schlugen nach links und rechts aus, gegen den bürokratischen Apparat der herrschenden Sozialdemokratie, gegen die chauvinistischen Seitensprünge der rechten Opposition, gegen den religiösen Zwang seitens der Orthodoxen. Auch wir kämpften gegen Mauern, die Mauer, mit der jede der großen Parteien sich gegen Reformen abgekapselt hatte. Niemand blieb verschont, selbst nicht Ben Gurion. Die erste Nummer trug die sensationelle Überschrift »Ben Gurion – der Antizionist«, mit der seine Starrheit gemeint war, die jedem Zionisten das Recht absprach, mitzureden, solange er sich nicht in Israel niedergelassen hatte (Geld durfte er geben).

Ich weiß nicht mehr, wie es geschah, ob ich die Zeit für den Umbruch unterschätzt hatte, ob die Straßen nach und in Tel Aviv verstopft waren, ich verspätete mich um zwei Stunden, und es blieb gerade für die erste Nummer nicht viel Zeit für den Umbruch von 16 Seiten. Dennoch schafften wir es, wenn auch nervös und hastig, das Blatt im letzten Moment druckfertig zu machen. Am nächsten Morgen sah ich, daß der »sensationelle« Artikel auf der ersten Seite, der im Inneren des Blattes fortgesetzt werden sollte, keine Fortsetzung hatte: ein Stück Blei mit etwa 50 Zeilen – damals setzte man noch Zeile um Zeile – war auf dem Tisch des Setzers liegen geblieben. Sollten einmal Historiker erkunden wollen, warum die »Unabhängigen Liberalen« Ben Gurion zum Antizionisten stempelten, werden sie enttäuscht auf eine Antwort warten müssen.

Aus nächster Nähe verfolgte ich die bunte Geschichte der Versuche, deutsche Kulturarbeit in Israel zu betreiben. Mit einer privaten Schenkung deutscher Bücher wurde in Tel Aviv der Grundstock einer deutschen Bibliothek gelegt. Um diese Bibliothek herum gruppierten sich deutsche Sprachkurse, und als erster Leiter des »Deutschen Kulturzentrums« kam der Schriftsteller Kay Hoff auf fünf Jahre ins Land. Sein Nachfolger Gerhard Schoenberner, Autor des Dokumentenwerkes »Gelber Stern«, war Beobachter beim Eichmann-Prozeß gewesen. Als ich ihn begrüßte, erinnerten wir uns des Skandals der »Deutschen Kulturwoche« des Jahres 1971.

Es war ein Fehler gewesen, eine Reihe literarischer Veranstaltungen deutscher Gäste auf einen Generalnenner zu bringen und sie »Deutsche Kulturwoche« zu nennen. Als Marianne und ich zu einer Lesung von Günter Grass gingen, mußten wir am Eingang des Saales durch ein Spalier von uniformierten Burschen hindurch, die uns beschimpften und bespuckten. Während Grass las, standen etwa zwanzig Jugendliche plötzlich auf, zündeten Kerzen an und intonierten lautstark das Totengebet. Die Worte von Grass gingen in dem Singsang unter. Im Theater, zu Lessings »Emilia Galotti«, hatten sich fanatisierte Schreier an die Sitze gekettet und die Vorstellung gestört.

Seitdem, so betonte Schoenberner, hätte sich das Klima völlig geändert. »Heute haben wir praktisch eine Deutsche Kulturwoche in Permanenz, wenn wir an die vielen Gastspiele deutscher Solisten, Chöre, Orchester, Tanzgruppen, Autoren, Theaterensembles, an die deutschen Filme und Kunstausstellungen denken. Ursprünglich waren nur die ehemaligen deutschen Juden unser Publikum. Heute ist uns der Durchbruch in die junge Generation der Israelis gelungen.« Diese Mauer der Feindseligkeiten ist gefallen. Schoenberner war der letzte Direktor des an die Botschaft gebundenen Kulturzentrums. 1978 übernahm das Goethe-Institut diese Aufgabe, und zwölf Jahre später genügte nicht mehr die Tel Aviver Zentrale, so daß eine Zweigstelle in Jerusalem eröffnet werden mußte.

Nur während des Golfkrieges flammte noch einmal eine deutschfeindliche Stimmung auf, nachdem sich herausgestellt hatte, daß es auch deutsche Firmen waren, die Saddam Hussein Giftgas geliefert und seine Langstreckenraketen so verbessert hatten, daß sie Israel erreichen konnten.

JUDE UNTER DEN STAATEN

Ja, dieser Golfkrieg. Wir hätten rechtzeitig unsere Koffer packen und zu unserem Sohn nach Oxford fliegen können. Es wäre keine Fahnenflucht gewesen. Aber es kam nicht dazu. Am 15. Januar lief das Ultimatum der Vereinten Nationen ab. Noch 24 Stunden zuvor hielt man einen Kompromiß mit Bagdad für möglich. Schluß. Die Fluglinien stellten den Verkehr ein – außer der israelischen El Al –, Post vom oder ins Ausland wurde nicht mehr befördert. Noch Anfang Januar waren Freunde aus Deutschland gekommen, tröstend, es würde schon nicht so schlimm werden – und nahmen die letzte Lufthansa-Maschine nach Hause.

Das Beängstigende ist die Furcht vor dem Unbekannten. Ich hatte das erlebt, als Hitler London mit »Wunderwaffen« bedrohte. Es ist eine Art kosmischer Angst. Welche Wunder hat die Hölle – chemische, biologische, nukleare? Konventionelle Bomben kannten wir. Da kann nur das Haus kaputt gehen oder das eigene Leben. Es ist das »Unkonventionelle«, das Schrecken verbreitet.

Die Dunkelheit kam früh, und mit der Dunkelheit heulten die Sirenen. Verfluchte Sirenen, ich habe sie seit dem Weltkrieg nicht vergessen. War man unterwegs, immer mit der eingepackten Gasmaske unterm Arm, eilte man nach Hause. Warum? Zu Hause war man nicht sicherer, aber man war – zu Hause, was immer auch geschah.

Anrufe aus Oxford von Michael, er wußte so schnell wie wir, ob Scuds in Richtung Israel abgeschossen waren, früher als wir, wo was geschehen war – die Sendungen der BBC waren nicht an eine Zensur gebunden. Anrufe, Telegramme aus Deutschland, man dachte an uns.

Antisemiten unter fortschrittlichen Deutschen? Gibt es nicht. Aber alle Vorurteile, die schon Generationen vor ihnen gegen die Juden gehabt haben, werden nun auf Israel projiziert. Israels ist zum Juden unter den Staaten geworden.

Daß seine Gründung in die Zeit unmittelbar nach dem Holocaust fiel, als die Welt ihr schlechtes Gewissen in einem unechten Philosemitismus zu verstecken suchte, machte die Sache nicht leichter. Der Judenstaat wurde überbelichtet, mit anderen Maßstäben gemessen als die übrigen Mitglieder der Völkerfamilien, oder seine Schritte unter die Lupe genommen, während man bei seinen Nachbarn weit großzügiger verfährt. Offenbar ist dieser Prozess der Anpassung, den die Welt gegenüber dem jüdischen Staat durchlaufen mußte, noch nicht abgeschlossen. Denn was man eh und je von Juden zu wissen glaubte, trifft auf Israel nicht zu.

Man hielt sie für schlaue Financiers und kluge Ökonomen, aber gerade die Wirtschaft ist Israels schwächste Seite, und keiner seiner führenden Politiker – Chaim Weizmann, David Ben Gurion, Golda Meir, Menachem Begin – war in ökonomischen Dingen beschlagen.

Man warf den Juden vor, sie seien »Luftmenschen«, nicht mit der »Scholle« verwachsen. Aber was den Arabern in Jahrhunderten nicht gelungen war, erreichten sie in Jahrzehnten – das verödete Palästina grün zu machen, aus Sand Felder zu schaffen, aus Wüsten Gärten, aus Sümpfen Ackerland. Israel war eines der ersten Länder, das Ökologie nicht nur predigte, sondern versuchte, eine ausgleichende Wechselwirkung zwischen Natur und Zivilisation herbeizuführen.

In der Welt glaubte man, die Juden seien für körperliche Arbeit nicht geeignet, sie säßen in Büros, Kanzleien, Kliniken, Läden, Laboratorien. Man sollte sie hier sehen, auf den Docks der Häfen, an den Hochöfen der Industrie, am Fließband der elektronischen Werkstätten, oder als Bauern auf bergigem Steinboden oder selbst angelegten Oasen in der Wüste.

Noch geringer schätzte man ihre soldatischen Qualitäten ein, obwohl es in beiden Weltkriegen an jüdischen Freiwilligen und Ordensträgern nicht gefehlt hat. Heute erübrigt es sich, über die militärischen Fähigkeiten der Israelis, der »Preußen des Mittelostens«, auch nur ein Wort zu verlieren.

Man hat erklärt, daß Israel ein westlicher Fremdkörper in dieser Weltregion sei. Inzwischen bilden die orientalischen Juden mehr als die Hälfte seiner Bevölkerung. Viele von ihnen sind in Ländern aufgewachsen, in denen Dieben die Hände abgehackt, Ehebrüchige gesteinigt werden und öffentliche Exekutionen ein Volksfest bilden.

Nicht nur der Mensch verändert die Landschaft – die Landschaft verwandelt den Menschen. Israel ist Teil des Orients, zäh und schroff, ohne Übergang zwischen Tag und Nacht, mit einer unerbittlichen Sonne im Sommer und vom Sturm gepeitschten Regen im Winter, hart und manchmal brutal, in einer feindlichen Umwelt.

Jahrhunderte haben die Juden die Fahne des Humanismus vorangetragen, haben für die Ideale der Menschheit gekämpft. Es ist ihnen nicht gut bekommen.

Vorurteile gegen Israel – gegen welches Israel? Gegen die religiösen Fanatiker oder gegen die Freidenker im Kibbuz? Gegen Links oder gegen Rechts? Gegen die Kriegshetzer oder gegen die Kriegsdienstverweigerer? Gegen die Regierung oder gegen die Wissenschaftler im Weizmann-Institut, die neue Wege der Krebsbekämpfung suchen? Gegen die Chauvinisten oder gegen die Friedensbewegung? Gegen die Militaristen oder gegen das Philharmonische Orchester? Gegen Arik Scharon oder gegen Amos Oz? Oder schlechtweg gegen alle Israelis, weil sie Juden sind? Aber sind sie noch Juden im herkömmlichen Sinn, auch wenn eine Anzahl in die Synagogen geht und sich an die religiösen Riten hält? Eines ist gewiß: Die Vorurteile bleiben.

INTERVIEW

Hier ist der Deutschlandfunk, nein, nicht die Feature-Abteilung, diesmal wollen wir etwas Aktuelles. Es wird nicht länger als zehn Minuten dauern. Wie stehen Sie zu den Palästinensern?

Antwort: Ich wünsche ihnen alles Gute. Ich wünsche, daß sie, Seite an Seite mit Israel einen Staat, zumindest eine staatsähnliche Gemeinschaft bilden, wenn möglich entmilitarisiert und unter einer Voraussetzung: daß Visum-Zwang für einen Grenzübertritt nach Israel eingeführt wird. Ich habe es satt, über die Schulter zu gucken, wenn ich auf der Straße Schritte hinter mir höre und nicht weiß, ob mir ein Messer in den Rücken oder Bauch gestoßen wird, und ob das Päckchen, das neben dem Mülleimer liegt, Orangenschalen oder eine Zeitbombe enthält.

Frage: Haben nach Ihrer Ansicht die Palästinenser ein Anrecht auf das Westufer und Gazagebiet?

Antwort: Völkerrechtlich nicht, denn das Westufer ist im Krieg von 1948/49 mit Waffengewalt von den Jordaniern erobert worden, und kein Staat außer Großbritannien und Pakistan hat diese Eroberung anerkannt, nicht einmal ein anderes arabisches Land. Der Gazastreifen geriet unter ägyptische Verwaltung, ohne daß seine Einwohner ägyptische Bürger wurden und Gaza ohne Genehmigung verlassen durften. Aber da die Palästinenser in diesen Gebieten seit langem leben und die Mehrheit bilden, haben sie zwar nicht juristisch, aber moralisch und psychologisch einen Anspruch auf diese Gebiete.

Frage: Was halten Sie von den jüdischen Siedlungen in diesen Gebieten?

Antwort: Es wäre besser, wenn sie nicht entstanden wären. Das Beispiel vom Sinai, wo nach seiner Rückgabe an Ägypten zwanzig jüdische Ortschaften niedergerissen wurden, hätte abschreckend wirken müssen. Andererseits leben ja genug Araber in Israel, und es sollte Juden gestattet sein, auch in einem arabischen Palästina zu leben. Allerdings stelle ich mir das nicht gerade ideal vor.

Frage: Würden Sie mit der PLO über einen Frieden verhandeln?

Antwort: Selbstverständlich. Man setzt sich nicht mit Freunden, sondern mit Feinden an einen solchen Verhandlungstisch, und es ist nicht Sache einer der beiden Parteien, zu bestimmen, wer für die andere Partei sprechen soll. Israel würde sich mit Recht verbitten, wenn man ihm vorschriebe, welche seiner politischen Vertreter von den Gesprächen fernbleiben sollen.

Frage: Aber die PLO wird von den Israelis als eine Terroristenbande bezeichnet.

Antwort: Was dem einen sein Terrorist, ist dem anderen sein Freiheitskämpfer. Ähnlich war die Situation im jüdischen Sektor Palästinas vor der Staatsbildung Israels, und manche der führenden Persönlichkeiten von heute waren damals in den Augen der britischen Mandatsmacht Terroristen.

Frage: Würden Sie dazu auch politische Morde zählen, wie die an Graf Bernadotte und Lord Moyne?

Antwort: Das klassische Beispiel für den politischen Mord ist seit dem 16. Jahrhundert die Sage von Wilhelm Tell, dem Glanzstück der Schweizer Folklore, von Schiller idealisiert und von Rossini zu Musik gesetzt. Ein höherer Beamter des Habsburgischen Hofes, Landvogt Gessler, wird von Tell ermordet, was den Täter zum Volkshelden macht. Der Sittenkodex der westlichen Welt wird hier zugunsten der nationalen Belange von Schwyz, Uri und Unterwalden außer Kraft gesetzt. Welcher Grundsatz gilt eigentlich? »Wer ein Mörder ist, bestimme ich« Was erwarten Sie ausgerechnet in dieser Weltgegend?

Freiheit, die ich meine. Wem Gott will rechte Gunst erweisen. Wohlan, laßt das Sinnen und Sorgen. Die Ära der Exkursionen begann. Massen von Israelis wälzten sich im Sommer 1967 nach dem Sechstagekrieg durch die plötzlich geöffneten Gebiete, sie saßen in den Restaurants von Bethlehem, entdeckten, wo es den besten Humus in Ramallah gab, jagten den größten Steaks in Bet Jallah nach, fand die billigsten Schals in Gaza, die schönsten Handwebereien in Hebron – eine Völkerwanderung in Kinderwagen und Autobus, Jeep und PKW bewegte sich durch bisher unbekanntes Terrain. Neue Wanderpfade wurden ausfindig gemacht, das Wandern ist des Levys Lust, ein ganzes Land wurde zu einem Picknick-Gelände. Die Palästinenser hatten sich noch nicht von ihrem Schock erholt, machten aus ihrer Niederlage das Beste und ansehnlichen Profit aus ihrer Unfreiheit.

Die Fiesta dauerte bis zum Spätherbst an. Nach der arabischen Gipfelkonferenz in Khartum – keine Verhandlungen mit Israel, keine Anerkennung, kein Friede – stieg die Ungewißheit über das Schicksal der besetzten Gebiete und mit ihr die Unsicherheit der Bevölkerung. Das politische Vakuum gab das Signal für das Aufflackern des Terrorismus.

Pressetour in die Hebron-Berge. In den zwei arabischen Baumschulen arbeiteten an die vierzig Männer, die in dieser Saison eine halbe Million Setzlinge für die Aufforstung gezogen hatten. Ein Drittel des Baumbestandes war im Sturm und Schnee des Winters vernichtet worden. Die Araber hatten die Bäume zu dicht aneinander gepflanzt, die Wurzeln konnten sich nicht ausbreiten und die Stämme knickten wie Streichhölzer.

Jüdische Förster instruierten ihre arabischen Kollegen in der Pflege junger Setzlinge – Auflockerung der Erde und Entfernung von Wildwuchs, um sie vor Erstickung zu schützen, und Aushebung kleiner Gräben, um im Winter das Regenwasser und im Sommer die Tautropfen aufzufangen. Reihe an Reihe standen die Setzlinge zum Anpflanzen bereit. Als ich die Behälter näher betrachtete, in denen diese grünen Sprossen aufwuchsen, sah ich, daß die Saat in ausrangierte jordanische Munitionskästen gelegt worden war, von den Briten geliefert. Überall war noch die Aufschrift zu lesen »G. Branch, H.Q. Jordan, Arab Army, Amman, Jordan«. Jetzt standen neben der Bezeichnung »Fuses« (Sicherungen) oder »Exploder« (Sprengstoff) die entsprechenden Worte für Kiefern, Eukalyptus, Zypressen.

Pressetour an den Suezkanal. Kantara – ein paar Moscheen und zwei koptische Kirchen. Kein Mensch war auf der Straße, nicht einmal eine Katze. Die Geschäfte waren mit Rolläden gesperrt, die Häuser leer oder zerschossen. Die einzigen von einst 15.000 Einwohnern, die wir sahen, waren drei Araber, die in der Kantine kalte Getränke verkauften, an einem baumbestandenen Boulevard. Wir ließen unseren Wagen stehen und gingen zum Schlagbaum. Der israelische Posten, dem wir den Passierschein zeigten, telefonierte. Ein junger Leutnant kam uns entgegen, der Schlagbaum hob sich. Der Leutnant hieß Joram und stammte aus einem Kibbuz in Galiläa. Wir folgten ihm durch eine schmale Gasse, die zum Suez-Kanal führte. In den Bars und Kneipen, von denen nur Schilder übrig geblieben waren, hatten sich einst Matrosen und Seeleute amüsiert; in den ausgebrannten Läden wurde einmal mit Touristen gefeilscht.

Plötzlich standen wir vor der Wasserstraße, hier etwa einhundert Meter breit. Auf dem anderen Ufer lag Kantara-West. Die beiden Hälften der Stadt waren durch Brücken verbunden, die gesprengt worden waren. Ein Hafenkran ragte verbogen in die Luft.

»Sie können auf den Kai hinuntersteigen, aber nur nach rechts«, sagte Joram. Wir schauten nach links, sahen keinen Unterschied, doch gehorsam hielten wir uns rechts. »Machen Sie keine Faxen und stecken Sie nicht etwa einen Fuß ins Wasser«, warnte er.

In 100 Meter Entfernung waren die ägyptischen Stellungen, von denen durch Fernrohre jede Bewegung auf dem östlichen Ufer verfolgt wurde. Drüben wie hüben wehte auf je einem der Häuser die Fahne der Vereinten Nationen, die ihre Beobachter stationiert hatten. Tödliche Ruhe lag über dem Wasser. Kein Kahn bewegte sich, kein Ruderschlag, kein Schiff. Nichts war zu hören, kein Summen eines Motors.

»Dürfen wir fotografieren?«

»Ja.«

»Dürfen wir durch den Feldstecher gucken?«

»Ja.«

»Schießen die Ägypter manchmal?«

»Manchmal.«

»Ich kann drüben niemand sehen.«

»Die zeigen sich nicht gern.«

»Aber wir hier laufen doch auf dem Kai herum?«

Joram zuckte die Achseln.

40 Kilometer südlich lag Ismailia, nicht die größte, aber die eleganteste der Kanalstädte. Auf unserer Seite gab es nur die ruinierten Reste eines ärmlichen Vororts. Auf der Tafel eines Wegweisers hatte jemand gekritzelt: »Diskothek zum Sonnenaufgang«. Wir kletterten ein paar Stufen hinauf. Oben saßen ein paar israelische Soldaten. Einer spielte Gitarre. Unten glitzerte der Kanal. Gegenüber, wie vom Kriege unberührt, die Stadt: die Strandpromenade, ein Park, Häuser mit prunkvoll orientalischen Fassaden, andere in modern funktionellem Stil. Auf einem evakuiertem Hotel war die UN-Fahne gehißt.

»Sehen Sie drüben jemals Menschen?«, fragten wir die Soldaten.

»Zivilisten niemals.«

»Sie haben hier eine herrliche Aussicht«, sagten wir und deuteten auf die Boulevards, die im Tageslicht funkelten.

»Schauen Sie mal wochenlang auf dieselben leeren Häuser«, gab uns einer zur Antwort und machte ein saures Gesicht.

Weiter gings nach Süden, am großen und kleinen Salzsee vorbei und an den Silhouetten der vierzehn steckengebliebenen Frachter, die hier vor fast einem Jahr in den arabisch-israelischen Konflikt hineingeraten waren und seitdem festla-

234

gen. Der Wüstenwind trieb den Sand wie Wellen über die Chaussee. Hier und da schob ein Traktor wie ein Schneepflug den Sand an den Rand des Fahrweges zurück.

Am Ausgang des Kanals in den Golf streckte sich über das Westufer die Stadt Suez. Jede Stadt am toten Kanal schien wie eine Gespensterstadt. Wer von ihren 200.000 Einwohnern geblieben war, ließ sich nicht sagen. Hier weitete sich das Wasser, und die Straßenzüge auf der anderen Seite waren mit bloßem Auge nur undeutlich zu erkennen. Bizarr ragten die schwarzen Skelette der Öl-Raffinerie auf, die von den Israelis unter vernichtendem Beschuß genommen worden war, nachdem die Ägypter den Zerstörer »Elat« versenkt hatten.

Wo immer wir fuhren – gelber Wüstenstaub in grellem Sonnenlicht. Tag um Tag, Nacht um Nacht schüttete der Sand des Sinai die Straßen zu, löschte Wege aus, drang ins Wasser und langsam setzte er sich im Kanal fest, den seit einem Jahr kein Bagger berührt hatte. In neun Monaten hatte die dreizehn Meter tiefe Fahrrinne über zwanzig Zentimeter verloren.

Exkursionen zu ratlosen Menschen im Gazastreifen und zu den menschenleeren Golan-Höhen, zu streunenden Tieren, zurückgelassenen Ziegen, die nach Fraß und Trank suchten, scheu und mager, deren Schreie durch die Stille drangen; vergessene Hühner; Kühe, die vor Schmerzen brüllten, weil niemand sie molk.

MÜDIGKEIT

Solange mein Gedächtnis zurückreicht, gab es Krieg, Verfolgung, Terror. Die Politik war in mein Leben eingebrochen und ließ mir wenig Raum jenseits ihrer Konvulsionen. Wenn schon nicht in unmittelbarem Zusammenstoß, so drängten sich zu unerwarteter Stunde ohne äußeren Zwang ihre Assoziationen auf. Es bestand kein Anlaß, daß ich an idyllischen Ferientagen in Locarno an den Locarno-Pakt denken mußte, von Stresemann zur Sicherung Europas unterzeichnet und etwa ein Jahrzehnt später von Hitler gebrochen; es war unverzeihlich, einen Urlaub in Rapallo an der italienischen Riviera begleitet vom Schatten Walter Rathenaus zu verbringen, der dort 1922 die Aufnahme der diplomatischen Beziehungen zwischen Deutschland und der Sowjetunion eingeleitet hatte, und kurz darauf ermordet wurde. Das macht müde.

Ich leide an Müdigkeit. Schlafe ich zu wenig, so habe ich einen guten Grund. Schlafe ich zuviel, so habe ich zwar keinen Grund, aber der Schlaf macht nicht munterer. Die Müdigkeit hängt an mir wie eine alte Liebe. Ich sprach darüber mit Freunden. Aber anstatt mich zu bemitleiden, atmeten sie erleichtert auf: auch sie litten an dem gleichen Übel und hatten sofort überzeugende Erklärungen zur Hand: es war nichts Organisches, erst recht nichts Psychisches, es war der Chamsin , der trockene Wüstenwind oder, wenn der Chamsin brach, der plötzliche Wechsel der Temperatur. Im Winter war es die Dunkelheit, im Sommer die Hitze. Hielt man sich zu lange in der Stadt auf, so ließ sich auf einen Mangel an Luftveränderung schließen. Fuhr man von Jerusalem hinunter an die Küste, so ermüdete selbstverständlich der unterschiedliche Luftdruck und der Gegensatz zwischen der trockenen Luft der Berge und der Feuchtigkeit der Ebene. Der Organismus, so sagte man, brauche eine ganze Weile, um sich an neue Bedingungen anzupassen.

Machte ich keinen Urlaub, so ermüdete die ununterbrochene Arbeit; ging ich in Ferien, so verursachte zweifellos die plötzliche Entspannung Schläfrigkeit. Kehrte ich nach Hause zurück, so war es kein Wunder, daß ich mich müde fühlte: der Körper mußte sich erst an die alte Routine gewöhnen. Früher machte man Vitaminmangel für Ermüdungserscheinungen verantwortlich. Heute nehmen wir Vitamine in reichlicher Menge zu uns. Daß wir trotzdem müde sind, so wies man mir nach, hinge damit zusammen, daß wir früher nicht genügend Vitamine in unserer Nahrung fanden.

Immer wieder fliehe ich nach Europa, um der Müdigkeit davonzulaufen. Sie kommt mit. Was anderes hätte ich erwarten können? Klimawechsel macht müde. Besuch von Museen macht müde. Durch die Straßen fremder Städte zu gehen, macht müde.

Das Fehlen von Sonnenschein am wolkenschweren Himmel ermüdet nicht weniger als die unerbittliche Sonne Israels. Und aus der gewohnten Lebensweise gerissen zu werden, macht bestimmt nicht munter.

Ich konsultierte meinen Arzt. Der Arzt gestand, daß auch er an Müdigkeit leide. Er behauptete, wir alle lebten nicht mit dem Klima, sondern gegen das Klima, wir benähmen uns nicht wie ein morgenländisches Volk, sondern wie wildgewordene Europäer, im Orient ausgesetzt, die herumrennen und hasten, als ob sie in London oder Berlin, Zürich oder Wien dem letzten Autobus nachliefen. Er verschrieb mir ein Stimulans und sagte, nach ein paar Tagen würde ich mich frischer fühlen.

Tatsächlich, nach kurzer Zeit riß der Schleier der Müdigkeit, der zwischen mir und der Wirklichkeit gehangen hatte, mein Adrenalin schnellte hoch, ich sprudelte über von hektischer Aktivität und sah die Dinge in den grellen Farben, mit denen die Natur sie ausgestattet hatte. Zu meinem Schrecken wurde ich gewahr, was der Verlust der Müdigkeit bedeutete. Ich vermißte die Indifferenz. Müdigkeit macht gleichgültig. Je müder man ist, desto kleiner erscheinen die Probleme. In jenem Niemandsland zwischen Wachen und Schlaf verschwinden die Krisen des Mittelostens, die Widrigkeiten des Alltags im Nebel, und das Ozonloch, trotz der Erwärmung der Atmosphäre, ließ mich kalt. Als ich müde war, brachten mich im Golfkrieg die Raketen von Saddam Hussein nicht aus der Ruhe. Jetzt, hellwach, zucke ich zusammen, wenn ein Düsenjäger die Schallmauer durchbricht.

Seitdem ich munter bin, finde ich die Situation in Israel schwer erträglich, und den Zustand der Welt hoffnungslos. In der Perspektive des Schlafbedürfnisses sah alles unwichtig aus, solange nicht ein Hund bellte oder Leute auf der Straße laut sangen. Der Müdigkeit konnte ich, zumindest vorübergehend, Herr werden – nämlich mit Schlaf. Um die Forderungen der Munterkeit zu befriedigen, müßte ich die Welt ändern.

Seitdem ich beschlossen habe, das Aufputschmittel nicht mehr zu nehmen, sehe ich die Dinge optimistischer. Ich finde, es ist alles nicht so schlimm. Allerdings bin ich müde. Sehr müde.

Aus dieser Sicht sind die besetzten Gebiete, der Zankapfel von heute, ein Produkt versäumter Gelegenheiten. Es hätte niemals zum Sechstagekrieg, geschweige der »Intifada« kommen müssen, und eines der größten Hindernisse einer friedlichen Koexistenz zwischen Arabern und Juden wäre niemals in dieser Form entstanden.

Als die Vereinten Nationen im November 1947 die Teilung Palästinas in einen jüdischen und einen arabischen Staat beschlossen – die Araber lehnten ab, die Juden akzeptierten –, hielten sie sich bei der Demarkierung des jüdischen Sektors an die Ländereien, die die Juden bereits in Besitz hatten und bearbeiteten. Die Mehrzahl dieser Böden war Eigentum des Jüdischen Nationalfonds, mit dem ich lange verbunden war und der seine Gelder aus Spenden erhielt. Hätte die Judenheit der Welt dem Fonds seit seiner Gründung im Jahre 1901 größere Mittel zur Verfügung gestellt, so würden die Grenzen des Territoriums, das die Vereinten Nationen den Juden zusprachen, anders ausgesehen haben.

Denn in dem Jahrzehnt, das dem Ersten Weltkrieg folgte, bevor die britischen »Weißbücher« jüdische Einwanderung und Ansiedlung beschränkten, war das große Areal des damals dünn bevölkerten Palästina, zu dem das Westufergebiet, der Gazastreifen und sogar das heutige Jordanien gehörten (1923 vom damaligen Kolonialminister Winston Churchill abgetrennt) jüdischen Farmern nicht weniger zugänglich als die Gegend um Tel Aviv. Lediglich die Tatsache, daß das jüdische Volk, verstreut in der Welt, mit seinen Spenden zurückhielt und dem Nationalfonds unzulängliche Mittel überließ, führte 1947 zu der Grenzziehung des heutigen Israel. Die Möglichkeiten sowohl für jüdische wie für arabische Niederlassungen, ohne daß sie miteinander zu kollidieren brauchten, wurden nicht genutzt. Das jüdische Volk hatte diese einmalige historische Gelegenheit versäumt.

Das jüdische Volk ist alt. Vielleicht ist es müde. Das könnte ich verstehen.

DIE LEHRE VON SINAI

1981. Es war Oktober geworden, der Herbst fiel über die Täler, wir packten unsere Koffer in Hofgastein, um noch einige Tage in Wien zu verbringen. Ein Taxi wartete vor dem Hotel, das uns nach Salzburg zum Zug bringen sollte. Wir hatten das Frühstück aufs Zimmer kommen lassen, Marianne suchte noch im letzten Augenblick ein paar Sachen zusammen, als das Telefon läutete. Ein Gespräch aus Frankfurt, Werner Holzer am Apparat.

»Gut, daß ich Sie erwischen konnte, Sie haben sicherlich schon gehört?« Wir hatten nichts gehört und ich hatte keine Ahnung, was er meinte. War Krieg ausgebrochen? Stand Jerusalem in Flammen? Inmitten von Bergen und Wäldern, die sich vom Balkon unseres Zimmers auftaten, waren wir der Welt abhanden gekommen.

»Sadat ist ermordet worden!«

Anwar Sadat ermordet. Friede ist das gefährlichste Wagnis im Nahen Osten. Wer den Mut dazu aufbringt, riskiert sein Leben.

»Wir brauchen für morgen einen Leitartikel.«

Morde, Terrorakte und Erdbeben kann man nicht einkalkulieren, wenn man in Urlaub geht. Das Taxi stand vor der Tür. Ich überlegte schnell. Die Fahrt von Salzburg nach Wien dauert über vier Stunden.

»Ich werde im Zug den Artikel schreiben und ihn in Wien telefonisch durchgeben«, versprach ich.

Im Taxi hatte ich Zeit, nachzudenken. 1979, als die Israelis nach dem Camp-David-Abkommen jubelten, hatte mein Kommentar den Titel »Kein Grund zum Feiern«, und tatsächlich lag die Ursache für das tragische Ende des ägyptischen Staatschefs in jenen scheinbar so glückhaften Stunden, da Präsident Carter, Sadat und der israelische Regierungschef Menachem Begin sich zu einem Neubeginn in dieser umstrittenen Weltgegend durchgerungen hatten. Allerdings legte jeder von ihnen den Neubeginn auf seine Weise aus: Sadat als eine allumfassende Regelung der Nahost-Probleme, an der sich die Jordanier und Palästinenser beteiligen sollten; Begin als einen Sonderfrieden mit Kairo, in der Hoffnung, als Lohn für einen Rückzug aus dem Sinai das Westufer behalten zu können; und Carter als Stärkung der amerikanischen Position im Mittelosten.

»Dann wird er die Fanfaren blasen lassen«, heißt es bei Kleist. Die Fanfaren bliesen und 21 Kanonenschüsse begrüßten Sadat, der 1977 nach Jerusalem kam. Von Häusern und Straßenmasten flatterten ägyptische Fahnen, die Stadt war in ein rot-weiß-schwarzes Kleid gehüllt, die Farben des arabischen Nachbarn.

Als Sadat die Ehrengarde derselben Armee abschritt, die Ägypten in vier blutigen Kriegen bekämpft hatte, hielt die Geschichte ihren Atem an. Ein Handschlag über Jahrzehnte hinweg: nach einem dreißigjährigen Kriegszustand erschien der Erzfeind in Israel, das er nicht anerkannte und in der Hauptstadt, auf die in seinen Augen der jüdische Staat kein Anrecht hatte.

Eine Legende spricht davon, daß am Ende der Tage der Messias auf einem weißen Esel durch die Tore Jerusalems reiten wird. Sadat kam nicht auf einem weißen Esel, sondern in einer schwarzen Limousine, und nicht alle glaubten, nun wäre der ewige Friede ausgebrochen, aber als er als Ehrengast im israelischen Parlament ausrief: »Es wird keine Kriege mehr zwischen Arabern und Israelis geben, kein Blutvergießen, Mütter brauchen nicht mehr um ihre Söhne zu weinen, und Frauen nicht mehr um ihre Männer«, wehte so et-

240

was wie ein Hauch friedensträchtiger Zukunft durch das Land.

Aber Politik ist von Mystik weit entfernt und die Zusage, Israel würde als Mitglied in die Völkerfamilie des Nahen Ostens aufgenommen werden, hatte Sadat gemacht, ohne von dieser Völkerfamilie das Mandat für ein solches Versprechen erhalten zu haben, was man in der Sprache des Bürgerlichen Gesetzbuches »Geschäftsführung ohne Auftrag« nennt.

Zwei Jahre zogen sich die Friedensverhandlungen hin, immer wieder ausgesetzt, immer wieder von Krisen geschüttelt, immer wieder dem Abbruch nahe.

Lange bevor man die Palästinenser an den Verhandlungstisch bitten wollte, waren die Autonomiegespräche geplatzt. Die Zweigleisigkeit der israelischen Politik – den Ägyptern alles, den Palästinensern nichts – löste eine scharfe Reaktion im arabischen Lager aus. Aber Sadat mußte weiterspielen. Er konnte nicht riskieren, die für April 1982 festgelegte Endphase der israelischen Evakuierung des Sinai in Frage zu stellen. Seine Lage war prekär: einen Schritt zuviel für die Palästinenser, und Begin würde seinen letzten Trumpf im Sinai ausspielen; einen Schritt zuviel für die Israelis, und die Palästinenser würden sich bitter rächen. Diesem Konflikt ist er schließlich zum Opfer gefallen.

In Israel mehrten sich bedrohlich die Terrorakte palästinensischer Gruppen und ein Kommando der PLO kaperte einen voll besetzten Autobus auf der Chaussee Haifa – Tel Aviv und richtete unter den Passagieren ein furchtbares Blutbad an. Der Karnevalsstimmung und Heilserwartung folgte die Ernüchterung. In den Vereinigten Staaten begann man mit den Vorbereitungen für die Präsidentenwahlen, und da Carters Chancen davon abhingen, einen ägyptisch-israelischen Frieden möglichst schnell unter Dach und Fach zu bringen, entschloß er sich, nach Kairo zu fliegen. Kurz darauf kam er nach Israel.

Am 10. März 1979 zog der amerikanische Präsident an der Spitze einer Kavalkade von 39 Autos in Jerusalem ein.

Die Stadt, mit zehntausend Mann der Polizei und des Grenzschutzes, glich einer belagerten Festung. Hunderte von Rechtsradikalen legten sich auf die Straße, um Carter die Einfahrt zu verwehren. Neville Chamberlains Ausruf »Friede in unserer Zeit«, als er 1938 von einer Begegnung mit Hitler nach London mit Regenschirm zurückkehrte, fand in Jerusalem ein ironisches Echo: das sonnige Wetter der vergangenen Wochen hatte einem von Sturm gepeitschten Regen Platz gemacht, die Fahnen hingen durchnäßt wie auf Halbmast, und mit dem Sturz der Temperatur war auch die Stimmung auf den Nullpunkt gesunken. Aber die Amerikaner setzten ihren Willen durch, und am 29. März 1979 fand in Washington ein bitter-süßes Freudenfest statt: der erste Friedensvertrag zwischen Israel und einem arabischen Staat wurde in Gegenwart von 1400 Gästen unterzeichnet.

Die arabischen Zeitungen in Ostjerusalem erschienen mit Trauerrand, in den besetzten Gebieten proklamierten die Palästinenser den Generalstreik und die jüdischen Dörfer im Sinai hißten statt der blau-weißen Staatsflagge schwarze Fahnen.

Anwar Sadat hatte gelobt, am Fuße des Moses-Berges auf der Sinai-Halbinsel den Grundstein für ein gewaltiges Projekt zu legen, für den Bau einer Moschee, einer Kirche und einer Synagoge, als Symbol für die Bruderschaft der drei großen monotheistischen Religionen. Geplant war eine Feier in Gegenwart von Vertretern der christlichen Nationen, islamischen Staaten und des jüdischen Volkes. Dazu, wie zu vielem anderen, ist es nicht gekommen. Aber trotz der israelischen Invasion in den Libanon 1982, trotz des Massenaufstands der Palästinenser, trotz der anti-israelischen Presse in Kairo hat der Friede bisher gehalten, kalt und formell zwar, aber besser ein eisiger Friede als ein heißer Krieg.

Gleich nach dem Sechstagekrieg 1967 kreuzte ich durch die Sinai-Halbinsel, an zerschossenen Panzern vorbei, an zerstörten Geschützen, verbrannten Flugzeugen. Hier und da schrie ein verirrter Esel, kaute ein verlassenes Kamel, sah man Stiefel der geflohenen ägyptischen Soldaten. Sonst nichts als Sand und Disteln. Inzwischen waren in Nord-Sinai

Felder und Gärten gewachsen, Treibhäuser brachten Früchte hervor, Dörfer und Städte standen auf, Ölquellen wurden gebohrt, Flugplätze angelegt, Straßen gebaut. An den Stränden des Roten Meeres sonnten sich »Blumenkinder« aus aller Welt.

Scharm el Scheich. Bis 1967 leere Dünen. Ägyptische Artilleriestellungen, um die Meerenge zwischen dem Roten Meer und dem Persischen Golf zu kontrollieren. Dort war eine kleine Stadt entstanden, Ofira – entstanden und nun wieder im Verschwinden. Die Häuser wurden abgerissen, der Strand war verödet, das Hotel leer, die letzten Einwohner packten ihre Sachen.

»Nein«, erklärte einer von ihnen, »die umweltbewußte Jugend aller Länder konnte mit uns zufrieden sein. Wir haben die Wüste nicht verändern wollen, wir haben nur ihre Ränder angetastet. Sehen Sie die wilde Berglandschaft? Wir haben sie zugänglich gemacht.«

Drei Autostunden nördlich lag Neviot. Auf seinem Strand fanden sich die Aussteiger der Zivilisation ein, junge Menschen aus Europa und Amerika, die nach ihrer »Identität« suchten. Die Bungalows waren abgebrochen, die Sonnendächer aus Papyrus weggeschafft, über die leeren Flächen wehte der Wind. Im benachbarten Dorf von 200 Bewohnern, die Hälfte von ihnen Kinder, war der Rasen verwelkt, die Bewässerungsanlage bereits abtransportiert. Im Nordsinai, rings um die Stadt Jamit, gab es an die zwanzig Dörfer. Hier leuchtete das Grün von Feldern auf, der grelle Widerschein der Sonne auf dem Glas der Treibhäuser. Was einst »terra incognita« war, mit ihren Wundern und Geheimnissen, nur den Beduinen vertraut, die wie eh und je die Unendlichkeit aus Stein und Sand durchzogen, war durch Straßen erschlossen worden. Die Architektur der Stadt Jamit fügte sich mühelos in diese Landschaft ein.

»Dreimal sind die Israelis in den Sinai gedrungen, 1948, 1956 und 1967«, sagte der Bezirksvorsteher, »zweimal haben wir ihn geräumt um des Friedens willen, und beide Male sind wir enttäuscht worden. Diesmal geben wir ihn zurück, um endlich ein beständiges, nachbarliches Verhältnis mit Ägypten zu erkaufen.«

Vierundzwanzig riesige Bulldozer waren aufgefahren, um die Stadt dem Erdboden gleichzumachen, ein trauriges Beispiel für das Versagen der Politiker. Ich konnte verschiedene Stadien der Räumung des Sinai miterleben: als die israelischen Panzer über den Mitla-Pass zurückrollten und damit die große strategische Barriere zwischen Ägypten und Israel freigaben; als israelische Ingenieure und Techniker die Ölfelder von Alma verließen, die sie gebohrt und entwickelt hatten und die den gesamten Energiebedarf des jüdischen Staates hätten decken können; als das letzte Bodenpersonal der israelischen Luftwaffe die blau-weiße Fahne einzog und die beiden militärischen Flugplätze evakuierte, die zu den modernsten der Welt gezählt hatten.

Doch nichts hat mich so beeindruckt wie ein kleiner Vorfall in einem der Dörfer, das »abmontiert« wurde. Ein gewaltiger Raupenschlepper stampfte die Avokadofelder ein, walzte über die Tomatenstauden, riß Hecken und Bäume nieder. Innerhalb weniger Stunden hatte die Wüste wieder die Herrschaft übernommen, das Grün der Felder ausgelöscht und die Farben der Blumen, Mangos und Ananasfrüchte. Bald würde der Sand, endlos und gnadenlos, das Netzwerk von Straßen und Wasserleitungen verwehen, die Bungalows am Roten Meer, die Trümmer der Stadt Jamit. Kairo gestattete nicht das Verbleiben jüdischer Farmer, auch nicht als Ausländer unter ägyptischer Souveränität.

Was einst Wüste war, ist wieder Wüste geworden. Staub zu Staub, Asche zu Asche.

»KING DAVID«

»Jemand hat angerufen und wollte dich sprechen«, sagte Marianne, als ich eines Tages nach Hause kam, kurz nach dem Sechs-Tage-Krieg.

»Wer?«, fragte ich.

»Das hat sie nicht gesagt.«

»Eine Frau? Namenlos?«

»Sie tat sehr geheimnisvoll und wollte nur mit dir sprechen. Sie wird gegen Abend noch einmal anrufen.«

Gegen Abend läutete das Telefon. Ich nahm den Hörer ab.

»Sie werden sich meiner nicht mehr erinnern, aber ich kenne Sie und Sie kennen mich, und ich möchte Sie sehen.«

»Wer spricht eigentlich?«

»Ich lebe in New York, bin nur kurze Zeit in Israel und habe Ihnen etwas über den Jüdischen Kulturbund zu sagen.«

»Wie ist Ihr Name?«

»Er bedeutet Ihnen nichts. Rothuhn. Mrs. Rothuhn.«

Rothuhn? Nie gehört. Aber ihre Anspielung auf den Kulturbund interessierte mich. Damals war Jerusalem noch nicht von Hotels übersät wie heute, und ich schlug für einen der nächsten Nachmittage ein Treffen im »King David« vor.

»Wie werde ich Sie erkennen?«

»Machen Sie sich keine Sorgen«, antwortete sie, »ich kenne Sie.«

Die Sache wurde immer geheimnisvoller.

Ich stellte mich, wie verabredet, in der Hotel-Lobby ein, schaute mich um, ob ich irgend ein bekanntes Gesicht sähe, oder eine Frau, die Mrs. Rothuhn sein könnte. Niemand schien auf mich zu warten, ich saß eine Weile, bereit, aufzustehen und nach Hause zu gehen. Da setzte sich jemand in einen Sessel mir gegenüber, eine Frau mittleren Alters, mit einer großen dunklen Hornbrille, die ihr Gesicht wie eine Halbmaske verdeckte.

»Ich habe Ihr Buch über den Kulturbund gelesen«, begann sie ohne Einleitung, und zu meiner Überraschung trug sie es in der Hand, »es ist stinklangweilig und außerdem ist alles falsch.«

Ich sah sie erstaunt an.

»Ich meine, nicht falsch, was Sie schreiben, sondern was Sie verschweigen. Natürlich stellen Sie richtig dar, wie das mit dem Repertoire war und mit der Zensur, mit den

Stücken, die aufgeführt wurden oder nicht aufgeführt werden konnten. Aber wen interessiert das? Das Wichtigste haben Sie mit keiner Zeile erwähnt – was hinter den Kulissen vorgegangen ist, und diesmal ist das nicht bildlich zu verstehen.«

»Zum Beispiel?«

»Wissen Sie, wieviel Tratsch und Klatsch es gab, wie die Schwulen miteinander stritten, wie intrigiert wurde, wie jeder und jede sich bei Singer, Wisten, Levie einschmeicheln wollte auf Kosten der anderen? Das wirkliche Theater wurde nicht auf, sondern hinter der Bühne gespielt.«

»Ich glaube nicht, daß dies ein Thema für mein Buch gewesen wäre, auch wenn Sie es in seiner gegenwärtigen Form langweilig finden. Es war nicht meine Absicht, mich mit dem Privatleben der Akteure zu beschäftigen, weder in die Küchentöpfe noch unter die Röcke zu gucken, weder ihren sexuellen Neigungen nachzuspüren noch Hofintrigen aufzudecken. Das wäre ein verdammt schmutziges Geschäft.«

»Ich habe sie alle durchschaut.«

»Waren Sie denn beim Kulturbund angestellt?«

»Ich arbeitete in der Kostümschneiderei.«

Kostümschneiderei. Das Wort saß. Ich brauchte nur einen Moment, um zu wissen, wer vor mir saß. Eva. Die gedroht hatte, mich wegen Rassenschande mit deutschen Mädchen anzuzeigen. Vor der mich Dr. Levie gewarnt hatte. Die morgens vor meinem Haus in der Kantstraße auf und ab ging. Die sich auf den Rolltreppen am Bahnhof Zoo zwei Stufen unter mich stellte, um zu mir aufsehen zu können. Die mir Briefe schrieb, daß sie ohne mich nicht weiterleben wollte. Die meine Füße küßte und mich verfolgte, wo immer ich war.

Sie nahm die Sonnenbrille ab. Fast dreißig Jahre hatte ich Eva nicht gesehen. Wir alle waren älter geworden in drei Jahrzehnten, aber ich hätte sie erkannt.

»Sie haben Nerven«, sagte ich, »mich herzulocken, nachdem Sie mich verraten haben, schändlich, gemein verraten haben. Der Kulturbund war ja nur der Köder, um mich hier zu treffen.«

»Ich habe dich ja gar nicht angezeigt, ich habe nur damit gedroht.«

»Bis zu Dr. Levie war die Drohung jedenfalls gedrungen.«

»Weil ich dich geliebt habe, du mußt verstehen, ich hatte keine andere Waffe.«

»Hören Sie, Eva«, sagte ich, »ich glaube, wir sollten das Berliner Spiel nicht fortsetzen. Ein Menschenalter ist darüber vergangen und es wäre besser, wenn Sie mich jetzt entschuldigen würden.« Ich stand auf.

»Geh noch nicht, hör mir zu, ich bin deinetwegen von Tel Aviv nach Jerusalem gekommen, ich liebe dich, ich habe nie aufgehört, dich zu lieben, ich habe immer an dich gedacht, Rothuhn, mein Mann weiß von dir, er weiß, daß ich dich nachts in meine Gebete einschließe, er hat nichts dagegen, er weiß, wie ich an dir gehangen habe.«

Rothuhn hatte ein Kleidergeschäft in Queens, Eva half ihm im Laden und so machte sich ihre Arbeit in der Kostümschneiderei endlich bezahlt. Ihr Mann wartete auf sie in Tel Aviv.

»Sie sollten Herrn Rothuhn nicht zu lange warten lassen«, sagte ich.

»Dann schreib mir wenigstens eine Widmung in dein Buch.«

Ich dachte einen Augenblick nach. Zum Glück fiel mir Schopenhauer ein. »Vergeben und Vergessen heißt: gemachte Erfahrungen zum Fenster hinauswerfen.« Sie konnte das interpretieren, wie immer sie wollte.

Ein Bild des King David-Hotels erschien im israelischen Fernsehen im Juli 1991. Es war eines der Ausstellungsobjekte in einem gerade in Jerusalem eröffneten Museum des jüdischen Untergrundkampfes gegen Briten und Araber vor der Staatsgründung. Das Foto des Hotels zeigte den verstümmelten Rumpf des Gebäudes, ein Flügel war durch eine Sprengung eingestürzt und sogar die »Milchflaschen« erschienen im Bild, die am 22. Juli 1946 durch den Hintereingang in den Keller geschmuggelt worden waren, aber statt Milch Explosivstoff enthielten. Sechs Stockwerke waren zusammenge-

247

brochen. Damals schrieb ein Jerusalemer Blatt: »Es war in der letzten Woche, als hätte die Pest in Jerusalem gewütet. Tag für Tag das gleiche makabre Bild auf jüdischen, mohammedanischen und christlichen Friedhöfen. Der Trümmerhaufen des King David-Hotels gab seine Opfer nur langsam und widerwillig frei. Nahezu 100 Menschenleben wurden durch den verbrecherischen Anschlag zerstört – Engländer, Juden, Araber, hohe Beamte und kleine Laufjungen, Sekretärinnen und Buchhalter, zufällige Passanten und Besucher: Männer, Frauen, Kinder. Sie alle wurden zwecklos und sinnlos hingemordet.«

Ministerpräsident Jizchak Schamir hielt 46 Jahre später die Rede zur feierlichen Eröffnung des Museums, andere Regierungsmitglieder und ehemalige Untergrundkämpfer füllten den Saal. Man hatte den Eindruck, daß es nicht die 60.000 Männer und Frauen der »Hagana«, der jüdischen Verteidigungsorganisation waren, deren Werk die Grundlagen eines jüdischen Staates gesichert hatte, sondern die 6000 Revisionisten, die 1935 aus der Zionistischen Organisation ausgetreten waren und deren militärische Gruppen dieses Ziel mit terroristischen Aktionen zu erreichen suchten.

Als die revisionistische Partei dem Chef der britischen Mandatsverwaltung, Sir John Shaw, ihr Mitgefühl und Bedauern für die Opfer aussprach, antwortete er: »Ich habe Ihren Brief vom 24. Juli 1946 erhalten, in dem Sie anläßlich des furchtbaren Unglücks vom 22. Juli Ihr Mitgefühl und Bedauern aussprechen. Dieses empörende Verbrechen wurde gemäß der von ihr selber veröffentlichten Prahlerei von einer Organisation begangen, die mit Ihrer Partei verbunden ist. Unter diesen Umständen bin ich nicht in der Lage, den Ausdruck des Mitgefühls und Bedauerns entgegenzunehmen.«

Vier Jahrzehnte später flatterte der Union Jack wiederum auf dem »King David«, diesmal Seite an Seite mit dem Davidstern. Margaret Thatcher, seinerzeit britische Regierungschefin, weilte als Ehrengast der israelischen Regierung im selben Hotel.

Die Nürnberger Gesetze vom September 1935 bleiben ein Meilenstein auf der Talfahrt in die Entrechtung, Entwürdigung und Diffamierung der deutschen Juden: sie wurden ihrer Reichsbürgerschaft beraubt und im Blutschutzgesetz zu Parias gestempelt. Eheschließungen und außerehelicher Geschlechtsverkehr zwischen Juden und Nichtjuden wurden zu Verbrechen. Damals empörte sich die ganze zivilisierte Welt über diesen Rückfall in die finstersten Tage des Mittelalters. Nicht die ganze zivilisierte Welt. Die ultra-orthodoxen Juden in Deutschland sahen im »Blutschutzgesetz« der Nazis durchaus nicht nur negative Züge.

Der »Israelit«, das Organ der »Agudat Jisroel«, der 1912 gegründeten Organisation jüdischer Orthodoxie, schrieb, wer sich durch Mischehe von Glauben und Gesetz seines Volkes abwendet, könne im Sinne der Tora (Lehre) nicht mehr als einer der Unsrigen gelten. Die jüdische Orthodoxie habe von jeher die Mischehe als vollendeten Abfall vom Judentum bekämpft und erst recht jeden außerehelichen Geschlechtsverkehr zwischen Juden und Nichtjuden. Am bedeutendsten erschien dem Blatt die Erklärung, daß »den Juden in Deutschland Möglichkeiten ihres völkischen Eigenlebens auf allen Gebieten eröffnet würden«, wobei es die Hoffnung ausdrückte, daß die spezifisch religiösen Interessen und Institutionen Stärkung und Festigung erfahren würden. Es berief sich dabei auf einen Kommentar des »Deutschen Nachrichtenbüros«, der andeutete, die jüdische Minderheit werde ein eigenes völkisches und kulturelles Leben erhalten.

So war es nicht verwunderlich, daß die Zeitung den Erlaß des Reichserziehungsministeriums, der zum 1. April 1936 die Aussonderung »nichtarischer« Kinder aus den öffentlichen Volksschulen und ihre gleichzeitige Einschulung in besondere Volksschulen für Juden und »Nichtarier« anordnete, vom Standpunkt des orthodoxen Judentums aufs Wärmste begrüßte, das aus weltanschaulichen Gründen seit Jahren besondere Schulen für jüdische Kinder gefordert hatte.

In ihrer Satzung erklärte »Agudat Jisroel« ihre Unabhängigkeit von jedem anderen Willen als dem der Tora und sie lehnte daher die Unterordnung unter fremde Körperschaften ab, auch unter das Gesetz eines Staates, der sich nicht an die Richtlinien der Tora hält. Einer der großen Denker jener Bewegung, Isaak Breuer, unterschied zwischen der Welt des Sollens, der Idee des Judentums eigen, und der Welt des Seins, der der Zionismus verfallen wa, und damit das jüdische Volk seiner Einzigartigkeit beraubte. Der Zionismus wolle die historisch-messianische Idee des Judentums vorwegnehmen und zerstören.

Wie heißt es in Schillers »Wallenstein«? »Vor Tische las man's anders«. Als nämlich 1948 der jüdische Staat gegründet wurde, erklärte »Agudat Jisroel« sich bereit, in den staatlichen Gremien mitzuarbeiten, obwohl sie das Gesetz der Tora über das des Staates stellte, und brachte damit sich und Israel in einen Konflikt zwischen zwei Rechtsnormen.

Dem Sozialisten und ersten Regierungschef Ben Gurion war zuzuschreiben, daß er diese Anti-Staatspartei bereits für die erste Koalition gewann und ihr das Familienrecht anvertraute – von der Wiege bis zum Grabe –, die Rechtsprechung über Geburt und Ehe, Scheidung und Begräbnis. Da »Agudat Jisroel« sich aus Juden europäischer Herkunft zusammensetzte, etablierte sich Jahre später eine zweite ultra-orthodoxe Partei, »Schas«, die orientalischen Juden auf ähnlich ideologischer Grundlage eine Plattform bot.

Der orthodoxe Block bildet– von 120 Abgeordneten in der Knesset, dem israelischen Parlament, mit 12 bis 14 Mandaten vertreten – bei der ungefähr gleichmäßigen Verteilung der Wählerstimmen zwischen links und rechts immer wieder das »Zünglein an der Waage«, das den Ausschlag gab und das letzte Wort in der Bildung von Regierungen hatte. Um die Orthodoxen zu gewinnen, versuchten die anderen Parteien, sie zu »kaufen«, indem sie Gelder für deren Institutionen aus dem Staatsbudget abzweigten, die in keinem Verhältnis zu den numerischen Bedürfnissen der orthodoxen Bevölkerung standen, zumal manche der Institutionen, die staatliche Subsidien beanspruchten, nur auf dem Papier existierten. Sie wurden auch mit anderen Privilegien überschüttet. An die 20.000 ihrer jungen Männer sind vom Heeresdienst befreit, weil sie in einer Talmud-Akademie studieren, man überließ den Orthodoxen einen gewichtigen Einfluß im Finanzausschuß der Knesset, der über Staatsgelder verfügt; man setzte ihre Vertreter als Minister und Vizeminister in Ämter ein, zu deren Aufgabe religiöse Erziehung nicht gehört, etwa Kommunikation, Arbeitsbeschaffung, Einwanderer-Integration.

Der erste Satz in der Präambel der Weimarer Verfassung lautete: »Das deutsche Reich ist eine Republik. Die Staatsgewalt geht vom Volke aus.« Die Staatsgewalt in Israel geht nicht vom Volke aus. Eine Minderheit bildet und stürzt Regierungen; eine Minderheit bestimmt, wer wen nicht heiraten darf; daß die nationale Fluglinie »El Al« am Sabbat und an Feiertagen nicht fliegen darf; welche Straßen am Sabbat für den Autoverkehr gesperrt werden; daß Unterhaltungsstätten am Vorabend des Sabbat geschlossen bleiben; welchen Hotels und Restaurants bestätigt wird, daß sie die rituellen Speisegesetze einhalten, wobei die Bestätigung zurückgezogen werden kann, wenn in ihren Räumen Sylvesterfeiern stattfinden oder etwa eine Bauchtänzerin auftritt. Lange Zeit hindurch wurden in Jerusalem die von Wind und Wetter geschützten Autobushaltestellen angezündet oder auf andere Weise demoliert, weil auf ihren Glaswänden Reklameplakate von Kosmetik oder Ankleidefirmen ein Frauenbein, ein geschminktes Gesicht, einen nackten Arm zeigten. Die Orthodoxie in Israel ist militant.

Es hat der jüdischen Sache nicht gut getan, daß der »Israelit« das Blutschutzgesetz der Nazis »begrüßte«. Es ist schmerzhaft peinlich, daß sich in Israel die Suche nach der Herkunft der Großmutter fortsetzt, diesmal nicht nach der »arischen«, sondern nach der jüdischen, denn nach rabbinischem Gesetz kann Jude nur sein, wer von einer jüdischen Mutter stammt. In der Diaspora gab und gibt es genügend Aus- und Umwege, um sich solchen Nachforschungen zu entziehen – auch ohne rabbinischen Segen kann man auf dem Standesamt eine Ehe schließen, und es ist dem Willen der Eltern überlassen, ob sie die Kinder jüdisch erziehen wollen.

Von den drei Strömungen im Judentum – orthodoxe, konservative und Reform – hat in Israel nur die orthodoxe ausführende Gewalt: unter ihrer Ägide finden die meisten Trauungen statt, nach ihrem Ritus wird man zu Grab getragen und auf der Grabinschrift darf weder das bürgerliche Datum des Lebensabschnitts des Verstorbenen erscheinen noch der Vorname, den ihm seine Eltern gaben: er wird hebraisiert. Einwanderer, die im Ausland unter Anleitung von Reform-Rabbinern zum Judentum übergetreten sind, werden nicht als Juden registriert. Das kann zu Diskriminierungen führen – in der Schule, im Beruf, Diskriminierung selbst nach dem Tode: ein Nichtjude darf nicht auf einem jüdischen Friedhof beerdigt werden.

Vielleicht werden gesetzestreue Juden auch anderer Schattierungen vieles davon rechtfertigen. In der Tagespolitik ist die Vorherrschaft der Orthodoxie jedoch nicht vertretbar.

Im Jahre 1990 kam es infolge eines Mißtrauensvotums der Arbeiterpartei zum Sturz der Einheits-Regierung. Die beiden großen Blocks, rechts und links, hatten ungefähr die gleiche Zahl der Abgeordneten, und die Entscheidung lag bei den 13 Stimmen der Orthodoxen. Nun begann ein trauriges Kapitel in den Annalen der israelischen Demokratie. Der Beschluß, wer die neue Regierung bilden sollte, wurde nämlich nicht im Parlament, sondern von außerparlamentarischen Gremien gefällt, von Rabbinern, den »Großen der Tora«, die weder dem Parlament noch den Wählern verantwortlich sind. Die orthodoxen Knesset-Abgeordneten bezeichnen sich nur als deren »Boten« und müssen sich ihrem Spruch unterwerfen.

Es war ein entwürdigendes Schauspiel, als die Knesset-Debatte über den Mißtrauensantrag gegen die Regierung für zwei Stunden unterbrochen werden mußte, um den Abgeordneten von rechts und links Gelegenheit zu geben, zu Rabbi Ovadja Josef zu pilgern. Jede der Delegationen, natürlich getrennt, versuchte ihn für ihre Sache zu gewinnen. Unter den Bittstellern auf diesem »Gang nach Canossa« war auch Regierungschef Jizchak Schamir. Ovadja Josef war das religiöse Haupt der orientalischen Orthodoxie.

Der Vorsitzende der sozialdemokratischen Arbeiterpartei, Schimon Peres, war vom Staatspräsidenten Chaim Herzog beauftragt worden, eine Koalition zusammenzustellen. Schwer, das sonderbare Bild zu vergessen, da man die Abgeordneten der orthodoxen Parteien an einem langen Tisch mit Peres sitzen sah. Sie konnten weder bejahen noch verneinen, ob sie sich einer Koalition unter seiner Führung anschließen würden. Nach ausweichenden Antworten und langem Zögern gaben sie endlich zu, daß sie nicht imstande seien, einen Beschluß zu fassen, denn die Entscheidung von Rabbi Schach stünde noch aus, dem Haupt der aus Europa stammenden Orthodoxie.

Drei Tage lang lag über der politischen Szene ein gespenstisches Schweigen. Nichts rührte sich. Alles war still. Man wartete auf die angekündigte Rede des 97jährigen Rabbi. Sie fand im Fußball-Stadium von Tel Aviv statt, vor zehntausend orthodoxen Männern – Frauen war der Zutritt untersagt –, würdigen Schriftgelehrten, ehrerbietigen Rabbis, sowie tausenden von Studenten der Talmud-Akademien. Hier trafen sich Antizionisten, die im jüdischen Staat die sündige Vorwegnahme des Kommens des Messias sahen und trotzdem seine Geschicke zu bestimmen suchten. Rabbi Schach vermied, parteipolitisch Stellung zu beziehen, geißelte jedoch den Mangel an »Jüdischkeit« in den Kibbuzim und stellte die rhetorische Frage, ob ihre Mitglieder überhaupt noch Juden seien.

Diese Attacke gegen die Elite des Zionismus, die das Land aufgebaut und verteidigt hat, und dafür viele ihrer Söhne und Töchter hergeben mußte, löste scharfe Reaktionen aus, denen sich auch der Staatspräsident anschloß. Aber der Würfel war gefallen. Kein orthodoxer Abgeordneter wagte noch für eine Koalition mit den Sozialdemokraten zu stimmen, deren Stolz die Kibbuzbewegung ist.

Fragen über Fragen. Ist Israel noch eine Demokratie, solange eine Minderheit entscheidet? Ist es noch ein zionistischer Staat, solange Antizionisten Regierungen bilden und stürzen können? Ist sein Parlament noch funktionsfähig, solange es der Intervention außerparlamentarischer Gremien ausgesetzt ist? Und schließlich – ist Israel noch ein weltlicher Staat? Nicht nur in Jerusalem und Bnei Brak wird von den »Großen der Tora« Politik gemacht. Im letzten Augenblick kam aus Brooklyn, vom Lubawitscher Rabbi Menachem Schneerson, die Anordnung an seine Getreuen, in der Knesset einer Koalition mit der Arbeiterpartei fernzubleiben.

ILLEGAL IN DER DDR

Als die deutsche Regierung noch Geld hatte, lud sie mich einige Male in die Bundesrepublik ein. Gewöhnlich erwartete mich ein Mercedes mit Chauffeur und ich konnte mir auswählen, was mich interessierte, wen ich zu sprechen wünschte, wohin ich wollte. Da diese Einladungen auch für meine Frau galten, waren sie eine geglückte Mischung von »business and pleasure«, Begegnungen mit Menschen und Begegnungen mit Landschaften. Gewöhnlich wurde uns eine Begleiterin zugeteilt, die mir den Weg für Interviews bahnen sollte.

In München hatte ich ein Gespräch mit einem Abgeordneten der NPD, der sich über die militärischen Erfolge der Israelis im Unabhängigkeitskrieg begeisterte. »Juden Soldaten, und was für Soldaten, das ist ja zum Verrücktwerden«, rief er entzückt aus.

In Bonn spürte ich den getarnten Aktivitäten arabischer Terrorgruppen nach, die sich mit Hilfe linker Kreise Waffen zu verschaffen suchten. In einem Hotel in Bad Godesberg stellte ich nachts die Schuhe vor die Tür, am Morgen war nur noch ein Schuh vorhanden. Nach Wochen traf der Schuh in Jerusalem ein, und die hiesigen Beamten verlangten Zoll. In Düsseldorf sah ich bei Bekannten einen Regierungsrat wieder, der im Kasseler Wilhelmsgymnasium Schüler meiner Parallelklasse gewesen war und dessen Frau nicht verstehen konnte, daß man eine Sprache von rechts nach links lesen kann wie Hebräisch.

In Marbach vertiefte ich mich in das deutsche Literatur-Archiv des Schiller-Nationalmuseums. In Tübingen gruselte uns vor dem Karzer, der verlassenen, aus dem 15. Jahrhundert stammenden Zelle für aufrührige Studenten. In Freiburg traf ich mit Dr. Gertrud Luckner und den Leuten der Caritas zusammen. In Hamburg und Bremen, Schleswig und Kiel hielt ich Vorträge. In Berlin brachte uns unser Fahrer zum »Checkpoint Charlie«. Nachdem man uns von Schalter zu Schalter Zettel ausgehändigt hatte, langten wir schließlich an der letzten Sperre an. Ein Volkspolizist sah sich den Wagen an, stellte fest, daß wir zu weit gefahren, also ohne Genehmigung in das Gebiet der DDR eingedrungen wären. Er rief einen Offizier, der ihm auftrug, ein Bandmaß zu holen. Sie maßen, um wie viele Zentimeter wir uns illegal in Ostberlin befanden, berieten miteinander, und ließen uns dann unsere Reise fortsetzen.

In Ludwigsburg suchte ich nach dem Gefängnis. Gewöhnlich kommt man in Gefängnisse leichter hinein als heraus – nicht in Ludwigsburg. Ich mußte beweisen, daß ich wirklich eine Verabredung mit Oberstaatsanwalt Schüle hatte, und nachdem ich durch ein kompliziertes System von Toren und Kontrollen geschleust wurde, kam mir ein Assistent vom Oberstaatsanwalt entgegen, um mich zum Verwaltungsflügel zu begleiten, in dem die »Zentrale zur Aufklärung nationalsozialistischer Gewaltverbrechen« untergebracht war.

Bereits auf der Treppe begrüßte mich Herr Schüle, groß, hager, mit grauem Haar und dem Aussehen eines Offiziers. Sein Name war unter den Nazis in Deutschland gehaßt und gefürchtet – von jenen, die in den Untergrund gegangen waren und falsche Namen angenommen hatten, und von vielen anderen, die hofften, daß ihre Verbrechen anonym bleiben würden.

Als Herr Schüle mich durch die Büros führte und mich seinen Mitarbeitern vorstellte, kam ich mir wie in einem militärischen Hauptquartier vor. Tatsächlich wurde hier Krieg geführt – gegen bereits identifizierte und noch nicht entdeckte Naziverbrecher. Jedes der Zimmer wurde von einer Landkarte beherrscht, die das Gebiet, in dem die Ermittlungen stattfanden, im Maßstab einer Generalstabskarte zeigte. Jeder Abteilung war ein besonderes Gebiet zugewiesen.

Es war unvermeidlich, daß unser Gespräch sich der immer wiederkehrenden Frage zuwandte, wieviele Deutsche am Massenmord beteiligt waren, und die Zahl von 80.000 wurde mir damals – im Jahr 1962 – als akkurateste Schätzung genannt. Als ich das Thema von den Millionen deutscher Soldaten in Polen und Rußland anschnitt, klingelte der Oberstaatsanwalt nach seiner Sekretärin und bat sie um ein Aktenstück. Statt einer Antwort nahm er die Abschriften zweier Briefe heraus. Der erste, ein Schreiben des Oberbefehlshabers im Grenzabschnitt Süd, des Generals der Infanterie Ulex, vom 2. Februar 1940, an den Oberbefehlshaber Ost, General Blaskowitz, in dem es u.a. hieß: »Die sich gerade in letzter Zeit anhäufenden Gewalttaten der polizeilichen Kräfte zeigen einen ganz unbegreiflichen Mangel menschlichen und sittlichen Empfindens, so daß man geradezu von Vertierung sprechen kann ...«

Vier Tage darauf sandte General Blaskowitz eine Denkschrift an Hitler über den Mord an 10.000 Juden: »... Der schlimmste Schaden jedoch, der dem deutschen Volksbürger aus den augenblicklichen Zuständen erwachsen wird, ist die maßlose Verrohung und sittliche Verkommenheit, die sich in kürzester Zeit wie eine Seuche ausbreiten wird. Wenn hohe Amtspersonen der SS und Polizei Gewalttaten und Brutalität verlangen und sie in der Öffentlichkeit belobigen, dann regiert in Kürze nur noch der Gewalttätige. Überraschend schnell finden sich Gleichgesinnte und charakterlich Angekränkelte zusammen, um, wie es in Polen der Fall ist, ihre tierischen und pathologischen Instinkte auszutoben ... Die einzige Möglichkeit, sich dieser Seuche zu erwehren, besteht darin, die Schuldigen und ihren Anhang schleunigst der militärischen Führung und Gerichtsbarkeit zu unterstellen.« – Das war Ludwigsburg.

In Frankfurt verbrachte ich ein paar Tage im gastlichen Haus von Otto und Elisabeth Romberg. Romberg ist zusammen mit Georg Schwinghammer Redakteur der »Tribüne«, einer Zeitschrift, die ihrem Motto »zum Verständnis des Judentums« in hohem Maße gerecht wird und die ich in Israel als Korrespondent vertrete.

Auch Österreich lud mich ein, sogar zweimal. Damals war Dr. Josef Klaus Bundeskanzler. Ich sprach mit Unterrichtsminister Piffl-Percevicz, da böse Zungen behaupteten, das Geschichtspensum in den Schulen höre mit dem Tod des alten Kaisers auf. Ich traf mit den Vorsitzenden der drei großen Parteien zusammen. Beim Wahlkampf hieß es in einem Flugblatt der »Österreichischen Volkspartei«: »Herr Pittermann, Kreisky, Waldbrunner, wann werden Sie wieder ins Ausland emigrieren, was dank Ihrer Verbindung zum internationalen Judentum sicher sehr leicht gelingen wird.« Pittermann und Waldbrunner waren keine Juden.

»Einen echten virulanten Antisemitismus in der Jugend gibt es nicht«, sagte Dr. Bruno Kreisky, damals Außenminister der letzten Koalitionsregierung, als er mich in der Zentrale der Sozialdemokratischen Partei empfing. Er stempelte den Antisemitismus als ein »kleinbürgerliches Phänomen« ab, das in der jungen Generation nur dann ein Echo fände, wenn man sie entsprechender Propaganda aussetzte. Natürlich gäbe es auch in der Jugend extremistische Gruppen, aber die seien mit Südtirol beschäftigt.

Auf Dr. Kreiskys Schreibtisch stand ein Kalender mit arabischer Inschrift, ein Souvenir von seinem Staatsbesuch in Kairo aus dem Jahr 1964. Ich fragte, warum er während seiner Amtszeit als Außenminister nicht die Einladung der israelischen Regierung angenommen habe. Er schien meine Frage nicht zu schätzen. Er wäre auch anderen Einladungen nicht nachgekommen, sagte er ausweichend, und jetzt sei das nicht mehr aktuell, da er sich primär mit Innenpolitik beschäftigen wolle.

Am Akademischen Gymnasium erinnerte eine Tafel an drei ehemalige Schüler – Peter Altenberg, Hugo von Hofmannsthal und Arthur Schnitzler. Der 20jährige Hofmannsthal notierte am Pfingstsonntag 1894 in sein Tagebuch: »Wie merkwürdig, daß wir vielleicht in Wien die letzten ganz beseelten Menschen überhaupt sind, daß dann vielleicht eine große Barbarei kommt.«

SPÄTGEBURT

1942. Die amerikanische Pazifikflotte war in Pearl Harbour versenkt worden. Aus Europa drangen die ersten Nachrichten über die Massenvernichtung der Juden … Im Biltmore Hotel in Manhattan legte ein kleiner, gedrungener Mann mit weißer Mähne 600 amerikanischen Juden ein Programm vor, Palästina in einen jüdischen Staat zu verwandeln – David Ben Gurion. In einer Zeit der großen Ratlosigkeit setzte er damit dem jüdischen Volk ein Ziel, über das Theodor Herzl, Wiener Schriftsteller und Publizist, 1901 in seiner Schrift »Der Judenstaat« theoretisiert hatte, und mit dem Chaim Weizmann nicht zu Rande kam, der auf die britische Karte gesetzt hatte, was sich als Niete erwies.

Sechs Jahre später machte Ben Gurion wahr, was er in Manhattan angedroht hatte – er rief einen jüdischen Staat aus, namenlos, Zion, Judäa, schließlich Israel. Washington beschwor ihn, davon Abstand zu nehmen, die russische Haltung war unklar, die britische feindlich. Was ihm vorschwebte, war ein unabhängiges, säkulares Staatswesen. Wieweit heutzutage im engmaschigen Netz internationaler Beziehungen Staaten unabhängig sind, sei dahingestellt: Israel konnte seit seinem Entstehen nicht ohne amerikanische Hilfe existieren und nicht ohne die Unterstützung der Judenheit in der Diaspora. Obwohl es Ben Gurion war, der die Orthodoxen in eine Koalition aufgenommen hatte, wollte er von Anfang an einen weltlichen Staat, aber der Geister, die er rief, konnte Israel sich nicht mehr erwehren. Noch aus seiner Zurückgezogenheit im Negev, nach dem Sechstagekrieg 1967, beschwor er die Regierenden, um des Friedens willen die besetzten Gebiete aufzugeben, wenn nötig sogar einen Teil Jerusalems.

Auch Herzls Idee verwirklichte sich nicht, die eines Judenstaates, in dem es keine nationalen, rassischen und religiösen Unterschiede geben sollte. Sein Roman »Altneuland« stellte die Utopie eines Palästinas dar, wo Juden, Mohammedaner und Christen harmonisch und gleichberechtigt zusammenleben, beispielhaft für die Welt – ohne Soldaten, ohne Armee, ganz dem sozialen und menschlichen Fortschritt gewidmet. Heute würde Herzl, der geistige Vater des Judenstaates, käme er in einer Re-Inkarnation nach Israel, nicht ein einziges Knesset-Mandat bekommen. Weder würde er das Land, noch das Land ihn verstehen.

Und Weizmann? 1930 erklärte er, daß in den ideologischen Grundlagen des ersten Zionistenkongresses nichts über einen jüdischen Staat gesagt wurde und daß es im Wesen des Zionismus läge, lediglich die materielle Basis zu schaffen, auf der eine autonome, kompakte, produktive Gesellschaft aufgebaut werden könnte. Nur eine kleine Minderheit auf dem rechten Flügel, die »Revisionisten« unter Wladimir Jabotinsky, setzten sich für eine sofortige Staatsbildung ein, zu einer Zeit, die das illusorisch machte, wobei Historiker sich nicht einig sind, was Jabotinsky dabei vorschwebte – ein Staat wie Frankreich oder ein Staat wie Nebraska oder Kentucky. Der Begriff Staat beinhaltet nicht ohne weiteres volle Souveränität.

Die überwiegende Mehrheit der zionistischen Bewegung entschied sich – 1931 – nicht für einen jüdischen Staat, sondern für ein Gemeinwesen in Palästina, gestützt auf Steigerung der Einwanderung, den Erwerb von Boden als nationalem Eigentum, auf landwirtschaftliche Ansiedlung und Förderung der hebräischen Sprache und Kultur.

Israel wurde zu keiner glücklichen Stunde geboren. Es entstand ein Vierteljahrhundert zu spät. 1917, während des

Ersten Weltkrieges, kurz bevor Lord Allenby siegreich in das damals zum Osmanischen Reich gehörende Jerusalem einzog, erklärte der britische Außenminister Lord Balfour, daß seine Regierung bereit sei, die Entstehung eines »Jüdischen Nationalheims in Palästina« zu fördern. Auf der Friedenskonferenz von San Remo, 1920, sagte der britische Premier Lloyd George zu Chaim Weizmann: »Sie haben keine Zeit zu verlieren. Im Augenblick ist alles im Fluß. Heute ist die Welt wie die Ostsee vor dem Frost. Aber wenn er kommt, werden Sie Ihren Kopf gegen die Eisblöcke rennen und auf ein zweites Tauwetter warten müssen.« Es waren die Jahre der politischen Gärung und Umgestaltung, in der sich neue Nationalstaaten bildeten wie etwa Polen und die Tschechoslowakei. Ein jüdisches Nationalheim – und was geschah? Der Aufbruch von Massen ins Gelobte Land? Eine Flut von Spenden? Solidaritätserklärungen aus allen Ecken und Enden der Diaspora? Nichts davon.

Historische Gelegenheiten kehren so bald nicht wieder. In der entscheidenden Periode nach dem Ersten Weltkrieg, als Palästina noch dünn bevölkert, der arabische Staatenblock noch nicht entstanden war und der arabische Nationalismus sich noch nicht organisiert hatte, gelang es der zionistischen Bewegung nicht, aus ihrer Isolierung auszubrechen. Es fehlte ihr an Menschen, an Geld, an moralischer Unterstützung. Damals sah die große Mehrheit des jüdischen Volkes ihr »Nationalheim« nicht in Palästina, sondern in Amerika, Deutschland, Polen, Rumänien, Ungarn. Von einer idealistischen Minderheit abgesehen, blieben die Juden dort, wo sie waren, auch in den Gettos Osteuropas. Bevor die Briten Immigration und Siedlung beschränkten, von 1919 bis 1929, wanderten nur 100.000 jüdische Menschen in Palästina ein.

Von vornherein waren die Araber zu keinem Kompromiß bereit. Sie lehnten 1937 einen britischen Teilungsvorschlag ab und zehn Jahre später den Beschluß der Vereinten Nationen, in Palästina sowohl einen arabischen wie einen jüdischen Staat zu errichten. Die Ironie der Geschichte will es, daß heute die Palästinenser auf eine Teilung drängen, und die Israelis sie verweigern.

So ist es nicht verwunderlich, daß in den vergangenen vier Jahrzehnten eine Abnützung des Zionismus eingesetzt hat, zerrieben in den Konflikten zwischen Juden und Arabern, zwischen Weltlichen und Fundamentalisten, zwischen westlichen und orientalischen Juden, zwischen Rechts und Links. Es waren nicht nur sechs Kriege, die die humanistischen Ideale von einst angefressen und aufgefressen haben. Israel ist mit der Last der im Sechstagekrieg eroberten Territorien nicht fertig geworden. Aus den besetzten Gebieten wurden »befreite« Gebiete, und ein Großteil der Bevölkerung betrachtet sie nicht als Faustpfand für den Frieden, sondern als »unveräußerliches« biblisches Erbe. Mit der Rechtsschwenkung der Wählerschaft wuchsen die Ansprüche auf permanente Oberhoheit über das Westufer, den Gazastreifen und die bereits annektierten Golanhöhen.

Es ist die Tragödie des jüdischen Staates, daß er erst entstand, als die großen jüdischen Zentren in Europa schon zerstört waren. Wieviele Staatsmänner, die Israel hätten leiten können, waren unter der Million umgebrachter Kinder? Wieviel reicher an Schöpferkraft, an Phantasie, an Persönlichkeiten wäre dieser Staat gewesen, wenn er auch nur einem Teil der Millionen Opfer Zuflucht geworden wäre? In anderen Ländern werden hohe Staatsgäste zum »Grabmal des unbekannten Soldaten« geführt oder zu dem des Staatsgründers. Nicht in Israel – nicht zum Grab Herzls, nicht zum Ehrenfriedhof der Gefallenen, nicht zu dem Gebäude, wo die Staatsgründung ausgerufen wurde, sondern zur Gedenkstätte des Holocaust.

Die Frage, ob Israel auch ohne den Holocaust entstanden wäre, kann nicht beantwortet werden, wenn auch die Männer der Vereinten Nationen, die 1947 seine Entstehung beschlossen, noch unter dem Eindruck des Völkermordes standen. Aber ohne das Trauma jener Katastrophe ist Israel nicht zu verstehen. Man braucht nicht zu erklären, warum es um jeden Preis eine Situation verhindern will, in ein neues Warschauer Getto oder ein Auschwitz gestoßen zu werden. Ein Großteil seiner europäischen Einwanderer wurde von den Nazis verfolgt, ein Großteil seiner orientalischen Bürger von den Arabern unterdrückt: nur daraus ist das überentwickelte, ungewöhnlich starke Bedürfnis nach Sicherheit abzuleiten.

Eine neue Generation ist aufgewachsen, hüben wie drüben, die nichts anderes kennt als Besetzer und Besetzte. Über zwanzig Jahre siedelte und brodelte es unter den Palästinensern, und trotzdem gewöhnte sich Israel an die Rolle des Okkupanten und zog sie einer ungewissen Zukunft vor, bis der palästinensische Aufstand, »Intifada«, diesen Widersinn in seiner ganzen Unerträglichkeit aufgezeigt hat. So kommt es, daß Demokratie an der Linie endet, die vor dem Sechstagekrieg die Grenze zu den Nachbarstaaten bildete: jenseits dieser Linie leben die Palästinenser in einem rechtsstaatlichen Niemandsland, wo die Verwaltung in den Händen des israelischen Militärs liegt, ohne daß die früher dort geltenden jordanischen Gesetze und britischen Notverordnungen aufgehoben sind.

Im deutschen Zionismus hat es nicht an frühen Mahnern gefehlt. Schon im Jahre 1920 erging die Warnung vor einem falschen Patriotismus; wenn man andere Völker in ihrer Realität nicht verstünde, gefährde man die eigene Wirklichkeit.

»Es ist in Palästina genau so wie in anderen Ländern, wo zwei Völker aufeinander stoßen«, schrieb Dr. Robert Weltsch in der »Jüdischen Rundschau«. »Das eine Volk kann über die Tatsache nicht hinweg, daß das andere Volk da ist. Es ergibt sich die Alternative, entweder man rottet die anderen aus oder man findet einen Ausgleich; entweder man sucht sich gegenseitig zu vernichten, oder man will selbst weiterleben und auch die anderen leben lassen.«

Das gilt für die Israelis, gewiß. Es gilt nicht weniger für die Palästinenser und für Israels arabische Nachbarstaaten. Und doch macht mich betroffen, wenn Arik Scharon im Gefolge arabischer Morde an Juden erklärt: »Es darf kein jüdisches Blut mehr in Israel vergossen werden.« Wer würde dem nicht zustimmen. Aber arabisches darf vergossen werden? Die

Betonung des Jüdischen im Blut ist genau so fehl am Platz wie seine Wohnung im moslemischen Viertel Jerusalems.

OASEN

Es ist nicht so schwer, wie man annehmen sollte, an eine Ortschaft zu gelangen, die nicht existiert. Zumindest nicht auf der Landkarte und nicht in den Augen der Behörden existiert. Man braucht nur vom Trappistenkloster bei Latrun auf einen Weg abzubiegen, der scheinbar ins Nichts führt, und bald sieht man auf einem Hügel etwa zwanzig Häuser, kahl, grau und schmucklos. Nicht alle Oasen sind grün, und in dieser »Oase des Friedens« – hebräisch Neweh Schalom, arabisch Wahat Al Salam – ist für Gärten, Blumen, Bäume kein Geld vorhanden, zumal die Regierung von ihr keine Notiz nimmt.

Das Dorf ist ein Versuch, »in der Nußschale« zu zeigen, daß Araber und Juden freundschaftlich miteinander leben können; daß sie imstande sind, ihre kulturellen, religiösen und politischen Unterschiede zu verstehen und zu respektieren. Den Mittelpunkt bildet eine »Friedensschule«, deren Wirkung über die Grenzen des kleinen Dorfes hinausgeht. Zu ihrem zehnjährigen Bestehen hatten sich dort achttausend arabische und jüdische Jugendliche getroffen. Ein »Projekt der Koexistenz«, so nennen es ihre Leiter.

»Gewöhnlich kommen zu unseren Kursen Gruppen von je 20 Arabern und 20 Juden, mehr können wir gleichzeitig nicht aufnehmen«, sagte Coral Aron, die Witwe von Wellesley Aron, einem der Gründer der Gemeinschaft. »Was sie hier tun? Nennen Sie es ›Eigentherapie‹: sie befreien sich von ihren Vorurteilen, ihren Ängsten, ihren Haßgefühlen; sie teilen mit, was sie voneinander denken. In gemeinsamer Arbeit, in gemeinsamen Veranstaltungen lernen sie einander verstehen, ohne ihre nationale Identität aufzugeben. Woran uns liegt, ist das Feindbild abzubauen. Woher die Mittel kommen? Vor allem aus Deutschland und der Schweiz. Dort haben wir seit langem Freundeskreise, die uns unterstützen.«

Das Dorf ist winzig – mit kaum mehr als zwanzig Familien, zur Hälfte Araber, zur Hälfte Juden. Die Grundschule ist zweisprachig, eine jüdische und eine arabische Lehrkraft unterrichten im Kindergarten, und entgegen allen Voraussagen hat sich die Zweisprachigkeit günstig auf die Kinder ausgewirkt. An Plänen fehlt es nicht – für den Bau einer »Internationalen Schule für Erziehung zum Frieden«. Den Friedens-Nobelpreis hat Neweh Schalom – Wadat Al Salam zwar nicht bekommen, aber 1987 wurde es vom »Deutschen Koordinationsrat der Gesellschaft für christlich-jüdische Zusammenarbeit« mit der – nach den beiden Religionsphilosophen benannten – »Martin Buber – Franz Rosenzweig«-Medaille ausgezeichnet. Grün ist sie noch nicht, die Oase.

Hat die Post-Nachkriegsperiode eine Veränderung gebracht? Während die Auflösung der monolithischen Strukturen in Osteuropa gewaltige Umwälzungen nach sich zog und bis in das ferne Asien und Südafrika ausstrahlte, ging der revolutionäre Wandel auf der Weltkarte am Nahen und Mittleren Osten vorbei. Autoritäre und feudale Systeme beherrschen nach wie vor die arabischen Staaten, und in Israel sprechen Sozialwissenschaftler von einer »post-zionistischen« Gesellschaft und behaupten, der Zionismus habe sich totgelaufen.

Im Herbst 1990 wurde ich von der Akademie der Künste in Berlin-West zur Eröffnung einer Fritz-Wisten-Ausstellung eingeladen, anläßlich seines 100. Geburtstages. Es waren Tage, die nach vielen Jahren wieder den Vorhang von einem Stück Vergangenheit lüfteten und die Zeit des jüdischen Theaters unterm Hakenkreuz mit voller Wucht zurückriefen. Ein Wiedersehen mit Lebenden? Kaum noch. Eher ein Rendezvous mit den Toten. Ich schritt vorbei an den Reproduktionen der Bühnenbilder und Szenen, an Collagen und Porträts, an Plakaten und Programmheften – wie kann man verdeutlichen, was in den dreißiger Jahren geschehen war?

Wie kann man jungen Deutschen verständlich machen, was es für Juden bedeutete, Theater zu spielen, während auf der Straße der braune Mob brüllte »Juda verrecke!«. Wie den Gegensatz herausarbeiten zwischen der Normalität einer Theaterprobe, nachdem der Mann einer Garderobiere nach Polen verschleppt worden war und sie trotzdem pünktlich ihre Sachen bereit hatte? Wie die Gefühle des Requisiteurs projizieren, der für den folgenden Tag eine Vorladung ins Columbiahaus der Gestapo erhalten hatte, und dennoch die Requisiten auf den richtigen Platz stellte? Wie zwischen dem Schein und Sein einer Schauspielerin differenzieren, deren Mann in Schutzhaft saß und die trotzdem lachte und schmollte, je nach der Rolle? Was tun, um jenen schmalen Grad bildhaft zu machen, auf den alle zwischen Strophen und Katastrophen balancierten? Dieser Widerspruch zwischen drinnen und draußen: drinnen sang Papageno aus der »Zauberflöte« und draußen ertönte das Horst-Wessel-Lied.

Ich traf in den fünfziger Jahren mit Elfriede Borodkin auf ihrem Besuch in Jerusalem zusammen. Wir sprachen über jene gespenstische Vorstellung, als nach den Novemberpogromen der Vorhang sich wieder hob und sie in »Regen und Wind« die weibliche Hauptrolle spielte. Sie hatte Fieber gehabt, hohes Fieber vor Aufregung, aber man hatte es ihr nicht angemerkt – in der Leichtigkeit, Unbeschwertheit, ja Unbekümmertheit ihrer Bewegungen, ihres Plauderns, ihres Lachens.

Ich ging an den Bildern der Ausstellung entlang, an den Gesichtern der Männer und Frauen, die nicht ahnten, welch furchtbare Wahrheit hinter den Worten von Lessings »Nathan« lauerte, die zu ihrem Repertoire gehörten, »Macht nichts, der Jude wird verbrannt«. Niemals war der Zusammenhang zwischen Bühne und Parkett, zwischen Akteuren und Publikum so eng wie in dieser Theatergemeinschaft, die zu einer Schicksalsgemeinschaft wurde. Rette sich, wer kann, ins Reich der Phantasie – aber die Wirklichkeit war mächtiger. Ich sagte schon: Was ist Theater? Vorgeben; in unserem Fall: nachgeben; in jedem Fall: geben. Und sie gaben, sie gaben sich aus, vor der dünnen Scheidewand zwischen Bühne und Konzentrationslager, zwischen Shakespeare und der Deportation in die Vernichtung. Gaukelspiel, bis die Lichter erlöschten, Mummenschanz bis zum letzten Vorhang. »Macht nichts, der Jude wird verbrannt«. Ausstellung in der Akademie der Künste: ein Requiem für unbesungene Helden.

Ich wurde von einer liebenswürdigen Dame der Akademie durch Ostberlin geführt – alle Damen der Akademie sind liebenswürdig –, wir aßen im Klub »Die Möwe«, den ich gleich nach dem Krieg mit Wisten besucht hatte, von den Sowjets für die Künstler eingerichtet, wo man gegen geringes Entgelt Borscht und Würstchen essen konnte. Damals trafen wir Carl Zuckmayer, gerade aus Amerika in Berlin angelangt, und den Wolfgang Langhoff der »Moorsoldaten«, der die Leitung des Deutschen Theaters übernehmen sollte.

Diesmal war das Lokal leer, trotz seiner holzgetäfelten Wände atmosphärisch kalt, und statt Borscht und Würstchen gab es eine reiche Speisenauswahl.

Ich ging durchs Brandenburger Tor, fand einen Tummelplatz der Krämer vor, die mit nationalen Reliquien handelten – Stücke der »Mauer«, Helme der Volkspolizisten, Orden der DDR, Uniformstücke der Volksarmee. Das war keine »Oase des Friedens«: das war ein Jahrmarkt der Ressentiments. Das »Adlon« war verschwunden, in dem Vicky Baum »Menschen im Hotel« spielen ließ. Daran erinnerte man sich. Aber man erinnerte sich nicht, daß 1919 im »Adlon« Offiziere feierten, nachdem Rosa Luxemburg und Karl Liebknecht ermordet und ihre Leichen ins Wasser geworfen wurden. Rosa Luxemburg war keine Greta Garbo.

DUNKELHÄUTIG

Im Schaufenster einer Berliner Buchhandlung zog ein Titel meine Aufmerksamkeit an, »Die Geburt der deutschen Tragödie aus dem Geiste der Romantik«, in Abwandlung von

266

Nietzsches Erstlingswerk »Die Geburt der Tragödie aus dem Geiste der Musik«. Fries war der Autor. Das Buch sieht im Nationalsozialismus den Höhepunkt einer Entwicklung, die mit den deutschen Mystikern begann und in der Romantik ihre philosophische und dichterische Gestalt fand. Die »Blaue Blume«, nach der sie suchte, wurde schließlich auf rotem Hintergrund haken-gekreuzigt.

Ich bat den Verlag, einen Brief an den Autor weiterzuleiten, und ein paar Wochen später, als ich wieder in Jerusalem war, traf eine Antwort von Fries ein. Nach abenteuerlichen Wanderungen sei er in Amerika gelandet und unterrichtete an einem College in Kalifornien deutsche Literatur. Obwohl weder Jude noch jüdisch »versippt«, denke er nicht daran, seine amerikanische Frau und seine beiden Söhne –14- und 18-jährig – den Schwankungen des deutschen Gemüts auszusetzen. Er erinnerte unsere Gespräche über die deutsche Psyche, und er mochte es seiner Familie nicht antun, jemals in Deutschland den Ruf hören zu müssen: »Seele erwache, Vernunft verrecke«.

Von ihm erfuhr ich, daß Rittweger an der Ostfront gefallen war. Hatte er ihn im Romanischen kennengelernt? Etwa durch mich? Versunken und vergessen. Mir fiel ein, was Rittweger bei einer unserer letzten Begegnungen gesagt hatte: »Die Weichen sind falsch gestellt worden. Wo, wann, wie ist nicht mehr zu eruieren. Wir sind die Opfer geschichtlicher Irrtümer. Was tun? Nach den Schuldigen fahnden? Die Historie durchschnüffeln, was geschehen wäre, wenn Wilhelm den Krieg nicht verloren hätte? Wenn Napoleon bei Waterloo gesiegt hätte?«

Die Weichen waren falsch gestellt. Ich bin nicht sicher, daß der Zug, in dem wir jetzt sitzen, auf dem richtigen Gleise fährt.

Mir ist nicht bekannt, ob Hugo Hartung, Jahrgang 1903, im Deutschland heute noch gelesen wird, mehr noch, ob er ein Begriff ist. Nach dem Sechstagekrieg schrieben er und Frau Sigyn aus München: »Sie haben schwere Tage hinter sich und wir hoffen von ganzem Herzen, daß Sie keinen körperlichen Schaden und keinen Verlust an Heim und Habe davongetragen haben. Sie können sich denken, mit welcher Erregung wir im Fernsehen gerade die Bilder von den Kämpfen in Jerusalem sahen. Da waren die vielen Wege, die wir gemeinsam gegangen, soviele Stätten, die wir zusammen aufgesucht hatten. Die Sympathien hier waren ganz allgemein auf Seiten Israels ... Möge nun der Friede gewonnen und Ihrem Land Ruhe für seine großartige Aufbauarbeit gegeben werden ...«

Und zwei Jahre später: »... Habe ich Ihnen mitgeteilt, daß am 17. Juni zum 90. Geburtstag von Artur Kutscher ein Brunnen auf unserem Artur-Kutscher-Platz eingeweiht worden ist? Abends hatten wir über 30 alte Kutscherschüler bei uns zu Gast – auch Helmut Käutner war dabei, und wir haben auch Ihrer gedacht ...«

1972 kam die schlimme Nachricht seines Todes. »Es ging alles so plötzlich, so entsetzlich schnell«, schrieb uns Frau Sigyn. »Er war noch so voller Vitalität, so ungeheuer aktiv, hatte noch so viele Pläne ... Mein einziger Trost ist nur, daß allem menschlichen Ermessen nach, er nichts geahnt und nichts gespürt hat. Ein Sekundentod ereilte ihn anscheinend im Schlaf. Auch aus seinen Tagebüchern geht keinerlei Todesahnung hervor. Eine wirkliche Gnade für ihn – er brauchte nicht geistig und körperlich zu altern ... Ich bin nur froh, daß sein letztes Buch wirklich ganz fertig geworden ist, er hat sogar noch mit mir zusammen die Korrekturfahnen gelesen ... Es ist eine Fortsetzung der ›Wunderkinder‹ – ›Wir Meisegeiers‹, sehr viel schärfer, sehr viel kritischer im Ton. In einem ganz neuen Stil, weil er einfach keine Lust mehr hatte, den alten Erzählstil anzuwenden. Hoffentlich macht es als sein Vermächtnis einen guten Weg ...«

Schulkamerad Ernst, noch immer im Kibbuz Hasorea, wo ich mit ihm in den dreißiger Jahren Kühe weiden ging, sah ich nur in großen Abständen. Einmal besuchten wir ihn, offenbar an einem nicht günstigen Tag, er muß eine Auseinandersetzung mit seiner Frau gehabt haben, die sich nach einer kurzen Begrüßung ebenso kurz verabschiedete. Er kam dann und wann nach Jerusalem, übernachtete bei uns und meistens brachte er eine Frau mit, wobei mir nicht klar war, welche. Er hatte zwei- oder dreimal geheiratet, nach einer Scheidung sogar wieder dieselbe Frau, und da sie alle eine gewisse Ähnlichkeit hatten, wußte ich nicht genau, welche gerade an der Reihe war. Mit einer von ihnen kicherte er die halbe Nacht und störte unseren Schlaf. Er starb, noch nicht fünfzig, an einem Melanom.

Auf meinen langen Brief antwortete sein Vater, der in Haifa eine neue Familie gegründet hatte – die Mutter von Ernst saß in London, ich weiß nicht, ob mit oder ohne Cello: »Es tat gut, daß Sie an die Stunden erinnerten, in denen Ernst, Sie und ich gemeinsam lasen, nach dem ›Faust‹ die Apokalypse. Wir hatten zwar Kommentare, die uns ein bißchen weiterhalfen, wir wußten von den vier Reitern, Pest, Hunger, Krieg und Tod, aber noch waren sie nicht zu unseren Lebzeiten durch die Welt galoppiert. Man muß anscheinend Erfahrungen haben, um die Apokalypse zu verstehen, und die schlimmste Erfahrung, die es gibt. Ich habe nochmals in der Lutherschen Übersetzung nachgesehen: ›Und siehe, ein fahl Pferd und der darauf saß, des Name hieß Tod, und die Hölle folgte ihm nach. Und ihnen ward Macht gegeben, zu töten das viertel Teil auf der Erde mit dem Schwert und mit Hunger und durch die Tiere auf Erden‹. Damals konnten wir uns unter den ›Tieren‹ nichts vorstellen, wir hatten noch nicht die Bestialität erlebt, die ›das vierte Teil auf der Erde‹ niederfraß, niederstampfte, niedertrampelte … Was bleibt da zu sagen? Daß die Apokalypse den Söhnen von Ernst und deren Söhnen, meinen anderen Kindern und Kindeskindern fern bleiben möge? Daß sie niemals das Getrappel der Hufe jener vier Pferde hören? Ich wünschte, ich könnte daran glauben. Ich kann es nicht.«

Kassel, das ich noch einmal kurz aufgesucht hatte. Kaiserplatz, wo nichts geblieben war als Gerümpel und Gestein und das Haus meiner Eltern, einsam, starr, unwirklich zwischen Trümmern. Unsere Wohnung war im Parterre. Ich stand eine ganze Weile davor. Mir war, als bewegten sich in einem Zimmer die Gardinen. Wer stand dahinter? Jemand, der mich Neugierigen beobachtete? Niemand? Oder meine Kindheit? Und dann die Murhard-Straße hinauf zu meiner Schule. Das Wilhelmgymnasium war noch da. Unterrichtete noch Wirbelhauer? Mußte Lenz noch immer die Fenster öffnen, auch im kalten Winter? Ich ging auf die Schule zu, aber sie hatte kein Gebäude. Eine Schule ohne Haus. Eine Fassade, brüchig, hatte sie vorgetäuscht. Und hinter der Fassade – Trümmer. In der Oberprima hatten wir einen Klassenaufsatz zu schreiben, den ich in Verse kleidete. »Gilt Lessings Wort ›Kein Mensch muß müssen‹?« Nur der Schluß blieb mir im Gedächtnis: »Schicksal, Zufall, Prädestination – immer gezerrt und gemußt.«

Frühreife Einsicht, lange bevor das fahle Pferd weiterritt, auch in Israel, auf seinem Rücken den Tod mit dem Schwert. Ich müßte einen Taschenrechner befragen, wieviele Kriege ich erlebt habe, wieviele Terrorakte, Morde, Überfälle, blutige Grenzscharmützel. Dieses zweimal gelobte Land, zwei Völkern versprochen. Und dennoch strömen Juden ins Land – aus der Sowjetunion, aus Lateinamerika, aus Äthiopien. In zwei großen Wellen kamen die dunkelhäutigen Nachfahren von König Salomo und der Königin von Saba, so will es die Legende. Dreitausend Jahre hatten sie ihren Glauben bewahrt, und abgeschnitten vom jüdischen Volk hielten sie sich an die Gebote der Heiligen Schrift, ohne vom Talmud, von der mündlichen Lehre, von rabbinischen Gesetzen Kenntnis zu haben. Ihre Riten waren mit der Zerstörung des Ersten Tempels im 6. Jahrhundert vor unserer Zeitrechnung stehen geblieben.

Die erste Welle im Jahre 1984 stieß auf das starre religiöse Establishment in Israel, das in ihnen keine Volljuden sah und sie nicht ohne Konvertierung akzeptieren wollte. Jahrhunderte hatten sie in einer feindlichen Umgebung an ihrem Judentum festgehalten – nur im jüdischen Staat sprach man ihnen ihr Judentum ab. So weigerten sich z.B. die rabbinischen Instanzen, Eheschließungen unter den Äthiopiern zu vollziehen, bevor sie nicht in ein rituelles Tauchbad gestiegen wären und sich verpflichtet hätten, den Religionsgesetzen zu gehorchen. Es dauerte lange, bis sich mit Hilfe der staatlichen Behörden ein Ausgleich finden ließ, und die zweite Einwanderungswelle – 1991 – traf auf größeres Verständnis.

Es war 1984, daß ich Joyce begegnete, in einem der Zentren für Einwanderungsfürsorge, um eine Reportage zu schreiben. Als eine ältere Dame hinter dem Bürotisch sie fragte, warum sie nach Jerusalem gekommen sei, antwortete sie: »Ich möchte helfen«. Sie sagte das – selber schmal und zerbrechlich –, als ob es nichts Selbstverständlicheres für ein Mädchen von zwanzig gäbe, als schnurstracks von Birmingham im Herzen Englands nach Jerusalem zu gehen, um zu helfen. Joyce hatte keine Erfahrung in praktischer Fürsorge, aber ihr offenes Herz entschädigte sie für eine gute Portion Sachkenntnis, und sie sollte zusammen mit einer Wohlfahrtspflegerin Besuche in den Einwanderungslagern der Äthiopier machen. Als ich sie nach einigen Wochen wiedersah, erzählte sie mir stolz, man habe ihr mehr Handlungsfreiheit gegeben, und sie schlug vor, ich solle sie auf ihrem nächsten Besuch begleiten.

Wir fuhren hinaus und es duftete frisch in den Bergen. Joyce, das Haar resolut aus der Stirn gekämmt, schien jubilierend wie der Morgen und wie ein Kind, das sich eine Überraschung ausgedacht hatte. Die Überraschung kam. Als der Wagen ins Lager einbog, sah uns eine der Frauen und rief »Jossa! Jossa!«. Der Ruf »Jossa!« ging von Mund zu Mund, und erst als von allen Seiten Leute uns entgegenrannten, merkte ich, daß »Jossa« der Name war, den sie Joyce gegeben hatten, und daß sie ihr einen fürstlichen Empfang bereiteten. Von Menschen umringt, stieg Joyce aus. Nach einer Weile bahnte sie sich einen Weg zu mir, an ihrer Hand einen Jungen von etwa elf Jahren.

»Das ist David«, stellte sie ihn fast förmlich vor. »David ist mein Assistent. Er hat mir hier vom ersten Tag an geholfen.«

David war das Prachtexemplar eines äthiopischen Jungen. Er folgte ihr auf Schritt und Tritt, trug ihre Mappe, half ihr beim Lesen der fremden Namen – das Verhältnis zwischen dem Kind und Joyce war ebenso rührend wie ihr Erfolg bei den Neueinwanderern erstaunlich war.

Wenige Tage darauf rief sie mich an. In ihrer Stimme war Alarm. David war krank. Sie habe den ganzen Morgen versucht, ihn in einem Krankenhaus unterzubringen, das erwies sich als schwierig, schließlich habe man ihr versprochen, ein Bett freizumachen, wenn man ihn noch vor Abend brächte. Natürlich müßten die Ärzte an Ort und Stelle entscheiden, inwieweit eine Einweisung gerechtfertigt wäre. Eine Ambulanz war nicht verfügbar. Ob ich ihr mit meinem Wagen aushelfen könnte?

Die Maschine knatterte den schmalen Bergweg hinauf ins Lager. Eine Gruppe von Leuten stand herum. Als sie den Wagen sahen, verschwanden sie. Niemand rief »Jossa«. Der Hof wurde menschenleer. Joyce eilte zu Davids Hütte. Von dem Ruck, der durch ihren Körper ging, wußte ich, ehe ich sah: Davids Platz war leer. Ein paar Frauen waren in der Hütte. »Wo ist David?«, fragte Joyce. Niemand schien sie zu hören. Sie blickte sich um und wollte hinaus. Aber am Ausgang hielt ich sie an. Leute verstellten die Tür – nicht um sie willkommen zu heißen: sie standen da, schweigend, mit feindlichen Augen, eine menschliche Mauer, die nicht nachgab.

»Was wollen sie?«, wandte sich Joyce an mich. Sie verstand nicht.

»Sie haben David versteckt«, sagte ich, »sie trennen sich nicht von ihren Söhnen, auch wenn sie krank sind; sie lassen nicht zu, daß Sie ihn fortnehmen.«

»Er kann nicht bleiben!« Sie versuchte, einen Weg durch die Gruppe zu bahnen, aber die menschliche Mauer bewegte sich nicht. Schließlich murmelte ein Alter, daß David gestern fortgegangen wäre.

Joyce verlor die Beherrschung. »David konnte nicht fortgehen«, schrie sie, »er war viel zu schwach.«

Der Alte wiederholte, daß David fortgegangen wäre und niemand wüßte, wohin. Die Mauer gab nicht nach, bevor ich Joyces Arm nahm und sagte: »Kommen Sie zurück zum

Wagen. Wir werden in der Stadt einen Notarzt alarmieren.«
Wir fuhren ab.

In diesem Augenblick fiel die Spannung von Joyce und
alle Entschlußkraft und Energie, ihr Wunsch zu helfen und
ihre Fähigkeit, mit Menschen zu reden. Sie wurde wieder zu
dem schmalen, zerbrechlichen Mädchen, das aus Birmingham, im Herzen Englands, in die Fremde gegangen war, um
zu helfen – und sich selbst nicht helfen konnte.

OXFORD

Oxford – oder die Flucht vor dem Staat. Seit ich denken
kann, hat dieser Staat in mein Leben eingegriffen – in Posen,
als es polnisch wurde und wir gehen mußten; in Kassel, als
die politischen Parteien zum Bürgerkrieg rüsteten und Vater
sein Geld in der Inflation verlor; im Berlin des Nationalsozialismus und auf der Flucht nach England; in England, als
ich interniert war und dann Soldat wurde; im Nachkriegs-
London hineingezogen in den Konflikt zwischen Zionismus
und der britischen Palästina-Politik; in Israel, wo man stünd-
lich das Radio aufdreht, um zu hören, ob man noch eine
Weile ungestört leben kann.

Der Staat ist überwältigend: es gibt keinen Raum außerhalb seiner Allmacht. Du sollst dir kein Bildnis machen von
einem anderen Gott. Man stürzt und stolpert, es stürmt und
stiebt im trauten Heim der Völkerfamilie. Was für eine Familie! Da lobe ich meine Großmutter, die zwischen kurzem und
langem Laut des Buchstabens »A« nicht unterscheiden konnte.
War ein Mann stattlich, so nannte sie ihn staatlich, und hatte
er seine Schulden in Raten auszugleichen, so zahlte er sie in
Ratten ab. Auf diese Weise wurde die Staatlichkeit ganz uner-
wartet in Zusammenhang mit einem Seuchenherd gebracht.

Oxford ist der geeignete Ort, in anderen Prioritäten un-
terzutauchen – denen der Forschung und Studien, der Archi-
ve und Bibliotheken, der Lehrenden und Lernenden, der

Colleges und Türme, der Wiesen und Wasser. Wir fahren immer wieder hin, in erster Linie, um mit Michael und den Seinen zusammen zu sein, und es wäre nicht dasselbe, wenn er herkäme – was er manchmal tut. Der Druck, der über Israel liegt, verlangt Atempausen. Ich kannte Oxford noch aus der Zeit des Zweiten Weltkrieges, damals nur ein Schatten eines Schattens: die Colleges entvölkert, die Bibliotheken verwaist, die Straßen leer, Talare wurden zu Uniformen, Doktorhüte zu Stahlhelmen. In der kurzen Frist zwischen meiner Entlassung aus dem Internierungslager und meiner Einberufung zum Militär suchten wir dort dem Londoner Blitz auszuweichen

Immer wieder wurde ich von deutschen Freunden gefragt, warum ich mich nicht in Deutschland niederließe. Mit vielen verbinden mich Gemeinsamkeiten – Erlesenes und Erlebtes, Erinnerungen an Theater und Literatur, an Gebautes und Geschautes. – Wer sonst wüßte, daß das Zitat »Jeder Tag kann das Paradies bringen, jede Nacht die Sintflut« aus »Hinkemann« stammt, daß »Hinkemann« ein Drama von Ernst Toller ist, und Ernst Toller brauchte nicht erklärt zu werden. Von anderer Seite dagegen kommt das Argument, man könne nicht in einem Land leben, dessen »Erde von jüdischem Blut getränkt« sei. Vorsicht vor Wulst! Es würde genügen, zu mahnen, daß Deutsche einen Völkermord begangen haben und obwohl die Generation der Mörder dahingegangen ist, das Stigma bleibt.

Man sollte mit dem Begriff »Blut« sparsam umgehen. Schon meinen Vater hatte es nervös gemacht, als er Dinters »Sünde wider das Blut« las, einen Wegbereiter des Nazismus. Vom Satiriker Hans Reimann parodiert als »Die Tinte wider das Blut«. Genug von »Blut und Boden«, von Blutschutz und Blutschutzgesetz, von »arischen«, jüdischen und anderen Blutarten. Wir alle wissen, daß Blut ein ganz besonderer Saft ist, und obwohl Deutsche die Mörder waren, liegt Auschwitz nicht auf deutscher Erde.

Nein, ich möchte nicht wieder in ein Spannungsfeld gezogen werden, und Deutschland ist ein Spannungsfeld, womit nicht die Spannung zwischen den beiden Deutschlands gemeint ist, die trotz Vereinigung weiterhin getrennt leben, auch ohne Mauer und Wachtürme. Es ist die Spannung, die aus einer Affinität erwächst. So paradox es klingt – Deutsche und Juden sind einander zu ähnlich, auf eine sinistre Weise ähnlich. Beide sind in der Welt nicht beliebt, und Antigermanismus und Antisemitismus entspringen den gleichen Quellen. Sie sind unbeliebt, weil jedes von ihnen sich für das auserwählte Volk hält – die Juden, weil sie in unverfälschtem Monotheismus das Gesetz vom Einzigen erhalten haben, die Deutschen, weil sie der jüdischen Einheit zwischen Volk und Religion die zwischen Gott und Nation zur Seite stellten. »Mit Gott für König und Vaterland« wurde zu einer untrennbaren Dreieinigkeit. Anstelle der Heiligenbilder gab es die Siegesallee, anstelle von Chorälen patriotische Lieder, anstelle der christlichen Legende den nationalen Mythos. Kaiser Barbarossa wartet schlafend im Kyffhäuser auf die Wiedergeburt des großen Reiches, ähnlich den Juden, die zweitausend Jahre auf die Rückkehr ins Hebräerland gewartet haben. Die Sage vom Kyffhäuser ist der Zionismus der Deutschen.

Wer nicht geliebt wird, liebt sich nicht selber – die Juden überkompensierten das mit Selbststolz, die Deutschen mit Patriotismus. Der Deutsche blickte in den Spiegel, und was er sah, waren seine eigenen Züge im Juden – manchmal verfeinert, manchmal vergröbert, manchmal verzerrt, und sein Selbsthaß wurde zum Haß auf das Spiegelbild. Ernst von Salomon, einer der Rathenaumörder, erzählt in seiner Autobiographie, wie er und seine Kameraden bei einer Rede Rathenaus mit Bestürzung erkannten, wie ähnlich dieser Jude allen ihren Idealbildern war und deshalb, so berichtet Salomon, beschlossen sie, ihn zu beseitigen.

Nein, ich möchte nicht wieder in diesem Spannungsfeld leben. Friedrich Dürrenmatt sagte in seiner Dankrede bei der Entgegennahme des Ernst-Curtius-Preises, daß der deutsche Patriotismus stets romantisch und antisemitisch war, mit der Devise »Wir Deutsche fürchten Gott, sonst nichts auf der

Welt«, eine Hybris, die nicht nur den neoromantischen Wilhelm II. in den Weltkrieg gestürzt hat, sondern den gescheiterten Kunstmaler Hitler möglich und die Weimarer Republik unmöglich machte. »Der Nationalsozialismus äffte das Judentum nach, und um es vernichten zu können, projizierte er in die Juden hinein, was er selber war, und projizierte aus ihm heraus, was er sein wollte – das auserwählte Volk Wotans.«

Wo endet Romantik und beginnt Aberglaube, wo endet Mythos und beginnt Gaunerei? Politik und Religion in Israel sind miteinander verfilzt. Es gab Rabbiner in Israel, die sich so leidenschaftlich für ihre Partei einsetzten, daß sie zu Mitteln aus dem Bereich der Mystik griffen, um einen politischen Vorteil zu gewinnen. Bei Parlaments- oder Gemeindewahlen drohten sie Menschen mit dem Fluch, wenn sie nicht der von ihnen vertretenen Partei die Stimme gäben, warnten, daß ihre Söhne erkranken, ihre Töchter keine Kinder tragen würden, und wer, insbesondere aus Kreisen orientalischer Juden, konnte ein solches Risiko eingehen? Folgten sie aber den Weisungen des Rabbi, so würde Segen wie Tautropfen auf sie und ihre Familien fallen, Gesundheit, Reichtum, Glück.

Um diese Bilder zu verscheuchen, denke ich gern an Persönlichkeiten, die das Gesicht Israels geprägt haben – an den starrköpfigen Ben Gurion, der sein Amt als Premier niederlegte, weil er gegen den Willen seiner eigenen Partei und trotz des Zorns der Opposition den Abgrund zwischen Israel und Deutschland zu überbrücken suchte; an den eigenwilligen Mosche Dayan, der sich nicht scheute, Tabus zu brechen und Kontakte mit Palästinensern herstellte, auch wenn sie der PLO angehörten, der gegen die Enteignung arabischer Böden auftrat und vor Gebrauch der Schußwaffe gegen palästinensische Demonstranten warnte; und an Teddy Kollek, der glücklicherweise noch unter den Lebenden weilt. Einem Scherzwort zufolge soll Jerusalem schon vor ihm existiert haben, aber berühmt ist es erst durch seine Tätigkeit als Bürgermeister geworden.

Ich erinnere gut meine Vergangenheit; ich kann nicht über Vergeßlichkeiten im Alltag klagen; aber vor der Zukunft macht mein Gedächtnis halt. Gutes, altes Wilhelmsgymnasium! Schließlich haben wir nicht ganz vergebens auch den Seneca gelesen, obwohl mein Latein nicht mehr genügt, um ihn ohne Übersetzung zu verstehen. Wie hieß es doch in seiner Epistel an Paulinus? »Eine Zeit ist vergangen – man hält sie in der Erinnerung fest; eine Zeit ist gegenwärtig – man nutzt sie; eine Zeit wird kommen – man nimmt sie vorweg ... Nur einen kleinen Teil unseres Lebens leben wir: die ganze übrige Dauer ist nicht Leben, sondern bloß Zeit.«

Wir sitzen in Oxford, im Haus von Michael, auf einer Veranda, die zum Garten führt. Es ist ein milder Sonnentag. Ein paar seiner Kollegen sind gekommen, mit ihren Frauen oder Freundinnen, und wir trinken Fruchtbowle. Jemand fragt mich, was ich hätte werden wollen, wäre ich nicht aus Deutschland vertrieben worden.

Ich denke nach. »Vielleicht Feuilletonredakteur des ›Berliner Tageblatt‹ oder Theaterkritiker der ›Vossischen Zeitung‹, Cheflektor des S. Fischer Verlags oder Dramaturg des ›Deutschen Theaters‹.«

Außer Marianne und Michael weiß niemand, wovon ich spreche. Sie kennen nicht die Zeitungen, die ich genannt habe, nicht das Theater, das einst so viel bedeutet hat. Nur der Name des Verlages ist ihnen vertraut. Aber auch der Verlag ist nicht mehr der gleiche wie unter S. Fischer.

Deshalb sage ich: »Eines haben Israel und ich gemeinsam – wir sind beide zur falschen Zeit geboren. Israel hätte nach dem Ersten Weltkrieg entstehen müssen, vor dem Holocaust und bevor sich der arabische Nationalismus kristallisiert hatte, und ich hätte Mitte des vorigen Jahrhunderts zur Welt kommen sollen – oder gestern, falls man an die Welt glaubt.«

Ich merke, daß ich zu ernst geworden bin, und außerdem ist der Nachmittag zu schön, um ihn durch politische Wolken zu trüben. So schließe ich mit einem nicht ganz geglücktem Lachen: »Einmal gelebt – nie wieder.«

Herbert Freeden, aufgewachsen in Posen und Kassel, lebte seit Ende der zwanziger Jahre als Journalist in Berlin. Bis 1939 war er Mitarbeiter am Theater im Jüdischen Kulturbund. Nach der Flucht lebte er bis 1950 in England, zuletzt als Mitarbeiter jüdischer Organisationen. Seither wohnt er in Jerusalem und arbeitet dort als Autor und Korrespondent; er berichtete 40 Jahre lang für die »Frankfurter Rundschau« und andere deutsche und schweizer Zeitungen aus Israel. Seine wichtigsten Buchveröffentlichungen: Die unsichtbare Kette, Roman, 1936; Jüdisches Theater in Nazideutschland, Tübingen 1964, Neuauflage als Taschenbuch 1985; Der Vorhang fiel im November, Roman, Gerlingen 1984; Die jüdische Presse im Dritten Reich, Frankfurt 1987.